Wulf Wager

Cannstatter Volksfest
Vom Landwirtschaftsfest zum Mega-Event

In Dankbarkeit meinem Freund und Mentor,
dem Gründer und Vorsitzenden des Cannstatter Volksfestvereins,
Robert Kauderer
gewidmet

Wulf Wager

Cannstatter Volksfest

Vom Landwirtschaftsfest zum Mega-Event

belser

Geleitwort

Jahr für Jahr finden sich rund 4 Millionen Besucher auf dem Wasen in Cannstatt ein, um das Cannstatter Volksfest zu erleben. Nur ein Bruchteil der großen Zahl an Besuchern kennt dabei die Hintergründe dieses Volksfestes, geschweige denn die historischen Zusammenhänge. Man trifft auf ausgelassene Partystimmung in riesigen Festzelten und auf atemberaubende Fahrgeschäfte. Man trifft auf Rummel, Bierlaune, Glückseligkeit und Nervenkitzel.

Die Anfänge freilich waren ganz andere. Springen wir um 202 Jahre zurück: Über viele Monate verschleiert feinster Staub den Himmel über Mitteleuropa. Ernteausfälle und Missernten, Hungersnot und großes Elend sind die Folge. Die Gründe für diese Situation sind zunächst unerklärlich. In der heutigen Zeit hätten wir über digitale Medien sofort erfahren, dass ein Vulkanausbruch in Indonesien die Ursache war. Doch damals dauerte es, bis ein Zusammenhang erkannt werden konnte. Der Ausbruch des Vulkans Tambora im Jahr 1815 war eine Naturkatastrophe apokalyptischen Ausmaßes. Die Asche und der Staub sorgten für eine massive Klimaveränderung.

Als dann endlich wieder eine gute Ernte eingefahren werden konnte, stifteten König Wilhelm I. und Königin Katharina ein „landwirthschaftliches Fest zu Kannstadt", um der Bevölkerung nach zwei Hungerjahren wieder Hoffnung und Motivation zu geben. Es war also zunächst ein Erntedankfest. Die historische Fruchtsäule mitten auf dem Wasen legt noch heute davon Zeugnis ab, ebenso das Landwirtschaftliche Hauptfest, das gegenwärtig im dreijährigen Turnus als Teil des Volksfestes gefeiert wird.

Freilich – nicht jeder Besucher des heutigen Volksfestes muss dies alles wissen. Aber es ist immer von Vorteil, die

Dinge im großen Zusammenhang zu sehen. Und so hat Wulf Wager mit umfassender Kenntnis der Landesgeschichte und mit Blick für die kleinen Details die Historie und die Entwicklung des Cannstatter Volksfestes erforscht und im vorliegenden Buch beschrieben und mit vielen Abbildungen dokumentiert. Ein aufschlussreiches Buch, das den großen Bogen vom Landwirtschaftsfest bis zum Mega-Event schlägt.

Jetzt also erschließen sich die Zusammenhänge und einmal mehr gilt:
Die Zukunft gestalten kann nur, wer die Gegenwart versteht.
Die Gegenwart verstehen kann nur, wer die Geschichte kennt.

Carl Herzog von Württemberg

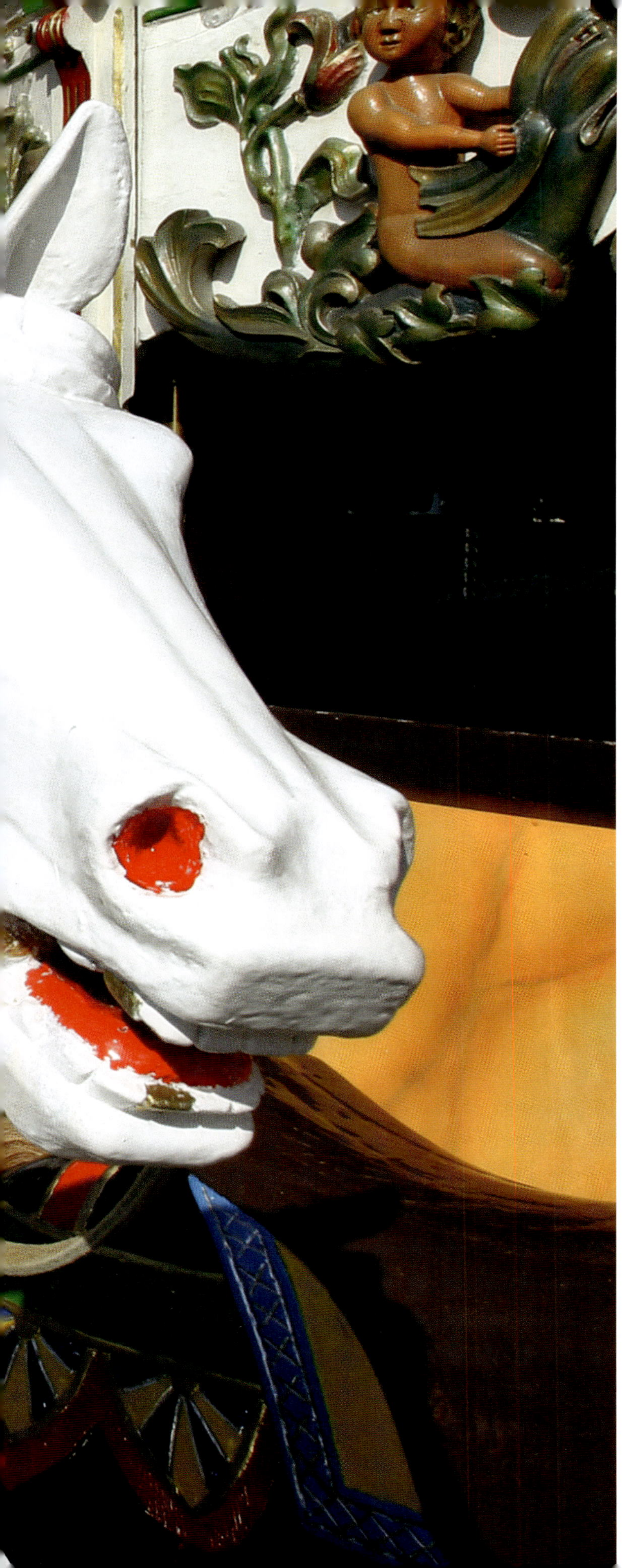

Inhalt

Not, Krieg und ein neuer König

Schwierige Zeiten führten zum größten Fest der Schwaben

Jede Geschichte hat auch eine Vorgeschichte, deshalb blicken wir zurnächst einmal auf die Lage im Land Württemberg vor der Stiftung des größten Festes der Schwaben. Der erste König von Württemberg war ein machtbewusster Herrscher. Friedrich I. (1754–1816) gelang es, dass Württemberg in den unruhigen Jahren von der Französischen Revolution bis zu Napoleons Herrschaft aufstieg: vom Herzogtum zum Kurfürstentum und schließlich sogar zum Königreich von Napoleons Gnaden. 1816 starb er und sein Sohn Friedrich Wilhelm bestieg den Thron in extrem schwierigen Zeiten.

Der absolutistisch regierende König Friedrich lag nicht nur mit seinem Volk im Streit, sondern oft auch mit seinem Sohn, dem Kronprinzen Friedrich Wilhelm. Dieser floh schließlich vor den Repressalien seines Vaters nach Paris und kehrte erst 1805 wieder nach Württemberg zurück. Der Kronprinz widmete sich nach seiner Rückkehr aus Frankreich vornehmlich der Natur und den Pferden, wobei er damals seine Liebe zur Landwirtschaft entdeckte. Er beschäftigte sich auf dem Gut Scharnhausen, den Gestüten in Marbach und Weil bei Esslingen eingehend mit dem Ackerbau, der Viehzucht und dem Weinbau. Durch diesen Rückzug vom Vater auf das Land wurden die emotionalen Voraussetzungen für seinen lebenslangen Einsatz für die Landwirtschaft und seine späteren landwirtschaftlichen Reformen gelegt.[1]

Von 16.000 Soldaten kamen nur 1000 zurück

Die Ausgangssituation bei der Thronbesteigung hätte für den württembergischen Kronprinzen Friedrich Wilhelm nicht schlechter sein können. Das Land war durch Kriege und Missernten geschwächt. Napoleon Bonapartes Größenwahn führte zum desaströsen Russlandfeldzug von 1812, für den auch Württemberg kräftig bluten musste. Friedrich Wilhelms Vater, Herzog Friedrich II., wurde von Napoleons Gnaden ab 1803 Kurfürst und drei Jahre später – als Friedrich I. – erster König des neuen, stark vergrößerten Königreichs Württemberg. Der Preis dafür war hoch: Dem 620.000 Mann starken, bunt gemischten französischen Heer, bei dem die Deutschen ein rund 140.000 Mann großes Kontingent stellten, musste Friedrich von Württemberg auch ein knapp 16.000 Soldaten, 3400 Pferde und 32 Geschütze umfassendes Heer aus Württemberg stellen. Der irrwitzige Russlandfeldzug des Korsen, der im Herbst 1812 in Dreck, eisiger Kälte und Schnee versank, brachte unglaublich große Verluste. Von den 16.000 Mann des württembergischen Korps unter Führung von Kronprinz Friedrich Wilhelm kehrten gegen Ende des Jahres 1812 schätzungsweise weniger als 1000 verletzt, zermürbt und seelisch ausgebrannt aus der Hölle des Krieges in die Heimat zurück.

Was für ein furchtbares Resümee! Eine ganze Generation junger Männer aus Württemberg verlor im Laufe des Jahres 1812 Heimat und Leben. Beim Durchzug durch das Land mussten württembergische Bauern schon vorher Einquartierungen hinnehmen, Frondienste leisten und für die Verpflegung des Heeres sorgen. Die Vorräte im Land waren weitgehend erschöpft und der Viehbestand deutlich dezimiert. Doch nach der Niederlage Napoleons war das Dilemma noch lange nicht ausgestanden, denn König Friedrich wechselte Ende 1813 die Seiten und schloss sich nach Napoleons Niederlage in der Völkerschlacht bei Leipzig der Koalition gegen Napoleon an.

König Wilhelm I. in jungen Jahren,
Stich nach einem Gemälde von 1816

Altwürttemberger und Neuwürttemberger

So weit die kriegerische Seite der Zeit. Aber auch politisch gärte es im Lande. Aufgrund der Neuordnung Europas durch Napoleon konnte König Friedrich I. das Landesgebiet um vorderösterreichische Gebiete, das sogenannte „Neuwürttemberg“, das vor allem im katholischen Oberschwaben große Besitzungen umfasste, erweitern. In beiden Gebieten gab es aber unterschiedliche Verfassungen und Gesetzgebungen. Es entbrannte deshalb ein erbitterter Streit mit den sogenannten Landständen. Die „Altwürttemberger“ bestanden auf der Wiedereinführung der von König Friedrich I. aufgehobenen landständischen Verfassung und verlangten, sie mit gewissen Abänderungen auf „Neuwürttemberg“ auszudehnen. Sie pochten auf das, was sie als ihr „altes, gutes Recht“ verstanden. König Friedrich I. zeigte sich bereit, den evangelischen Bewohnern Altwürttembergs ihre alte Verfassung zurückzugeben und Neuwürttemberg eine neue Verfassung zu geben. Sein oberstes Ziel, für ganz Württemberg eine einheitliche Verfassung durchzusetzen, gab er jedoch nicht auf. Am 30. Oktober 1816 starb er an den Folgen einer schweren Erkältung. Sein Tod war für das württembergische Volk wie ein Befreiungsschlag. In seinem Nachfolger, König Wilhelm I. – der den Friedrich aus seinem Namen tilgte –, sah die Bevölkerung durchaus den Heilsbringer, der das Land künftig vor Schaden bewahren konnte. Ihm gelang es, durch geschicktes Verhandeln 1819 eine neue liberale Verfassung für ganz Württemberg durchzusetzen.

Auswanderung schwächt Württemberg

Im Jahr 1815 hatte sich mit dem Ausbruch des indonesischen Vulkans Tambora die größte Vulkankatastrophe in der neueren Geschichte ereignet. Dabei wurde so viel Asche in die Atmosphäre geschleudert, dass sich das Klima in den folgenden beiden Jahren selbst im entfernten Europa – und damit auch in Württemberg – nachhaltig veränderte. Die unmittelbarste und schwerste Folge waren Missernten, verursacht durch Staunässe, die Lebensmittelpreise stiegen in astronomische Höhen, es kam zur Inflation. Vor allem die Angehörigen der mittleren und unteren Schichten gerieten in existenzielle Not. Seit 1807 bestand im Königreich Württemberg ein Auswanderungsverbot, welches aber 1816 unter dem Druck der Verhältnisse aufgehoben werden musste. Von der Not getrieben verließen allein von Januar bis Juli 1817 rund 17.000 Württemberger das Land. Und das waren meist nicht die Ärmsten, sondern die Wagemutigsten. Als Ziel für eine Auswanderung kam in erster Linie das Russische Reich in Frage. Zar Alexander I., ein Bruder von Königin Katharina von Württemberg, lockte Siedler aus Südwestdeutschland mit vorteilhaften Angeboten nach Südrussland. Neben diesen wirtschaftlichen Motiven spielten auch religiöse Einstellungen eine wichtige Rolle. Württember-

König Wilhelm I. von Württemberg (1816–1864)

Friedrich Wilhelm Karl wurde am 27. September 1781 in der Stadt Lüben in Schlesien als Sohn des damaligen preußischen Offiziers Prinz Friedrich von Württemberg und dessen Frau Auguste, einer Prinzessin von Braunschweig und Lüneburg, geboren. Das Verhältnis zu seinem Vater, der als König Friedrich regierte, war lange Zeit denkbar schlecht. Durch das Weglassen des Namens Friedrich wollte er kundtun, dass sein Regierungsantritt den Beginn einer neuen Ära für Württemberg einleitete.

Wilhelm I. war dreimal verheiratet. 1808 heiratete er Prinzessin Charlotte Auguste von Bayern. Die reine Zweckehe blieb kinderlos und wurde 1816 annulliert, nachdem beide Partner bestätigt hatten, dass die Ehe wegen gegenseitiger Abneigung nicht vollzogen worden war.

1814 lernte schließlich der Frauenschwarm in London die hübsche russische Zarentochter kennen. Wilhelms zweite Ehe mit Katharina Pawlowna, Großfürstin von Russland, wurde aus Liebe geschlossen. Aus der dritten Ehe mit seiner Cousine Prinzessin Pauline von Württemberg ging Kronprinz Karl Ludwig Friedrich, ab 1864 König von Württemberg, hervor.

Während seiner 48 Jahre dauernden Regierungszeit wandelte sich Württemberg von einem Agrarstaat zu einem Verfassungsstaat mit einer landesweiten Identität und einer durchorganisierten Verwaltung. Die 1819 verabschiedete liberale Verfassung war noch von Königin Katharina mitausgearbeitet worden. Außenpolitisch versuchte Wilhelm, durch wechselnde Bündnisse mit den Großmächten Preußen und Österreich ein Gleichgewicht der Länder in Deutschland zu erreichen und damit den Frieden zu sichern.

Wilhelm I. starb 1864 auf Schloss Rosenstein in Stuttgart – einem Landsitz, der nach Entwürfen des württembergischen Hofarchitekten Giovanni Battista Salucci gebaut worden war. Der König wollte an der Seite seiner zweiten Frau Katharina in der Grabkapelle auf dem Württemberg, die ebenfalls von Salucci erbaut wurde, bestattet werden. In seinem Testament hatte Wilhelm verfügt, dass er nachts mit dem Leichenwagen in die Grabkapelle überführt werden sollte. Er wünschte sich, dass sein Leichnam mit dem ersten Sonnenstrahl beigesetzt würde.

Joseph Joachim von Schnitzer, König Wilhelm I. von Württemberg, Ölgemälde (Ausschnitt), Staatsgalerie Stuttgart, um 1821

Nicaise de Keyser, König Wilhelm I. von Württemberg, Ölgemälde, 1849, Stadtmuseum Stuttgart

gische Pietisten sahen in den katastrophalen Zuständen die ersten Anzeichen für das Ende der Welt und die Wiederkunft Christi, wie sie der bekannte Erbauungsschriftsteller Johann Albrecht Bengel schon im 18. Jahrhundert für das Jahr 1836 vorausberechnet hatte. Deshalb wollten die Gläubigen dem wiederkommenden Herrn entgegenziehen. Palästina war zwar versperrt, aber in Südrussland schien man dem Herrn näher zu sein als in Württemberg.

Den größten Teil der Auswanderer zog es nach Russland. Aber es gab schon eine erste größere Auswanderungswelle auch in die Vereinigten Staaten von Amerika. Eine wichtige Rolle spielten dabei die Separatisten, radikale Pietisten, die sich aus religiösen Gründen von der offiziellen Kirche losgesagt hatten und nun in einem anderen Land unbehelligt nach ihren Überzeugungen leben wollten. Wilhelm I. hatte das Ohr am Volk und öffnete 1818 eine Art Sonderzone im eigenen Land als Alternative zur Auswanderung, in der die Evangelikalen in religiöser Freiheit leben konnten. Diesem Ort verlieh er nach der Hungerkastastrophe von 1816/17 den vielversprechenden Namen „Korntal". Er gestattete der Evangelischen Brüdergemeinde unter der Führung des Endzeitpredigers Gottlieb Wilhelm Hoffmann (1771–1846) das „Gut Kornthal" zu erwerben und dort eine pietistische Mustersiedlung einzurichten.

Ein neuer König

In diese ohnehin schon schwierige Zeit kam das Jahr ohne Sommer, dem ein Hungerjahr folgte. Doch Württembergs Königspaar packte tatkräftig an und reagierte wie kein anderes europäisches Monarchenpaar auf die Ereignisse. Wilhelm I. war verheiratet mit der russischen Zarentochter Katharina Pawlowna (1788–1819). Das neue Königspaar inszenierte sich von Beginn an in bewusster Abgrenzung zur Regierung des verstorbenen Königs Friedrich I. als fürsorgliche und tatkräftige Wohltäter, wobei Königin Katharina eine Schlüsselstellung zukam. In einzelnen Gemeinden wurden Wohltätigkeitsvereine gegründet. Der Sitz der Zentralleitung des (Landes-)Wohltätigkeitsvereins war in Stuttgart. Wilhelm verpflichtete sich, mit einem jährlichen Beitrag von 10.000 Gulden aus seiner Privatschatulle diesen zu fördern. Auch andere Mitglieder des Königshauses und die Zarenmutter Maria Feodorowna (eine Tante Wilhelms) steuerten namhafte Summen bei, sodass 1817 annähernd 35.000 Gulden zusammenkamen.[2]

Zur Verhütung zukünftiger Missernten und Hungersnöte wurde durch den König im Jahr 1817 zunächst die „Central-Stelle des landwirtschaftlichen Vereins" zur Verbesserung der landwirtschaftlichen Anbaumethoden gegründet, und ein Jahr später folgte mit der Landwirtschaftlichen Unterrichts-, Versuchs- und Musteranstalt eine agrarwissenschaftliche Hochschule, die noch heute als Universität Hohenheim existiert. Der Förderung landwirtschaftlicher Innovationen sollte außerdem seit 1818 das Landwirtschaftliche Hauptfest dienen, das verbunden mit einem Volksfest schon im ersten Jahr seines Bestehens die Massen anzog. Da neben dem landwirtschaftlichen Central-Verein auch weitere landwirtschaftliche Vereine in den württembergischen Oberämtern und Gemeinden gegründet wurden und es auch dort teilweise zeitgleich landwirtschaftliche Bezirksfeste und -ausstellungen gab, bezeichnete man das Cannstatter Fest als landwirtschaftliches Haupt-Fest (heute LWH).

„Erstmals in der Geschichte Württembergs geschah es, dass der Landesherr und mehr noch seine Frau, Not und Elend der Untertanen zu ihrer eigenen Sache machten und nicht nur wirksame Hilfe leisteten, sondern auch Einrichtungen schufen, die von Dauer waren und wesentlich zum wirtschaftlichen Aufstieg des Königreichs in den folgenden Jahrzehnten und zu einem sozial verhältnismäßig ausgeglichenen Klima des Landes beitrugen", so der Stuttgarter Historiker Paul Sauer.

Katharina Pawlowna, Königin von Württemberg, Ölgemälde von Johann Friedrich Tischbein

Königin Katharina von Württemberg (1788–1819)

Großfürstin Katharina Pawlowna war eine Tochter des russischen Zaren Paul (1754–1801) und dessen Ehefrau Marija Fjodorowna (geb. Sophie Dorothee, Herzogin von Württemberg, 1759–1828, eine Schwester von Württembergs erstem König Friedrich I.). Sie hatte neun Geschwister, darunter die späteren Zaren Alexander I. und Nikolaus I.

Zunächst sollte die schöne russische Großfürstin aufgrund eines Allianz- und Heiratsvertrages den bayerischen Kurprinzen Ludwig (ab 1825 König Ludwig I. von Bayern) heiraten. Dem widersetzte sich vor allem Napoleon, der selbst eine Ehe mit Katharina anstrebte. Dagegen sträubte sich jedoch Katharinas Mutter. Schließlich heiratete sie Herzog Georg von Oldenburg, der nach nur vier Jahren Ehe an einer Typhuserkrankung starb. Mit ihm hatte sie zwei Söhne. In zweiter Ehe heiratete Katharina am 24. Januar 1816 in Sankt Petersburg ihren Cousin, den württembergischen Kronprinzen Friedrich Wilhelm. Auf dem Wiener Kongress 1815 wurde diese Ehe arrangiert, auch um das Verhältnis Württembergs, das an Napoleons Seite gegen Russland gekämpft hatte, zu den ehemaligen Gegnern Russland, Österreich und Preußen zu normalisieren. Katharina hatte keinerlei Startschwierigkeiten in der neuen Umgebung in Stuttgart. Durch die württembergischen Wurzeln ihrer Mutter und den Unterricht durch einen schwäbischen Lehrer kannte sie nicht nur die Sprache und die Mentalität ihrer neuen Heimat, sondern auch deren wirtschaftliche Gegebenheiten. Sie soll maßgeblich an der Stiftung des landwirtschaftlichen Hauptfestes mitgewirkt haben. In ihrer nur dreijährigen Wirkungszeit als Königin von Württemberg, die von größter Not in der Bevölkerung geprägt war, erwarb sie sich die Anerkennung und Zuneigung des ganzen württembergischen Volkes. Sie gründete den „Zentralen Wohltätigkeitsverein", dem sie selbst vorstand, sowie zahlreiche andere wohltätige Institutionen wie die Württembergische Landessparkasse. Auch das Katharinenstift und das Katharinenhospital in Stuttgart gehen auf sie zurück. Den Bau des Katharinenhospitals, das erst neun Jahre nach ihrem Tod eingeweiht wurde, finanzierte sie mit der stattlichen Summe von 60.000 Gulden.

Franz Seraph Stirnbrand, Katharina Pawlowna, Ölgemälde, 1819, Privatsammlung

Katharina starb überraschend im Januar 1819. Ihr Gemahl Wilhelm, ein notorischer Fremdgänger, war nicht bereit, sein Verhältnis zu einer italienischen Adeligen aufzugeben. Sie fuhr ihm, trotz winterlicher Temperaturen nur mit einem dünnen Kleid bekleidet, in das königliche Privatgestüt Scharnhausen nach. Dort ertappte sie Wilhelm in flagranti mit seiner Geliebten Blanche de la Flèche. Völlig durchnässt und unterkühlt kam sie wieder in Stuttgart an. Man musste ihr die durchnässten Stiefel von den Füßen schneiden. In der Kälte zog sie sich eine fiebrige Erkältung zu und starb wenige Tage später. Wie wir aus erhaltenen Ärzteprotokollen wissen, litt Katharina seinerzeit an einer Gesichtsrose um die Mundwinkel, die sich unglücklicherweise infizierte und die zum Hirnschlag, der wohl eigentlichen Todesursache, führte. König Wilhelm ließ daraufhin die Reste der Stammburg Württemberg schleifen und von seinem Hofbaumeister Giovanni Battista Salucci zur Erinnerung an die vom württembergischen Volk sehr verehrte Katharina und für sich selbst eine Grabkapelle im russisch-orthodoxen Stil errichten. 1824 wurde in der dortigen Gruft Katharina beigesetzt, später fand dort auch Wilhelm neben ihr seine letzte Ruhestätte. Auf dem Portal der Kapelle steht geschrieben: „Und die Liebe höret nimmer auf".

Mit Wilhelm I. hatte sie zwei Töchter: Marie (30. Oktober 1816; † 4. Januar 1887), und Sophie (* 17. Juni 1818; † 3. Juni 1877), die spätere Königin der Niederlande.*

Das Jahr ohne Sommer

Der Ausbruch des Vulkans Tambora auf der indonesischen Insel Sumbawa führt zur letzten Hungerkatastrophe im Land – und zum Cannstatter Volksfest

Es ist unglaublich, und aus Sicht der Menschen, die Anfang des 19. Jahrhunderts in Württemberg gelebt haben, kaum vorstellbar, aber der Ausbruch eines viele tausend Kilometer entfernten Vulkans beeinflusste auch hierzulande das Leben und Sterben in unbeschreiblichem Maße. Eine Staub- und Aschewolke verdunkelte die Atmosphäre und verhinderte das normale Wachsen von Getreide, Gemüse, Obst und Wein. Das Wetter spielte verrückt. Eine Ernte konnte nicht eingefahren werden. Das bedeutete für weite Teile der Bevölkerung bitteren Hunger und Armut.

Wie Wissenschaftler heute wissen und nachgewiesen haben, handelte es sich um die größte und zerstörerischste Vulkaneruption in der aufgezeichneten Geschichte der Menschheit, also seit 5000 Jahren. Manche Wissenschaftler gehen noch weiter und sprechen von den letzten 20.000 Jahren. Für die Bewohner der Insel Sumbawa war es die Katastrophe schlechthin, als zwischen dem 5. und 15. April 1815 der Vulkan Tambora östlich von Java im heutigen Indonesien mit einer unvorstellbaren Energie von 170.000 Hiroshima-Bomben explodierte und die noch unvorstellbarere Menge von rund 150 Kubikkilometer vulkanisches Material bis zu 43 km in die Atmosphäre katapultierte[1]. Die Explosionen waren so laut, dass sie noch Tausende von Kilometern entfernt zu hören waren.[2]

Spitze weg

Der Tambora büßte bei dem Ausbruch ein Drittel seiner 4200 Meter Höhe ein und misst heute nur noch 2850 Meter. Eine 1,20 Meter dicke Staubschicht bedeckte die Insel

Der Vulkan Tambora

und erstickte alles Leben. Rund 10.000 Menschen auf den umliegenden Inseln verloren ihr Leben direkt durch den Ausbruch. Die Folgen waren aber noch viel größer, denn eine Wolke aus vulkanischem Material verdunkelte die nördliche Hemisphäre und die Temperaturen fielen im Durchschnitt um 10 Grad Celsius.

Das sind die Fakten. Die Zusammenhänge allerdings konnten erst rund 100 Jahre später hergestellt und wissenschaftlich nachgewiesen werden: Erst 1913 hat der amerikanische Atmosphärenphysiker William Jackson Humphreys (1862–1949) die Verbindung des Vulkanausbruchs mit dem Jahr ohne Sommer 1816 beweisen können. Am härtesten traf die Katastrophe Süddeutschland und die Ostschweiz. Doch die Sommer waren zuvor schon

Darstellung der Teuerung im Jahr 1817: Bis zu 400 Prozent stiegen die Lebensmittelpreise, kolorierter Stich.

schwierig: Seit 1812 folgte ein trostloser Sommer auf den nächsten. 1816 stellte dann den negativen Höhepunkt eines der kältesten Jahrzehnte der sogenannten Kleinen Eiszeit dar und ging als „Jahr ohne Sommer" in die Geschichte ein. Als „Achtzehnhundertunderfroren" wurde es hierzulande bezeichnet.

Wolkenbrüche, Hagelstürme und Gewitter fegten über den Schwarzwald und die Schwäbische Alb hinweg. Im Bodenseegebiet tobten Orkane, die Bäume entwurzelten und einfache Häuser und Ställe mit sich fortrissen.[3] Sintflutartige Regenfälle überfluteten Äcker, Wiesen und Wege. Raue Witterung herrschte im Frühjahr: Den Spätfrösten im April folgte Schnee am 13. Mai. Auch im Juli kehrte der Winter zurück und bedeckte die Schwäbische Alb mit Schnee.[4] Monatelang regnete es wie aus Kübeln, heftigen Gewittern folgte immer wieder empfindliche Kälte. Was von der Feuchtigkeit verschont blieb, wurde Opfer des Hagelschlags. Am 17. Oktober fiel schon wieder der erste Schnee und er blieb liegen[5]. Das Getreide konnte nicht reifen, das Heu verfaulte auf den Wiesen, die Trauben blieben grün an den Rebstöcken hängen und erfro-

Hungertaler 1817, der an die große Hungersnot erinnert.

ren, bevor sie reifen konnten. 1816 war das zweitkälteste Jahr seit 1400. Der Ernteausfall traf die Württemberger hart: *„Getreide, Kartoffeln, Futtergewächse, Wein, Obst – alles hatte also fehlgeschlagen. Das war das traurige im Ernteergebnis des 1816er Jahrgangs. Die neue Ernte brachte somit nichts oder nichts Ausreichendes zur Ergänzung des Vorratsmangels, der aus den Jahren 1811–15 übernommen werden musste (…) Die Not hub an."*[6] Die logische Konsequenz: Die Getreidepreise explodierten. Zwischen 1815 und 1817 stiegen die Preise zwischen 250 und 400 Prozent. Ein Taglohn betrug zwischen 15 und 30 Kreuzern. Ein Zwei-Kilo-Laib Brot kostete in normalen Zeiten 24 Kreuzer. Im Juli 1817 kostete dieses Brot 96 Kreuzer (1 Gulden und 36 Kreuzer).

Katharina übernimmt die Armenfürsorge

Trotz mehrfacher Eingaben weigerte sich Württembergs erster König Friedrich, etwa seine zahlreichen Tiergärten aufzugeben und das darin befindliche Wild den stark verarmten Kommunen zu überlassen. Mit Argwohn beobachteten seine Untertanen, wie täglich schubkarrenweise Futtermittel und Brot in die Tiergärten gekarrt wurden. Friedrichs plötzlicher Tod am 30. Oktober 1816 verhinderte, dass sich die politische Lage weiter zuspitzte. Bereits wenige Tage nach seinem Regierungsantritt ergriff sein Sohn, der neue König Wilhelm I., die ersten Maßnahmen: Ausfuhrzölle für die wichtigsten Grundnahrungsmittel wurden deutlich erhöht und gleichzeitig die Einfuhrzölle aufgehoben. Die Steuer auf den Verkauf von Getreide in Württemberg entfiel, und die Verwendung von Kartoffeln für die Branntweinherstellung wurde verboten.[7] Wilhelm und seine russische Frau Katharina griffen energisch ins Geschehen ein. Vor allem Königin Katharina betrieb die Neuausrichtung der Armenfürsorge, die nun vom Staat organisiert wurde. Sie selbst übernahm den Vorsitz des Komitees. Wilhelm hob alsbald die Tiergärten seines Vaters auf.

In einer zeitgenössischen Darstellung hieß es: *„Statt der Gemüse, die nicht gediehen, kochten sie Gras, Klee, Wurzeln, Heu und als warmes Getränk am Morgen genoss man vielerorts einen Absut von Heublumen."*[8] In manchen Gegenden streckte man das spärlich vorhandene Mehl mit Kleie, Sägespänen, gemahlenem Heu oder gemahlenem Ahornholz. Es wurden sogenannte „Hungerbrote" gebacken. Um das teure Mehl zu strecken, setzte man dem Teig ausgepresste Leinsamen zu, die bei der Leinölgewinnung abfielen. Durch die Ölrückstände war das Brot zwar nahr-, aber nicht schmackhaft.[9]

In der württembergischen Kleinstadt Laichingen auf der Schwäbischen Alb beispielsweise verfügten 1817 bereits 61 % der Bewohner über keine Barschaft mehr und waren auf

Hungerbrot, süddeutsch, 1817, Museum der Brotkultur Ulm

Schraubtaler in Erinnerung an die Hungersnot 1816/1817, 1817; Silber, kolorierte Kupferstiche, Museum der Brotkultur Ulm

die staatliche Armenunterstützung angewiesen. Bis Mai 1817 stieg der Anteil der Armen auf unglaubliche, für uns unvorstellbare 80 % der Bevölkerung an. Dazu gehörten auch Menschen, die ansonsten die traditionelle Oberschicht, bestehend aus Bäckern, Wirten, Kaufleuten und großen Bauern sowie dem Pfarrer bildeten.[10] Um an Fleisch zu kommen, wurden sogar Hunde und Katzen geschlachtet.[11]

Im April 1817 ordnete König Wilhelm die Abgabe von Saatgut aus Beständen der Stiftungen an. Das Getreide wurde zu festgesetzten Höchstpreisen, die deutlich unter den Marktpreisen lagen, abgegeben. Damit wollte er dem überall auftretenden Kornwucher entgegentreten. Da alle weitreichenden Maßnahmen der württembergischen Regierung nicht ausreichten, griff der neue König gegen den Widerstand der Ständeversammlung direkt in das Geschehen ein. So ordnete er im Juni 1817 die vollständige Erfassung aller Vorräte an Grundnahrungsmittel in allen Gemeinden innerhalb von drei Tagen an. Gleichzeitig bestimmte er Höchstpreise für diese. Zum Schutz der verarmten Bauern verbot der König am 2. Juli auch noch den Verkauf des Getreides auf dem Halm, d. h. bevor es geerntet war, um weiteren Spekulationen vorzubeugen.

Als sich im Juni abzeichnete, dass eine katastrophale Ernte zu erwarten war, begannen die Getreidepreise (das Brotgetreide dieser Zeit war hauptsächlich Dinkel) zu steigen. Kornschieber, Wucherer und skrupellose Händler kauften die Vorräte auf. Die Lebensmittelpreise stiegen und stiegen. Im Juni und Juli 1817, also bis zum Anschluss an die neue Getreideernte, erreichten sie ihren Höchststand und kletterten auf das Sechs- bis Achtfache der Preise in einem Normaljahr. Umgerechnet auf heutige Verhältnisse kostete damals ein Pfund Schwarzbrot 18 bis 20 Euro. Waren zunächst vor allem die Armen betroffen, konnten sich bald auch die Bürger des Mittelstandes das tägliche Brot kaum mehr leisten und mussten zum Teil ihren ganzen Hausrat versetzen. Je mehr die Teuerung überhand nahm, desto höher war die Anzahl der Bettler. Mordbrennerei und Diebstahl nahmen überhand. Strafen für unerlaubtes Betteln wurden eingeführt, doch sie lösten nicht das Problem. Württemberg war der einzige deutsche Staat, in dem in den Jahren 1816/17 die Mortalität die Natalität überstieg. In den ersten vier Monaten des Jahres 1817 sollen laut dem Historiker Daniel Krämer 18.000 Menschen aus dem Großherzogtum Baden ausgewandert sein – das entspricht etwa einem Fünftel der damaligen Bevölkerung. In Württemberg wurden mehr als 17.000 legale Reisepapiere ausgestellt.[12]

Der erste Erntewagen wird gefeiert

Obwohl schon abzusehen war, dass der Sommer 1817 eine gute Ernte versprach, blieben die Preise zunächst hoch und sanken nur langsam, und dann im Winter 1817/18 immer schneller. Doch zuvor wurde das Einbringen der ersten Erntewagen 1817 vom Volk frenetisch bejubelt. Üblicherweise wurde das Einbringen des letzten Erntewagens mit einer „Sichelhenke“ gefeiert. Ganz anders im Jahr 1817. Typisch dafür ist eine Schilderung aus Langenau bei Ulm: *„Keine Menschenzunge vermag die Größe der Freude auszusprechen, die die Herzen durchströmte, als im August die Sichel an die reifen Früchte gelegt werden durfte. Alles, was loben und danken konnte, vereinigte sich zu einem Lob- und Dankfest. Die ersten Roggengarben (…) wurde(n) von allen Honoratioren des Ortes, von der mit Roggenähren und Blumensträußen gebunden und Bändern gezierten Schuljugend und von ein paar tausend Einwohnern eingeholt, die Garben, der Fuhrmann, die Pferde mit Blumen bekränzt, mit allen Glocken geläutet, und unter dem Gesang der Jugend, worein die hocherfreuten Begleiter, stimmten: Sei Lob und Ehr dem höchsten Gut und Lobe den Herrn, den mächtigen König der Ehren, der Wagen im feierlichen Zug auf dem großen Platz zu der oberen Kirche geführt.“*[13] Ähnlich freudig wurden die ersten Garbenwagen auch in den anderen Gemeinden und Städten Württembergs begrüßt. In Stuttgart gab das Einbringen des ersten Erntewagens am 28. Juli 1817 der Bürgerschaft Anlass zu einem Freudenfest. Die Fahrt des mit Inschriften und Kränzen geschmückten Wagens durch die Straßen der Stadt zum Alten Schlossplatz gestaltete sich zu einer Art Triumphzug: Musik, Gesang der Schuljugend, Glockengeläut, Empfang durch die geistlichen und weltlichen Behörden, Dankgottesdienste in allen Kirchen.[14]

In Holzhausen im Oberamt Sulz notierte Pfarrer Binder am 8. August 1818 im Kirchen-Census Protokoll-Buch: *„Nachmittag nach 2 Uhr wurde der erste Fruchtwagen mit Roggen- und Gerstengarben beladen. (…) Die gesamte Schuljugend ging mit dem Schulmeister (…) und den Schullehrern von Sulz dem mit Bändern und Blumen bekränzten Wagen bis an das äußerste Haus im Dorf entgegen, und empfing und begleitete denselben mit Gesang. Vier junge Mädchen, festlich gekleidet, trugen eine besonders schön geschmückte Garbe vor dem Wagen voraus. In der Mitte des Dorfes empfingen der Pfarrer mit dem Vogt und dem Magistrat den Wagen. Und so ging es unter Gesangs-Begleitung aller Einwohner des Ortes und außerordentlich vieler Personen von Sulz, unter denen sich die ersten Beamten befanden, in Prozession bis an die Kirche. Hier blieb der Wagen stehen. Die Garbe, welche die Mädchen trugen, wurde auf den Altar gestellt. Der so wie die Kanzel und die Orgel, mit Blumenkränzen geschmückt war. Nun war feierlicher Gottesdienst. Der Pfarrer hielt eine Rede und sprach ein Dankgebet. Unter Tränen der Freude und des Dankes wurde zum Schluss das Lied ‚Nun danket alle Gott mit Herzen, Mund und Händen', von der gesamten Gemeinde gesungen und ein Opfer für die Armen gesammelt, dessen reichlicher Ertrag von 10 f 57xr. zum Ankauf von Brod verwendet wurde, das man auch nach gehaltenem Gottesdienst unter die sämtliche Schuljugend und die bedürftigsten Familien austeilte. Möge der Allmächtige uns und unsere Nachkommen vor einer ähnlichen Not gnädig bewahren."*[15]

Einzug des ersten Erntewagens in Stuttgart, 1817, kolorierte Lithografie (nach F. Müller)

Bauer unter den Königen

Um die Wiederkehr solcher Notzeiten zu verhindern, strebte König Wilhelm die nachhaltige Verbesserung der Landwirtschaft an. So gründete Wilhelm am 1. August 1817 als erste Tat zur Verbesserung der Landwirtschaft den „Verein zur Belebung und Verbreitung der landwirtschaftlichen Industrie, kurz „Landwirtschaftlicher Verein" genannt, aus dem 1818 das landwirtschaftliche Institut in Hohenheim hervorging, aus dem die heutige Universität erwuchs. Und er stiftete das „Landwirtschaftliche Fest zu Kannstadt". So kam Wilhelm zu seinem Ehrentitel „König der Bauern" oder „Bauer unter den Königen". Zu den unmittelbaren Folgen darf man auch die Gründung der Württembergischen Spar-Casse im Mai 1818 (die in der heutigen LBBW aufging) rechnen, die den Bürgern erleichtern sollte, für die nächste Krise Vorsorge zu treffen. Die Anregung dazu hatte sich Königin Katharina in der Schweiz und England geholt. Man versprach sich dadurch auch „die frühe Gewöhnung zur Sparsamkeit mit allen daraus entstehenden sittlichen Folgen". So entwickelten sich Wilhelm und Katharina zu großen Wohltätern der Landbevölkerung und die Schwaben zu den großen Sparern. Die buchstäbliche schwäbische Sparsamkeit war also von oben verordnet.

Ein Tag der Freude

Beim ersten Landwirtschaftlichen Fest mit Volksfest auf dem Cannstatter Wasen kamen 30.000 Besucher

Schon im Herbst 1817 hatte König Wilhelm I. der neu ins Leben gerufenen Zentralstelle des Landwirtschaftlichen Vereins den Auftrag erteilt, eine Konzeption für die Errichtung eines landwirtschaftlichen Festes auszuarbeiten. Ob er sich dabei vom Münchner Fest leiten ließ, bleibt im Verborgenen, liegt aber nahe. Nachdem die Vorschläge der Zentralstelle sein Wohlwollen fanden, erschien im Regierungsblatt vom Dienstag, 31. März 1818 eine Bekanntmachung folgenden Wortlauts:

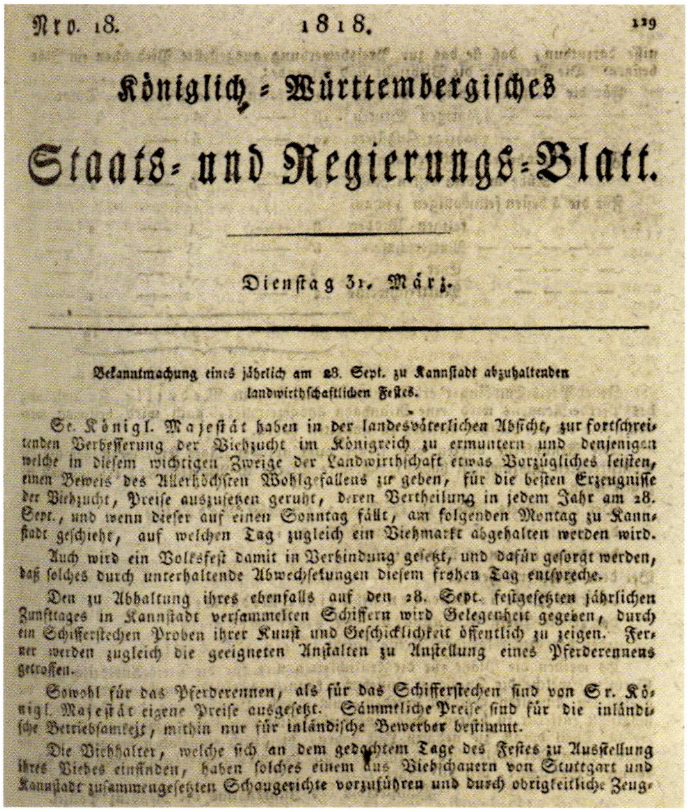

Nro. 18. 1818. 129

Königlich = Württembergisches

Staats= und Regierungs=Blatt.

Dienstag 31. März.

Bekanntmachung eines jährlich am 28. Sept. zu Kannstadt abzuhaltenden landwirthschaftlichen Festes.

Se. Königl. Majestät haben in der landesväterlichen Absicht, zur fortschreitenden Verbesserung der Viehzucht im Königreich zu ermuntern und denjenigen welche in diesem wichtigen Zweige der Landwirthschaft etwas Vorzügliches leisten, einen Beweis des Allerhöchsten Wohlgefallens zu geben, für die besten Erzeugnisse der Viehzucht, Preise auszusetzen geruht, deren Vertheilung in jedem Jahr am 28. Sept., und wenn dieser auf einen Sonntag fällt, am folgenden Montag zu Kannstadt geschieht, auf welchen Tag zugleich ein Viehmarkt abgehalten werden wird.

Auch wird ein Volksfest damit in Verbindung gesetzt, und dafür gesorgt werden, daß solches durch unterhaltende Abwechselungen diesem frohen Tag entspreche.

Den zu Abhaltung ihres ebenfalls auf den 28. Sept. festgesetzten jährlichen Zunfttages in Kannstadt versammelten Schiffern wird Gelegenheit gegeben, durch ein Schifferstechen Proben ihrer Kunst und Geschicklichkeit öffentlich zu zeigen. Ferner werden zugleich die geeigneten Anstalten zu Anstellung eines Pferderennens getroffen.

Sowohl für das Pferderennen, als für das Schifferstechen sind von Sr. Königl. Majestät eigene Preise ausgesetzt. Sämmtliche Preise sind für die inländische Betriebsamkeit, mithin nur für inländische Bewerber bestimmt.

Die Viehhalter, welche sich an dem gedachtem Tage des Festes zu Ausstellung ihres Viehes einfinden, haben solches einem aus Viehschauern von Stuttgart und Kannstadt zusammengesetzten Schaugerichte vorzuführen und durch obrigkeitliche Zeug-

Bekanntmachung des Landwirtschaftsfestes 1818

„Se. Königl. Majestät haben in der landesväterlichen Absicht, zur fortschreitenden Verbesserung der Viehzucht im Königreich zu ermuntern und denjenigen welche in diesem wichtigen Zweige der Landwirthschaft etwas Vorzügliches leisten, einen Beweis des Allerhöchsten Wohlgefallens zu geben, für die besten Erzeugnisse der Viehzucht, Preise auszusetzen geruht, deren Vertheilung in jedem Jahr am 28. Sept. [der Tag nach Königs Geburtstag, Anm. des Autors], *und wenn dieser auf einen Sonntag fällt, am folgenden Montag zu Kannstadt geschieht, auf welchen Tag zugleich ein Viehmarkt abgehalten werden wird.*

Auch wird ein Volksfest damit in Verbindung gesetzt, und dafür gesorgt werden, daß solches durch unterhaltende Abwechslungen diesem frohen Tag entspreche.

Den zu Abhaltung ihres ebenfalls auf den 28. Sept. festgesetzten jährlichen Zunfttages in Kannstadt versammelten Schiffern wird Gelegenheit gegeben, durch Schifferstechen Proben ihrer Kunst und Geschicklichkeit öffentlich zu zeigen. Ferner werden zugleich die geeigneten Anstalten zur Aufstellung eines Pferderennens getroffen. Sowohl für das Pferderennen, als für das Schifferstechen sind von Sr. Königl. Majestät eigene Preise ausgesetzt. Sämtliche Preise sind für die inländische Betriebsamkeit, mithin nur für inländische Bewerber bestimmt.

Die Viehhalter, welche sich an dem gedachten Tage des Festes zur Ausstellung ihres Viehes einfinden, haben solches einem aus Viehschauern von Stuttgart und Kannstadt zusammengesetzten Schaugerichte vorzuführen und durch obrigkeitliche Zeugnisse darzuthun, daß sie das zur Preisbewerbung ausgestellte Vieh schon ein Jahr besitzen.

„Das Volksfest in Cannstadt", kolorierte Radierung von Johann Baptist Pflug, 1324, Sammlung Cannstatter Volksfestverein

(Es folgt die Auflistung der Preisgelder für Hengste, Stuten, Zugtiere, Kühe, Widder, Mutterschafe, Eber und Mutterschweine im Gesamtwert von 136 Dukaten. Außerdem gab es Preisgelder für die Gewinner der Pferderennen, bei denen nur württembergische Pferde teilnehmen durften, und Preise für das Schifferstechen.)

Es werden die Plätze für die Festlichkeiten und für die Preis-Austheilungen mit Gerüsten, welche die Zuschauer einnehmen können, versehen, auch werden sonst die geeigneten Anstalten getroffen werden, um durch Handhabung der Ordnung alles möglichst entfernt zu halten was eine frohe Feier des Tages, wozu alle diejenigen, welche Theil daran zu

Die Fruchtsäule in den Anfangsjahren, Radierung von Ernst Dertinger 1844

nehmen Lust haben, hierdurch eingeladen werden, und die Zufriedenheit der zahlreichen Versammlung, der man entgegen zu sehen hat stören könnte. Stuttgart, den 26. März 1818 Ministerium des Innern und der Residenz-Polizei"[1]

Das württembergische Regentenpaar hatte wohl das richtige Gespür dafür, wie man das Volk nach den Kriegs- und Hungerzeiten aufmuntern und begeistern konnte. Rund 25.000 bis 30.000 Besucher[2] sollen damals das eintägige Fest besucht haben. Ein ungeheure Zahl, wenn man bedenkt, dass die Oberamtsstadt Cannstatt seinerzeit nur rund 3000 Einwohner hatte. Selbst die Residenz Stuttgart konnte nur mit rund 22.000 Bewohner aufwarten. Eine bloße Landwirtschaftsausstellung hätte bei der Bevölkerung sicher keine große Bereitschaft zu langen und beschwerlichen Reisen aus allen Teilen des Landes hervorgerufen. Aber Wilhelm war clever. So dürfte die Aussicht auf eine Preisverleihung für das mitgebrachte Vieh, aber vor allem die Volksbelustigungen wie das Pferderennen und das Fischerstechen die Menschen in Scharen nach Cannstatt gelockt haben. Auch die neuen Freiheiten dürften eine Rolle gespielt haben, denn Wilhelms Vater, der dicke und despotische König Friedrich I., ließ nicht nur die Presse zensieren und regierte absolutistisch, sondern ließ auch seit dem Jahr 1806 Volksversammlungen verbieten.[3]

„Zur Unterstützung des wohltätigen Zwecks“[4] wurde von der Stadt Cannstatt einer der Vieh- und Krämermärkte auf das Fest verlegt und eine Ausstellung von landwirtschaftlichen Erzeugnissen gezeigt.

So war das erste Fest

Der württembergische Geograf und Statistiker Johann Daniel Georg Memminger[5] liefert eine detaillierte Beschreibung des ersten Festes: *„Der zur Abhaltung des Festes gewählte Platz liegt auf den, links des Neckar hin, zwischen der Stadt Cannstatt und dem Wasserhause sich ausbreitenden Wiesen, und man muss gestehen, dass schwerlich eine geschicktere Wahl in dem ganzen Umkreise des Königreichs hätte getroffen werden können. In einer der freundlichsten – vielleicht der freundlichsten – und von der Natur gesegneten Gegenden des Königreichs, die Mittelpunkte und dem eigentlichen Mutterschoße desselben, unter den Augen des königlichen Sommersitzes des Bellevue und im Angesicht der alten, ehrwürdigen Stammburg des Regentenhauses, welche dem Vaterlande Namen und Dasein gab, und segnend auf alle, die sich nach ihrem Namen nennen, herabblickt und alle – Alt- und Neu-Württemberger, Oberschwaben und Hohenloher, Ellwanger und Reichsstädter – sich als Brüder eines Stammes zu betrachten ermuntert, in dieser Gegend gelegen vereinigt der Platz alles, was man für ein solches Fest wünschen kann. Auf demjenigen Teile, welcher neuerlich zum Exerzierplatz für die Stuttgarter Garnison gewählt worden ist, war die Rennbahn, oberhalb derselben, unter schattigen Weiden der Viehmarkt, abwärts der Schafmarkt, weiter herab der Krämermarkt und endlich diesem zunächst, auf der sich hier gerade ungewöhnlich ausdehnenden Fläche des Neckars, zwischen Bellevue und der Brücke das Schifferstechen angeordnet, so dass alles einen zusammenhängenden Plan bildete.*

Der Rennplatz hatte, den örtlichen Verhältnissen gemäß, eine länglich runde Gestalt erhalten. Die um den Platz sich herumziehende Bahn hatte eine Breite von 70 Fuß und in ihrem mittlern Umkreise eine Länge von 3200 Fuß, also gerade ungefähr von einer württembergischen Viertelstunde. Die von der Bahn, welche auf beiden Seiten durch Pfähle und Seile begrenzt war, eingeschlossene Fläche war in fünf Felder abgeteilt. In dem mittleren kamen die zum Rennen bestimmten Pferde mit ihren Reitern zu stehen; in den beiden nächsten wurde das für preiswürdig erkannte und anderes ausgezeichnet schönes Vieh aufgestellt, und die zwei äußeren waren bestimmt, die landwirtschaftlichen Erzeugnisse und Ackergerätschaften, die etwa zur Schau aufgestellt werden möchten, aufzunehmen. In dem mittlern und in den beiden äußern Feldern waren Erhöhungen für drei Musikchöre angebracht. Zugleich erhob sich in dem ersten, auf der Mitte seiner Grenzlinie an der Rennbahn, eine sehr schöne 50 Fuß hohe runde Säule, welche den Rennern zum Ziele diente, und durch die sinnreiche Art ihrer Ausschmückung zugleich die Bedeutung des Festes ausdrückte, indem sie, wie die Musik-Erhöhungen, mit grünem Tannenreisig bekleidet, in ihrem Knauf, der die Form eines Korbes bildete, mit einer Einfassung von verschiedenen Ähren, und mit Weintrauben, Obst und Feldfrüchten geziert, und in ihrem Schafte mit Siegeskränzen von Eichenlaub behangen war. An ihrem Fußgestell waren die Plätze für die drei Kampfrichter angebracht, welche über den schnellsten Lauf der Pferde zu entscheiden und die Preisverteilung zu leiten hatten. Auf beiden Seiten befanden sich wieder Erhöhungen für Musikchöre und die Signaltrompeter. Dem Ziele gegenüber, auf der äußeren Grenzlinie der Rennbahn, stand der Pavillon für beide Königl. Majestäten und ihr Gefolge, sowie für die obersten Staatsbeamten und die auswärtigen Gesandtschaften, eine geschmackvolle ionische Säulenhalle mit zwei Flügeln, von dem ersten K. Hofbaumeister Salucci erbaut. Am Fuß desselben war eine kleine Erhöhung für den Minister der Residenz-Polizei und zwei ihm beigegebene Mitglieder des landwirtschaftlichen Vereins zur Verteilung der Preise angebracht. Auf beiden Seiten waren in kleiner Entfernung zwei Schirmdächer ausgespannt, unter welchen die Mitglieder des Schaugerichts ihren Platz

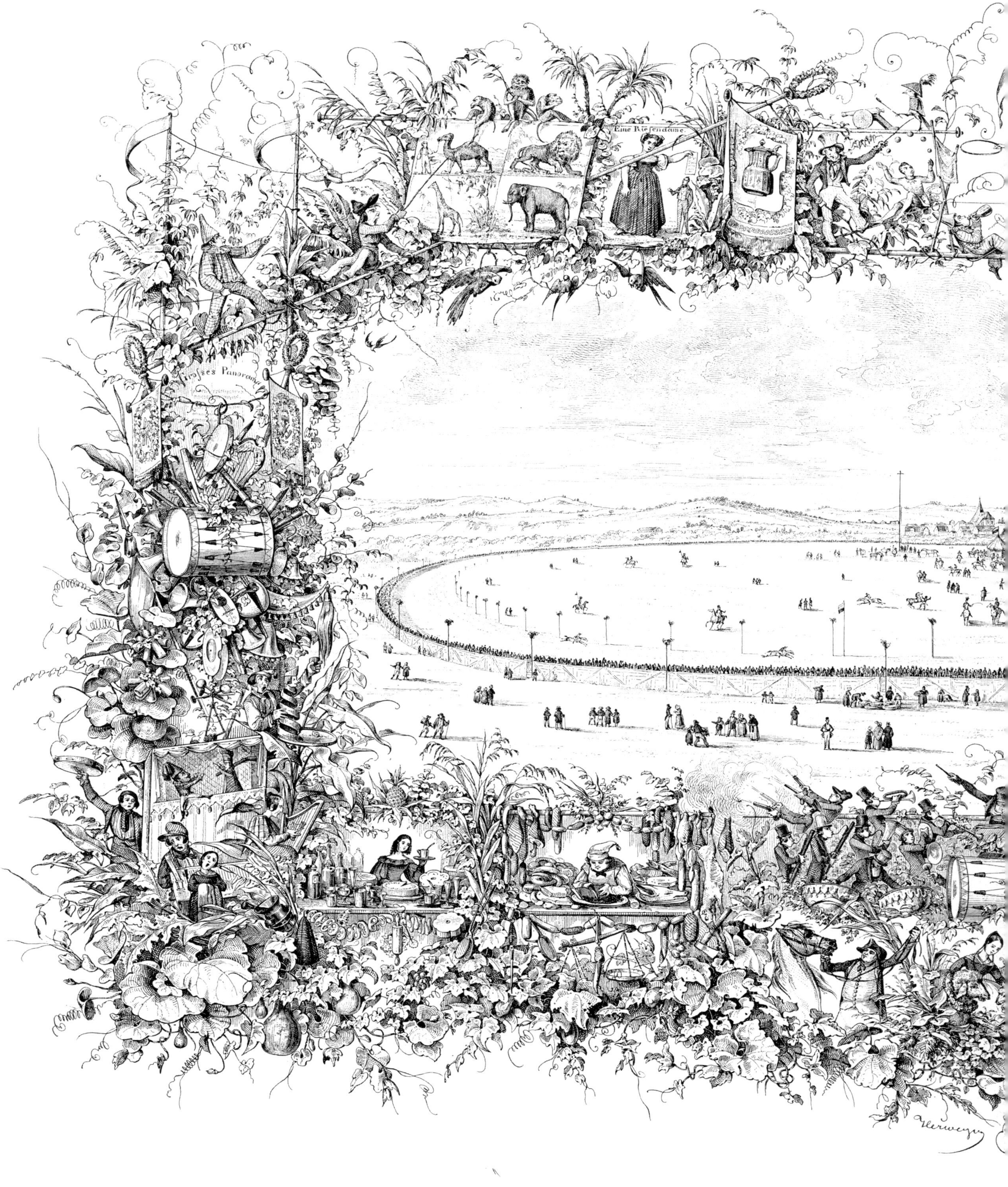
Eine Riesendame.
Großes Panorama

Das Landwirtschaftliche Fest in den Anfangsjahren, Litografie 1840.
Das Vorführ- und Rennoval mit Fruchtsäule und Königsloge.
Die Garnierung zeigt detaillierte Darstellungen der Festbestandteile.

Viehausstellung, Radierung von Ernst Dertinger 1844

Wettrennen, Radierung von Ernst Dertinger 1844

hatten. Auf diese folgten zwei Schaubühnen, die eine, rechts, für den landwirtschaftlichen Verein, die andere, links, für den Magistrat zu Cannstatt, und wer sonst noch Anweisung darauf erteilt. An diese endlich reihten sich, durch einen kleinen Zwischenraum getrennt, die Gradinen oder Stufensitze für die übrigen Zuschauer an, welche sich um den größeren Teil der Rennbahn herumgezogen und dem Ganzen ein sehr schönes, amphitheatralisches Aussehen gaben. Die übrige, freie Grenze war für stehende Zuschauer bestimmt. Hinter dem Königlichen Pavillon breitete sich ein großer, umzäunter Halbkreis aus, der zur Auffahrt für den Hof und zur Aufstellung der Hofwagen diente, und mit abgesonderten, neu angelegten Straßen in Verbindung stand, wovon die eine zur Anfahrt, die andere zur Abfahrt bestimmt war.

Mit gleichem Geschmack und gleicher Sorgfalt waren auch die übrigen Zweige des Festes und insbesondere das Schifferstechen angeordnet. Die Schiffleute selber hatten keinen Aufwand geschont, um ihrem Spiele das möglichst befriedigende Ansehen zu geben. Nachdem sie sich lange vorher auf dasselbe geübt und vorbereitet hatten, fanden sie sich einige Tage vor dem Feste mit ihren Nachen und größeren Schiffen zu Cannstatt ein. Es waren nämlich nicht bloß die Schiffer und Fischer von Cannstatt, welche an dem Feste teilnahmen, sondern alle die zur Cannstatter Schiffer- und Fischergilde gehören, und außer den Fischern namentlich die Schiffleute von Hofen, Neckar-Rems und Horkheim. Die größeren Neckarschiffe waren festlich geschmückt; zwölf von den Schiffern und Fischern, welche den Wettkampf bestehen sollten, hatten sich besonders in Matrosentracht gekleidet, sechs in württembergischer, zwei in russischer, zwei in englischer und zwei in niederländischer Nationalfarbe; der Anführer erschien in schwarzem Sammet gekleidet mit dem Federnhut auf dem Kopfe, und mit dem eigentümlichen Schwerte bewaffnet. Für den König und die Königin und für den Hof war an dem rechten Ufer des Neckars ein großes Zelt aufgeschlagen, für die übrigen Zuschauer wurden die größeren Schiffe in Bereitschaft gehalten, und andere Vorbereitungen getroffen.

Die Anordnung des Ganzen ward dem Professor von Thouret übertragen, und das seltene Talent dieses gewandten Künstlers für solche Anordnungen verleugnete sich auch hier nicht, und fand überall gerechte Anerkennung. Überhaupt aber wetteiferten alle Stellen mit dem rühmlichen Eifer, dem Feste den glücklichsten Erfolg zu sichern, und besonders zeichnete sich die oberste Polizeibehörde durch die tätigte Sorgfalt aus; die eifrige Teilnahme beider Majestäten an dem Feste hatte alles belebt. Dabei verdient hauptsächlich die zarte Rücksicht gerühmt zu werden, die in allen Anordnungen auf das Publikum genommen wurde, und die sich besonders auch darin ausdrückte, dass alle Anwendung von militärischer Gewalt entfernt blieb. Die Handhabung der Ordnung wurde der Bürgerschaft von Cannstatt übertragen, welche sich zu dem Ende in ein wohl uniformiertes Corps bildete, und in ihrem Dienste von dem schönen Stadtreiter-Corps von Stuttgart willfährig unterstützt wurde. Beide Teile entsprachen auch ihrem Auftrage zur vollkommensten Zufriedenheit. Ein gedruckt ausgegebenes Programm machte die Ordnung, nach welcher das Fest gehalten werden sollte, bekannt.

Bei der steigenden Teilnahme an dem Feste hatte man für nötig gefunden, schon tags zuvor über das zur Preisbewerbung herbeigeführte Vieh Musterung zu halten, und vorläufig über seine Preiswürdigkeit zu erkennen. Ebenso mussten die Liebhaber zum Rennen sich schon am Nachmittage vor dem Fest melden, und ihre Namen bei den aufgestellten Kampfrichtern einschreiben lassen. Wenn es bei der Viehausstellung, welche auf der Rennbahn stattfand, an Mitbewerbung nicht fehlte; so war man dagegen mit Grund wegen der Teilnahme an dem Pferderennen besorgt. Doch fanden sich endlich die zehn Liebhaber dazu ein.

Für den Landwirt musste die Musterung des Viehes von besonderem Interesse sein, und hier war hauptsächlich der Ort, wo die Ansichten sich gegenseitig berichtigen und erweitern konnten. Aber auch für den bloßen Beobachter war es nicht unwichtig, seine Vergleichungen anzustellen, und das Verhältnis sowohl der verschiedenen Tiergattungen unter sich, als auch der verschiedenen Landesgegenden zueinander kennen zu lernen. In Rindvieh und auch in Schafen zeichnete sich besonders Cannstatt aus, das diesen Vorzug zum Teil der Nähe der ehemaligen herrschaftlichen Maiereien dankt. Die schönsten Pferde kamen aus dem Herrenberger, dem Leonberger und dem Blaubeurer Oberamt. Im Ganzen aber zeigte sich bald, worin die schwache Seite der württembergischen Viehzucht besteht. Während Rindvieh und Schafe von vorzüglicher Schönheit und in großer Anzahl vorhanden waren, und besonders bei den letzten ein hoher Grad von Veredelung sich zeigte, war die Auswahl unter den Pferden nur sehr gering, und unter den Stuten konnte sogar nur ein einziges Stück für preiswürdig erkannt werden. Der gleiche Fall trat bei den Schweinen ein, wo man jedoch mehr die Menge, als die Vorzüglichkeit vermisste. Wenn man nun gleich annehmen muss, dass, was bei der ersten Feier des Festes nicht anders zu erwarten war, manches schöne Stück nicht herbeigeführt wurde, so beweist die gemachte Erfahrung doch umso mehr, dass hauptsächlich die Pferde- und die Schweinezucht der Ermunterung bedürfe, als womit auch die allgemeine Beobachtung übereinstimmt. Wie sehr namentlich die Schweinzucht, zwar nicht an Vollkommenheit – denn es ist anerkannt, dass die Württembergischen Landschweine von ganz vorzüglicher Art sind – desto mehr aber an Ausdehnung leide, beweist die Menge von ausländischen Schweinen, welche alljährlich in das Land geführt werden.

Dass es in Absicht auf das Urteil der Schaurichter über die Preiswürdigkeit der Tiere manche abweichende Meinung geben werde, war vorauszusehen. Aber eine nicht zur verwerfende Ausstellung scheint die der Schafhalter zu sein, dass nämlich bei den Schafen nicht ein einzelnes Stück, sondern eine größere Anzahl entscheiden sollte.

Je größer die Menge von Menschen war, die sich schon an dem Tage vor dem Feste bei dem Schaugericht eingefunden hatten, desto gespannter war die Erwartung auf den folgenden Tag. Große Besorgnis hatte die Witterung erregt; allein der schönste Himmel begünstigte das Fest, und alles vereinigte sich, um demselben den glücklichsten Erfolg zu sichern. Der Anfang der Feier und die Ankunft beider Majestäten war auf 11 Uhr bestimmt. Aber schon am frühen Morgen strömten die Zuschauer in solcher Menge herbei, dass bereits um 9 Uhr alle Plätze und Zugänge an dem Rennplatze besetzt waren. Schwerlich hat Württemberg je eine solche Volksmenge, wie hier, beisammen gesehen, es wäre denn zu den Zeiten der großen Volksversammlungen, welche im Mittelalter auf dem Cannstatter Boden stattfanden. Man rechnet nicht zu viel, wenn man die ganze Masse, welche sich um den Circus her zusammengedrängt hatte, zu 25.000 bis 30.000 Menschen annimmt. Dabei waren alle benachbarten Bäume und Anhöhen noch mit Menschen besetzt.

Der Hof erschien genau zur bestimmten Stunde; der König zu Pferd, begleitet von seinem Adjutanten und einem zahlreichen Gefolge, die Königin zu Wagen, unter Bedeckung eines Teils von dem Stadtreiter-Corps. Sie wurden von den höheren Behörden und einer Abordnung des landwirtschaftlichen

Wirtshausbuden, Radierung von Ernst Dertinger 1844

Vereins, des Schaugerichts und des Magistrats von Cannstatt empfangen. Trompetenschall verkündete ihre Ankunft, die Musikchöre spielten und ein allgemeines Vivat ertönte rund um den Circus. Nachdem sie einige Augenblicke auf der Altane des Pavillons verweilt hatten, begaben sie sich, unter Vortritt des Polizeiministers, und unter Begleitung der eben genannten Behörden, mit ihrem Gefolge auf den Rennplatz hinab, wo das für preiswürdig erkannte Vieh der Reihe nach aufgestellt war. Mit der ihnen eigenen Huld und Leutseligkeit betrachteten und betasteten sie hier jedes einzelne Stück, unterhielten sich mit den Eigentümern, und verfügten sich hierauf wieder auf ihren Standpunkt zurück. Jetzt begann die Preisverteilung, womit das Fest, als mit der Hauptsache, seinen Anfang nehmen sollte. Einer der Kampfrichter rief die Namen der Eigentümer von dem, mit dem Preis Vieh, nach der Gattung des Viehes und nach der Nummer aus, welche diesem von dem Schaugerichte zugeteilt und jedem Stücke auf die Stirne gebunden war. So wie ein Name aufgerufen war, trat der Genannte mit seinem Vieh und dessen Führer aus den Schranken hervor, näherte sich der Tribüne des Polizeiministers und empfing aus dessen Händen, unter einem tatkräftigen Tusche sämtlicher Trompeter, den Preis. Diese feierliche Preisverteilung, unter freiem Himmel, unter den Augen beider Majestäten und unter einer zahllosen Menge von Zuschauern, hatte wirklich etwas Großes und Erhebendes. Nach empfangenem Preise trat jeder, in der ihm bestimmten Ordnung, mit den gekrönten Tieren den Umzug in der Rennbahn an, der von einem dazu aufgestellten Führer ebenfalls feierlich eröffnet wurde, und die versammelten Zuschauer mit dem, was das Vaterland Preiswürdiges darbot, zugleich näher bekannt machte. Das Vieh war größtenteils mit Blumen und Bändern geschmückt und vermehrte dadurch das Angenehme des Schauspiels, das der Umzug gewährte. An das, mit den Preisen gekrönte, Vieh schloss sich auch einiges andere, und namentlich Mastvieh, an, das zwar, der Stiftung gemäß, keinen Preis erhalten konnte, desto mehr aber, wegen seiner ausgezeichneten Schönheit, der öffentlichen Schau wert zwar. Auch ein Ziegenbock befand sich unter diesem Nachzug, der durch Größe, Bau und Haarwuchs wirklich zu den Seltenheiten gehört, und es allgemein bedauern ließ, dass nicht auch für diese Tiergattung Preise bestimmt waren, die sie wohl auch nicht nur wegen ihrer Nützlichkeit an sich, sondern auch in Rücksicht auf unsere Safiangerbereien verdiente.

Nachdem dieser Zug vollendet, und sämtliches Vieh wieder auf seinem früheren Platze aufgestellt war, nahm das Pferderennen seinen Anfang. Die Musikchöre schwiegen, die Signaltrompeter gaben einen dreimaligen Ruf, und sämtliche Renner traten in die Schranken. Unter feierlicher Anführung und dem Spiel sämtlicher Chöre durchritten sie zuerst die Bahn im Schritte. Jetzt teilten sie sich in drei Abteilungen. Die

Der Kletterbaum, Radierung von Ernst Dertinger 1844

erste stellte sich an der vorgezeichneten Linie auf, die beiden anderen traten wieder in den Kreis zurück. Die vorgezeichnete Linie durchschnitt die Bahn, nach der Weise der alten, in schiefer Richtung, um den Vorteil aufzuheben, welche etwa derjenige haben könnte, der sich der inneren, kürzeren Kreislinie näher befindet. Die Bahn musste dreimal durchlaufen werden. Mit gespannter Aufmerksamkeit harren die Aufgestellten des Zeichens; aller Augen sind auf sie gerichtet. Auf den dritten Ruf der Trompeter stürzen sie los. Schneller als es schien, war ihr Lauf: in anderthalb bis zwei Minuten durcheilten sie jedes Mal, und in 5 bis 6 Minuten dreimal die Bahn, und somit einen Dreiviertelstunden langen Weg. Ein Fuchs, aus dem Ehinger Oberamt, ward mit lautem Beifall und dem Schalle sämtlicher Trompeten als entschiedener Sieger begrüßt. Die zweite Abteilung war geringer, die Dritte aber noch besser, als die erste, unter unter allen drei Abteilungen die Sekundenuhr, welche vor den Kampfrichtern lag, entschied; so wurde der Sieger der ersten Abteilung dritter im Preise. Im Wettstreit mit der dritten Abteilung hätte er ohne Zweifel auch über diese gesiegt, und den ersten Preis davongetragen. Die beiden ersten Sieger waren von den Fildern. Es zeigte sich, dass der erste 5 Minuten und 5 Sekunden, der zweite 5 Minuten und 8 Sekunden und der dritte 5 Minuten und 10 Sekunden, keiner aber 6 Minuten gebraucht hatte. Nach vollendetem Laufe wurden die Sieger nach ihrer Ordnung von einem der Kampfrichter ausgerufen, und empfingen unter derselben Feierlichkeit, wie die früheren Preisempfänger, ihre Preise.

Der Seiltänzer, Radierung von Ernst Dertinger 1844

Volksbelustigung, Radierung von Ernst Dertinger 1844

Jetzt begann der Aufzug der Schiffer und Fischer, die sich inzwischen an dem Eingang der Rennbahn aufgestellt hatten. Unter Anführung des Oberbootsmanns zogen sie mit fliegenden Fahnen und Wimpeln heran; die Kämpfer trugen ihre Stechscheiben, die übrigen ihre Ruder. Bei ihrer Ankunft an dem königlichen Pavillon salutierten sie, und stellten sich demselben gegenüber auf; ein lebhaftes Hurra! ertönte, und unter dem vereinten Tusch sämtlicher Trompeten beschloss dieser Teil des Festes.

Es ist schade, dass die Zuschauer nicht die Geduld hatten, den Aufzug der Schiffer und Fischer ungestört vorbeigehen zu lassen, da derselbe wirklich einen schönen Anblick darbot. Weil das Schifferstechen unmittelbar folgen sollte, so eilte jeder, um sich eines Platzes an dem Neckar zu versichern, und so geschah es denn, dass der größte Teil der Zuschauer aufbrach, noch ehe der Zug der Schiffer einmal recht begonnen hatte. Diese Erfahrung lässt wünschen, dass in Zukunft das Schifferstechen durch einen etwas längeren Ruhepunkt, etwa durch den Mittag, von dem ersten Teil des Festes getrennt werden möchte. Damit würde nicht nur den meisten Zuschauern, sondern auch den Wirten und Marketendern gedient sein, die dadurch Gelegenheit erhielten, ihre Vorräte abzusetzen.

Volksbelustigungen bei dem landwirthschaftlichen Feste zu Kannstadt, Xylographie von Calvin Nicholls, 1844

Unter Begleitung der Musik zogen die Schiffer mit den Siegern auf der Rennbahn in feierlichem Zuge gegen den Neckar ab. Ihre beide Majestäten folgten mit dem Hofe nach kurzem Verweilen. Sobald sie sich dem für sie aufgeschlagenen Zelte näherten, verkündete der wiederholte Schall der Trompeten von den Schiffen ihre Ankunft; die Schiffleute salutierten, und sämtliche Musikchöre spielten.

Noch größer, als bei der Rennbahn, schien hier die Volksmenge zu sein. Die beiden Neckarufer, die Brücke, der benachbarte Kahlenstein, alles bildete eine Masse von Menschen; und die für die Zuschauer bereitgehaltenen Schiffe sahen nicht anders, als wie schwimmende Menschenschwärme aus. Mitten in dieser wogenden Umgebung standen an beiden Ufern die Nachen der Kampflustigen einander gegenüber. Auf dem zur Seite aufgestellten Hauptschiffe befanden sich der Oberbootsmann mit den Signaltrompetern und die Kampfrichter, welche den Kampf leiteten und beobachteten. Ehe der Kampf begann, überreichte eine Gesellschaft von Schiffermädchen dem König ein auf den Tag verfasstes Gedicht. Auf die Weisung des Oberbootsmanns gaben die Trompeter das Zeichen zum Wettkampf. Die Nachen rückten paarweise einander entgegen. Einige Ruderer lenkten den Lauf des Schiffes mit möglichster Schnelligkeit; auf der Hinterspitze stand der Kämpfer, die Stechscheibe, eine lange, bemalte, vorn mit einer kleinen Scheibe, am Ende mit einem Wimpel versehene Stange, unter dem Arme haltend. In dem Augenblicke, da sich die Gegner einander näherten, versetzte einer dem anderen einen Stoß auf die Brust, in der Absicht den Gegner ins Wasser zu stürzen. Gelang dies, und behauptete der andere seinen Standpunkt, so feierte ein lebhafter Tusch den Sieg. Inzwischen arbeitete sich der besiegte wieder aus den Fluten hervor, fasste seine Stange mit den Zähnen, und schwamm mit Behändigkeit seinem Nachen zu, um sich hier zu neuem Kampfe aufzustellen. So dauerte das Spiel fort, bis endlich die Regeln desselben erfüllt waren. Derjenige, der die meisten über Bord geworfen hatte, war erster Sieger und erhielt den höchsten, und so fort die nächsten die fünf folgenden Preise. Die Preise wurden an Bord des Hauptschiffes durch den, als Oberbrudermeister der Schiffer- und Fischergilde damit beauftragten Oberamtmann von Cannstatt, im Beisein des Oberbootsmanns und der Kampfrichter ausgeteilt. Auf den Ruf eines Kampfrichters fuhr ein Sieger nach dem anderen heran und empfing unter einem kräftigen Tusch seinen Preis. Während der Preisverteilung unterhielten die Schiffsleute die Zuschauer durch kühne Matrosensprünge von der Spitze der Mastbäume in den Fluss herab. Am Ende ertönte das vereinte Spiel sämtlicher Musikchöre von allen Seiten und das Fest war zu Ende.

Es muss hier wiederholt werden, was in Absicht auf das Schifferstechen schon anderwärts bemerkt wurde, dass die Art, wie dasselbe ausgeführt wurde, bei manchen Zuschauern das Vergnügen des Schauspiels mehr oder weniger störte. Der durchnässten Kleidung, in der sich der Besiegte wieder zum Kampfe aufstellte, nicht zu gedenken, konnte der gewaltige Stoß auf die Brust, den ein Kämpfer dem anderen versetzte, nicht anders, als eine unangenehme Empfindung erregen, und je gefährlicher dieser Stoß, zumal bei einer Abweichung, werden könnte, desto mehr wäre zu wünschen, dass er, wie das auch anderen Orts Gesetz ist, auf den bloßen vom Laufe des Schiffes gegebenen Druck beschränkt würde oder die Kämpfer wenigstens entweder die hölzerne Steckscheibe füttern, oder aber die Brust bewaffnen möchten. Gewiss ließen sich aber auch mancherlei andere Übungen denken, wobei der Zuschauer noch angenehmere Unterhaltung und der Ringer noch mehr Gelegenheit zur Entwicklung körperlicher Gewandtheit finden würde, wie zum Beispiel bei dem Stechen nach aufgesteckten Kränzen, ohne dass der Körper dabei Gefahr litte.

Übrigens ging der diesmalige Wettkampf glücklicherweise ohne alle nachteilige Folgen vorüber; überhaupt aber wurde das Fest in allen Stücken mit einem so vollkommenen Gelingen gekrönt, dass man seine Feier für eine längst bestehende Sitte hätte halten mögen. Nicht der geringste Unfall, nicht die mindeste Unordnung störte diese Feier. (Gauner und Taschendiebe wussten sich freilich das Menschengewimmel, auf eine für manchen Zuschauer sehr unangenehme Weise, zu Nutzen zu machen.) Allgemeine Fröhlichkeit herrschte unter der ganzen versammelten Menge; jeder pries die schöne Stiftung und ihre treffliche Ausführung; jeder fühlte sich durch ein neues Band an König und Vaterland geknüpft; der Landmann ging, zu neuem Eifer ermuntert, der Zuschauer mit neuen wohltätigen Empfindungen nach Hause. Mögen auch noch hier und da Wünsche übrig geblieben sein; für die erste Feier war nicht mehr zu erwarten. Unter die unbefriedigten Wünsche rechnen wir, dass die in dem Plane des Festes liegende Ausstellung von Erzeugnissen des Bodens nicht stattfand. Dem Landwirt müsste es von besonderem Interesse gewesen sein, die vorzüglichen Produkte des Vaterlandes näher kennen zu lernen und über ihren Nutzen belehrt zu werden. Vornehmlich wünschenswert wäre es gewesen, dass die Erstlinge von den mancherlei Sämereien und Getreidearten, welche durch die Sorgfalt der Königin im Vaterlande verbreitet wurden, mit Bemerkung des Erfolgs, den ihre Verpflanzung auf den vaterländischen Boden gewährte, in kleinen Proben hätte vorgelegt werden mögen. Auch manche neue und verbesserte Ackergerätschaften wären hier nicht am unrechten Orte gewesen. Wenn sie auch nicht als vollkommen nachahmungswürdige Muster gedient hätten, so hätten sie vielleicht doch manche nützliche Anregung gegeben, und bei dem unerfahrenen Landmann über die Unbehilflichkeit und Unvollkommenheit seiner gewöhnlichen Werkzeuge ein Licht aufgesteckt. Zu diesem allem wäre freilich nötig gewesen, dass dem Feste eine längere Dauer gegeben worden wäre, und dies ist ein weiterer Wunsch, der sich in vielen Anwesenden regte. Ein entfernter Landwirt hatte sich die Mühe gegeben, einen Pflug von nicht gewöhnlicher Einrichtung herbeizuführen; aber niemand hatte Zeit, von seinen Vorzügen Einsicht zu nehmen. Wenn daher selbst dem Zuschauer, der aus entfernteren Gegenden herkam, das Fest zu schnell vorüberging, so musste dies natürlich noch weit mehr bei dem Landwirte der Fall sein, der dasselbe zugleich als eine Gelegenheit zur Erweiterung seiner Einsichten und Erfahrungen und zur wechselseitigen Mitteilung betrachtete. Wie man übrigens

Der Hauptort war das Rennoval auf dem Cannstatter Wasen. Drumherum siedelten sich Schausteller an. Radierung o. J.

vernimmt, geht die Stadt Cannstatt damit um, dem Feste für die Zukunft durch einige Veranstaltungen, und namentlich, auf den Fall, dass es höheren Orts genehmigt würde, durch ein Vogelschießen – ein altes, ehemaliges volkstümliches Spiel in Württemberg – eine weitere Ausdehnung zu geben. Sollte aber auch dies nicht geschehen, und überhaupt keine längere Dauer des Festes für zweckmäßig erachtet werden; so verdient wenigstens der Wunsch Berücksichtigung, dass der Viehmarkt, der mittelst des Festes so leicht zu einem der ersten in Württemberg sich erheben könnte, nicht an dem Festtage selber, sondern entweder vor oder nach demselben gehalten werden möchte, da die Erfahrung gelehrt hat, dass er sich mit dem Feste nicht verträgt, weil sich an demselben niemand Zeit zum Kaufen und Verkaufen nimmt, und mit Ausnahme des Schafmarkts – auf welchem wirklich bedeutende Geschäfte gemacht wurden – der Verkehr sehr mittelmäßig war. Inzwischen muss wiederholt werden, was schon oben gesagt wurde, dass das Fest sich den ungeteilten Beifall erwarb, und seine Feier für das erste Mal nicht glücklicher hätte ausfallen können. Was den Wert dieser Feier noch besonders erhöhte, war die sichtbare Zufriedenheit beider Majestäten mit ihrem Gefolge, und hauptsächlich die Verbindung, in welchem es mit dem Geburtsfeste des geliebten Landesvaters gesetzt war, wenngleich durch eben diese Verbindung mancher, der an diesem frohen Festtage gern teilgenommen hätte, und namentlich alle entfernten Staats- und Commundiener von der Mitfeier abgehalten wurden, da das Geburtsfest des Regenten jedes Städtchen zu besonderen Feierlichkeiten veran-

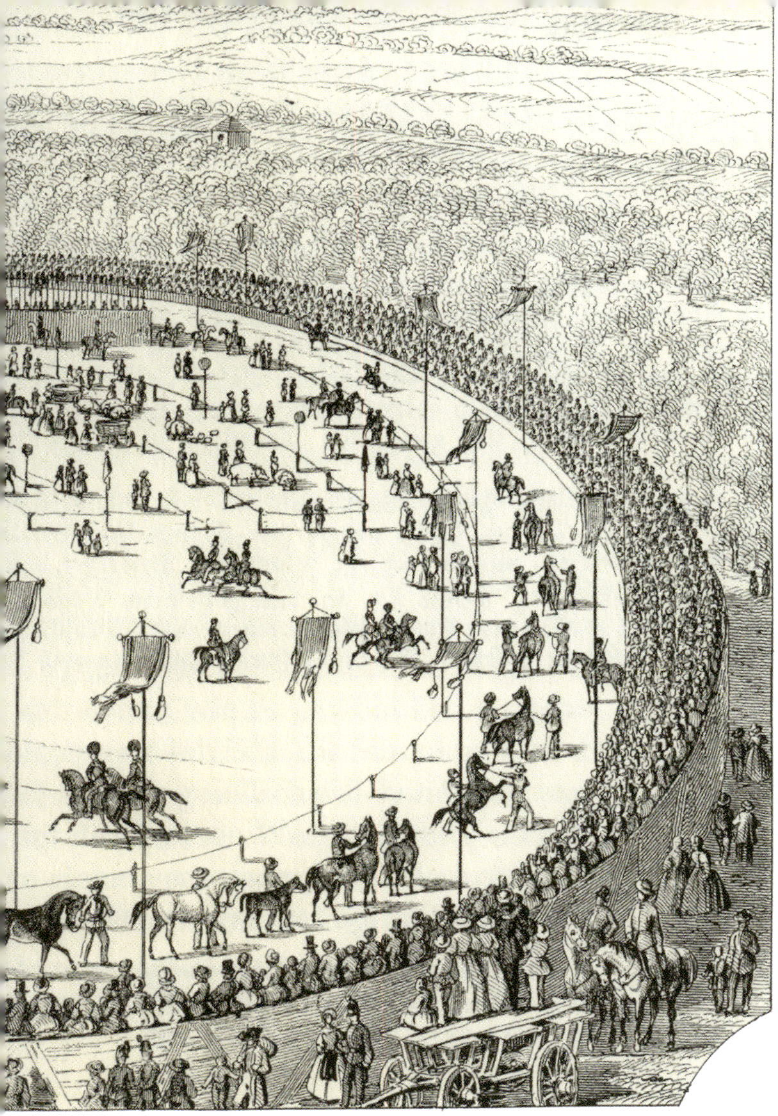

lasst. Einen schmeichelhaften Beweis von der Zufriedenheit des Königs erhielt die Stadt Cannstatt für ihren Anteil durch ein besonderes Ministerialdekret.

Der allgemeine Jubel, welchen das Fest erregte, tönte noch lange in den Mauern von Cannstatt nach; überall, in Privat-Circeln, wie in Gasthöfen, freute man sich des glücklichen Tages. Eine besonders schöne Nachfeier hatten im Einverständnis mit der Bürgerschaft die Vorgesetzten der Stadt veranstaltet, indem sie, zur Bezeugung ihrer Ehrfurcht und ihrer dankbaren Gefühle für den neuen Beweis der königlichen Gnade, welcher der Stadt mit der Stiftung des Festes zu Teil geworden ist, die zahlreiche Versammlung von Schiffen zu einer Beleuchtung benutzten; und das Glück des Tages teilte sich auch dieser Schlussfeier mit; die Ausführung gelang über alles Erwarten. Während der König und die Königin sich zu Stuttgart in dem Theater befanden, wurden neun von den großen Neckarschiffen, welche sich in einer Bucht oberhalb Bellevue versammelt hatten, glänzend beleuchtet. Nachdem beide Majestäten nach Bellevue zurückgekehrt waren, fuhren die Schiffe auf ein gegebenes Zeichen den Neckar herab. Ihr Anblick erregte schon in der Ferne Bewunderung. Der außerordentliche Strahlenglanz ihrer reichen Beleuchtung und der prächtige Widerschein im Wasserspiegel gewährte ein ganz einziges Schauspiel, und der ernst ruhige Gang der Schiffe, das wundersame Helldunkel der Bäume und Gesträuche umher, die Stille der Nacht, das leise Beobachten der versammelten Menge gaben diesem Schauspiel zugleich so viel Feierliches und Erhebendes, dass es notwendig jedes Gemüt ergreifen musste. Als der Zug der königlichen Wohnung sich näherte, ertönte auf einmal ein herrlicher Musikchor; der Gesang der Schiffermädchen fiel ein, und die Schiffe stellten sich während dem in der verabredeten Ordnung auf. Das Hauptschiff legte, den Fluss quer durchschneidend, unmittelbar vor Bellevue an; die anderen bildeten einen Halbkreis um dasselbe, und der Oberamtmann überreichte, bis die Schiffe ihre Stellung eingenommen hatten, mit dem Obmann der Gemeinde-Deputierten, ihren beiden Majestäten ein die Gefühle der Bürgerschaft ausdrückendes Gedicht, das aufs Huldreichste aufgenommen wurde. Jetzt entbrannte auf dem, gegen die königliche Wohnung gekehrten, Vorderteile des Hauptschiffes eine strahlende Sonne, in deren Mitte der brillante Namenszug beider Majestäten glänzte; ein allgemeines Vivat ertönte, ein schallender Tusch folgte, die Musikchöre spielten, und von allen Schiffen brachen Batterien von Leuchtkugeln los, welche in berechneten Bögen sich durchkreuzten und die ganze Szene samt der feierlichen Dampfwolke über derselben mit ihrem lieblichen Lichte beleuchteten. Endlich erlosch die Sonne, die Namenszüge lösten sich in bläuliche Sterne auf, ein lautes Hurra! ertönte noch von Seiten der Schiffer, und die Schiffe steuerten abwärts, und die Zuschauer gingen mit frommen Wünschen für das königliche Paar, das sich aufs Neue ein so schönes Denkmal der Verehrung in den Herzen der Württemberger gestiftet hatte, auseinander.“ Eine detailliertere Beschreibung des ersten landwirtschaftlichen Festes mit Volksfest, Pferderennen und Schifferstechen ist kaum vorstellbar und gibt einen wunderbar überzeugenden Eindruck von Wilhelms und Katharinas Stiftung.

„... ein Kranz von Rosen um den Leib!“

Das „Landwirthschaftliche Fest zu Kannstadt“

Kein anderer europäischer Monarch hat sich so sehr um die Landwirtschaft seines Landes verdient gemacht wie der württembergische König Wilhelm I. Mit der Stiftung des landwirtschaftlichen Festes in Cannstatt schuf er eine Leistungsschau, die über 200 Jahre hinweg Leistungsanreiz für landwirtschaftliche Leistungsoptimierungen und industrielle Entwicklungen im Bereich der Landwirtschaft bieten sollte.

König Wilhelms Verdienste um die Landwirtschaft lassen sich mit dem Wort „bedeutend“ nur unzureichend würdigen. Durch die Gründung des landwirtschaftlichen Festes und die damit verbundene Präsentation und Prämierung der besten Zuchterfolge bei Tieren und landwirtschaftlichen Gewächsen sowie der jährlich neu vorgestellten, im Lande entwickelten und produzierten landwirtschaftlichen Geräte hat er, und der von ihm 1817 ins Leben gerufene landwirtschaftliche Zentralverein im Verbund mit den Zweigvereinen die Landwirtschaft in Württemberg entschieden verbessert und weiterentwickelt.

Tierprämierungen waren der Kern des Festes, Postkarte ca. 1900

„Der wesentliche Wohlstand Württembergs beruht auf Erzeugnissen seines Bodens. Nicht die Gewinnung der größtmöglichen, sondern zugleich der nützlichsten Produktionsmasse ist die Aufgabe, deren Lösung viel zu wenig beachtet wurde“, heißt es in dem entsprechenden Dekret.

Die Aufgaben der „Centralstelle des Landwirthschaftlichen Vereins“ sind klar definiert:

1. Belebung und Verbreitung der landwirtschaftlichen Industrie und des ökonomischen Wohlstands.
2. Austausch von Erfahrungen, sofern sie im Allgemeininteresse sind.
3. „Um dem ganzen Institut ein festes und dauerhaftes Fundament zu geben“, wird eine landwirtschaftliche Unterrichts- und Versuchsanstalt mit der Centralstelle in unmittelbare Verbindung gesetzt.
4. Prämien für landwirtschaftliche und industrielle Erzeugnisse.
5. Herausgabe einer Fachzeitschrift; ab 1822 erscheint das „Correspondenzblatt des Württembergischen Landwirtschaftlichen Vereins“.
6. Ausrichtung eines landwirtschaftlichen Festes.

Auch durch die im 19. Jahrhundert parallel zum Volksfest stattfindenden Ausstellungen, die zunächst in der Tribüne auf dem Wasen und später im Cannstatter Kursaal stattfanden und sich der Landwirtschaft, aber auch der sich

Parade der Viehhalter und Wettreiter um 1830–1840. Links die Königsloge, rechts unter der Fruchtsäule die Preisrichter. Gouache o. J.

erst entwickelnden Industrie widmeten, wurden wichtige Impulse gesetzt. Das Königreich Württemberg konnte sich so von einem einfachen, durch den Pietismus und die Realteilung geprägten Agrarland zu einem modernen Industriestaat mit starkem landwirtschaftlichem Bezug entwickeln. Zudem schuf Wilhelm I. mit dem mehrtägigen Volksfest, das sich um das eintägige landwirtschaftliche Fest entwickelte, eine Quelle der Freude für seine Untertanen. So beschreiben es jedenfalls die Chronisten in den unterschiedlichsten Jahrzehnten. Daran hat sich in der 200-jährigen Geschichte dieser Veranstaltung nichts verändert. Wegen des enormen Aufwands und des Stresses, dem die prämierten Zuchttiere ausgesetzt sind, und auch wegen des Wechsels mit dem Bayerischen Zentral-Landwirtschaftsfest München findet das Landwirtschaftliche Hauptfest (LWH) heute nur noch alle vier Jahre statt. Für viele Landwirte aus dem Ländle ist es nach wie vor eine der wenigen Gelegenheiten, die Landeshauptstadt zu besuchen und nach dem informativen Gang über das LWH noch ein wenig auf dem Volksfest zu feiern.

Hohenheim – Leistungszentrum der Landwirtschaft

Die unter Punkt 3 aufgeführte Unterrichts- und Versuchsanstalt wurde 1818 in Scharnhausen gegründet und siedelte kurze Zeit später nach Hohenheim um. Die Landwirtschaftliche Schule, heute Universität Hohenheim, ist daher in enger Verbindung mit dem Landwirtschaftlichen Hauptfest entstanden. Zu ihren Aufgaben zählte die Ausbildung praktischer Landwirte, verbunden mit einer Musterwirtschaft, Forstlehranstalt, Ackerbauschule und Ackergerätefabrik. Diese zunächst kleine Anstalt, die 1847 Akademie, 1904 Landwirtschaftliche Hochschule und 1967 Universität wurde, entwickelte sich zum Motor der

Tiervorführung, Stahlstich von Walther Zweigle, 1892 (oben)
Preismünze der Pferdeprämierung von 1908 (unten)

landwirtschaftlichen Innovationen in Württemberg. 1819 entstand mit der Hohenheimer Ackergerätefabrik die erste Landmaschinenfabrik in Südwestdeutschland. Die Hohenheimer Professoren wirkten auch in der Zentralstelle des Landwirtschaftlichen Vereins und als Herausgeber im „Correspondenzblatt des Württembergischen Landwirtschaftlichen Vereins“ mit.[1]

Von Anfang an war König Wilhelm I. von einem tatkräftigen Willen zum Helfen und zur Fürsorge für die Landwirtschaft beseelt, der sich eng mit dem Wunsch zur Förderung und Auszeichnung besonderer Leistungen verband. Die Viehprämierung galt für die Tiergattungen Pferd, Rind, Schaf und Schwein. Das Vieh wurde einem Schaugericht vorgeführt, das sich aus „Viehschauern“ von Stuttgart und Cannstatt und dem Medizinalrat Dr. Walz, einem führenden Mitglied der Zentralstelle und Direktor der königlichen Tierarzneischule, zusammensetzte. Es sollten nur solche Tiere ausgezeichnet werden, die „Hoffnung für eine gute Nachzucht geben“. Die tags zuvor prämierten Tiere wurden am eigentlichen Tag des Festes im Oval auf dem Cannstatter Wasen dem begeisterten Publikum vorgestellt.

Wenn man heute von landwirtschaftlicher Industrie spricht, hat man eine andere Vorstellung als noch zu Beginn des 19. Jahrhunderts. Damals waren neue Ackergeräte und chemische Entdeckungen wie Dünger sowie die Veredelung von Nahrungsmitteln damit gemeint. Königin Katharina hatte einen wesentlichen Anteil am Erfolg des Festes, denn ihr war durchaus bewusst, dass nur eine gut ausgerüstete Landwirtschaft leistungsfähig ist und ihre Untertanen mit ausreichender Nahrung versorgen kann. Deshalb stiftete sie zusätzlich Geld- und Medaillenpreise. 40 Dukaten und eine silberne Medaille durfte die „beste von einem Württem-

Goldener Pflug, „Festzug der Württemberger" 1841, kolorierter Stich

berger erfundene und verfertigte Maschine zu einem gemeinnützigen landwirtschaftlichen oder hauswirtschaftlichen oder technischen Gebrauch" einstreichen. 30 Dukaten und eine silberne Medaille stiftete sie für eine „von einem Württemberger gemachte chemische Entdeckung zu Erleichterung oder Vervollkommnung der wirtschaftlichen oder technischen Gewerbe". Und schließlich kamen 20 Dukaten aus der Privatschatulle von Königin Katharina für die „Einführung und Verbreitung neuer Kulturen, welche auf den Privat- und Nationalwohlstand einen wesentlich nützlichen Einfluss haben können".

Besonders die in Hohenheim entwickelte neueste Agrartechnik, zum Beispiel die Hohenheimer Pflüge, fand über das landwirtschaftliche Hauptfest europaweite Verbreitung. Zu König Wilhelms 25-jährigem Regierungsjubiläum 1841 wurde der sogenannte „Goldene Pflug" von den Hohenheimer Studenten beim großen Festzug mitgeführt, gefolgt von den Hohenheimer Professoren. Heute ist dieser Originalpflug im Deutschen Landwirtschaftsmuseum (DLM) in Hohenheim zu bestaunen.

Kein Monarch vor ihm kümmerte sich mehr um die Landwirtschaft als Wilhelm I. von Württemberg. Er gründete drei Gestütshöfe in Scharnhausen, Kleinhohenheim und Weil, baute Meiereien in Monrepos und im Favorite-Park bei Ludwigsburg und am Rosenstein in Cannstatt. Damit wolle er *„im strengen Sinne des Wortes in die Reihe der Landwirte eintreten"*. Auf diesen Musterhöfen wollte er zur Hebung der württembergischen Landwirtschaft prüfend, belehrend und unterstützend Führer seines Volkes sein. Die Meierei Rosenstein sollte vor allem solche Rindviehrassen aufnehmen, die beim Landwirtschaftlichen Hauptfest Aufsehen erregten, um sie auf ihre Brauchbarkeit für Württemberg zu erproben. 1846 ließ er sogar einen Seidenzuchtverein gründen, der die Seidenraupenzucht und Verarbeitung in Stuttgart und Umgebung voranbringen sollte. Dieser Verein verlieh Preise für die Maulbeer- und Seidenraupenzucht. In der landwirtschaftlichen Akademie fanden 1840–1880 sogar Lehrgänge für Seidenraupenzucht statt.[2] Allerdings musste das Unterfangen aufgegeben werden.

1844 berichtet Ernst Dertinger in seinem Buch „Das Volksfest zu Cannstadt, acht Erinnerungsblätter für Jedermann in Stahlstichen“, das Bilder und Szenen aus dem Volksleben darstellte: *„Hier sind die neuen Erfindungen und Verbesserungen in den Werkzeugen des Ackerbaues und der Gewerbe in Modellen oder in ihrer entsprechenden natürlichen Größe zu schauen, dort prangen riesige Kolben von Kentucky-Mais, ungeheure Stauden von Virginia-Tabak, herrliche Beeren, fette Oelgewächse, musterhafte Futterkräuter in üppiger Farbenpracht und Mannigfaltigkeit. Dort blinken in hohen Glasflaschen die gewonnenen Erzeugnisse: der dunkle Saft der Kermesbeere, der süße Syrup der riesigen Runkelrüben, das fette Öl des Mads, der Kürbisse, der Sonnenblumen … Daneben sehen wir Prachtexemplare von Gartengewächsen, Hülsenfrüchten und anderen Herrlichkeiten, welche Geruchs- und Gesichtssinne gleich sehr erlaben.“*

Schaustücke der Viehzucht

Weiterhin beschreibt Dertinger die Prämierung und Vorführung der ausgezeichneten Tiere: *„Im Innern des Zirkels aber ziehen die Schaustücke der Viehzucht schon auf, wie schon die Renner dem kommenden Wettkampf entgegen. Hier schreitet der Stier, mit Blumenkränzen um die gefährlichen Hörner und den mächtigen Nacken, lahm und träge dahin – die schlummernde Gewalt, die ein Nichts zu Schreck und Verheerungen empören kann; dort zeigt eine aalglatte mächtige Kuh ihre breiten Lampen und ihren ergiebigen Euter, und junge Widder ergeben sich halb launisch, halb entsagend in die Gewalt ihrer Führer. Ein edler starker Hengst bäumte sich dort, und bedeckt knirschend die hemmenden Zügel und die breite Brust mit Schaum, und sein Wiehern findet ein Echo bei seinen Brüdern, die ihm folgen. Dort tänzelt ein Füllen, schlank und leicht wie ein Reh, neben der Stutenmutter her, welche sich fast liebreich nach ihm umschaut, und das Junge trabt schäckernd um die besorgte Mutter her, als ob es sein mutwilliges Spiel mit ihr treiben wollte. Und hinter ihnen scharen sich die Widder, die Rinder, die Hämmel, die Schweine mit ihren Jungen, welche dutzendweise um das fette Mutterschwein hergrunzen. (…) Eine ungewöhnliche Bewegung unter den Massen verkündet endlich gegen die elfte Morgenstunde hin – wenn die Schaugerüste sämtlich längst*

Das Volksfest in Kannstatt. Originalzeichnung von H. Merte.

Viehschau, Stahlstich von Walther Zweigle 1892

schon dicht besetzt sind mit Schaulustigen und so gleichsam einen bunten beweglichen Rahmen um das Rund des Festlandes bilden, weil auch der uneingeschränkte Teil der Bahn mit einer lebendigen Menschenmauer sich sperrt – das etwas Außerordentliches vorgehe. Das Vieh, welches zuvor in beliebigen Gruppen durcheinanderlagerte oder umher geführt ward, wird nun gepaart und geordnet, die Reiter der Rennpferde in ihren bunten Jacken kehren zu ihren leichten Pferden zurück, und alles kündet eine wichtige Wendung der Dinge. Da schmettern auf einmal von fern die Trompeten einen fröhlichen Gruß, und tausendstimmiger Jubel und Lebehoch erzittern durch die Luft. Eine glänzende Reiterschar sprengt neben der Tribüne rasch über die Bahn, in den Umkreis herein und hält an der Freitreppe des königlichen Zeltes. Der geliebte König ist angelangt, und seine Ankunft ist das Signal zum Beginn. Persönlich und von lebendigsten Interesse geleitet, sichtet er die ausgestellten Erzeugnisse des Feld- und Gartenbaus und des Gewerbefleißes, und seinem verständigen Blick entgeht kein noch so unbedeutender Gegenstand. Dann wird in das Konkurs um die Preise eingetroffene Vieh vorgeführt, über dessen Wert schon am Tage zuvor ein Ausschuss von Sachkundigen ein Gutachten abgegeben und die Preise bestimmt hat. Und wie nun das Preisvieh, von dem königlichen Zelte ausgehend, die Runde macht um den weiten Kreis, kann sich keiner der Zuschauer die Verdienste verhehlen, welche sich des Königs Fürsorge und persönliches Interesse, samt seiner Freigebigkeit, um die Aufbesserung der Viehzucht und die Einführung besserer und nutzbarer Viehstämme erworben haben; und wie es niemandem verborgen bleibt, welch große Wohlstandsquelle hiermit für unser Vaterland eröffnet worden ist, so fühlt sich ein jeder gewiss gedrungen, dem Gefühle innigsten Dankes gegen den hohen Landesvater Raum zu geben neben den Empfindungen der Freude, und dieser Zoll der Liebe ist gewiss keine der schlechtesten Huldigungen, welche ein Volk seinem väterlichen Herrscher bringen kann. Alle diese Tiere aber, welche hier um den Preis des Vorzugs ringen, sind gewisse Muster ihrer Art, denn in allen Gegenden unseres Landes, fast auf jeder Quadratsmeile, haben sich unter dem anregenden Beispiele und Schutze unseres Königs engere Vereine zur Förderung der Viehzucht, des Feldbaues und der Volkswirtschaft überhaupt gebildet, deren Wachsamkeit dem großen Hauptfeste des Landes gewiss immer nur dasjenige liefert, was ganz außerordentlich und preiswürdig ist."[3] Hier wird

Viehausstellung1908

Beim LWH 1930 mit dem ersten Preis prämierte Kuh Centa

erstmalig von einem Hauptfest gesprochen. Denn es gab außer dem Cannstatter Fest auch weitere landwirtschaftliche Feste in den württembergischen Oberämtern, die von den dortigen Landwirtschaftlichen Vereinen ausgerichtet wurden. All diese Landwirtschaftlichen Vereine paradierten dann bei Wilhelms 25. Thronjubiläum im „Festzug der 10.000 Württemberger“ durch Stuttgart.

Das 19. Jahrhundert war geprägt vom landwirtschaftlichen Wandel. So verdoppelte sich in den Jahren 1800–1860 die landwirtschaftlich genutzte Fläche in Deutschland. Es gab Veränderungen der Produktionsmethoden in der Viehzucht beispielsweise durch Sommerstallhaltung mit kontrollierter Fütterung, im Ackerbau durch Einführung der verbesserten Dreifelderwirtschaft. Bessere Anbauverfahren und der Einsatz neuer, effektiver Kulturarten sowie die Verbesserung der Agrartechnik sorgten für eine effizientere Landwirtschaft. Wesentliche Impulse dafür gingen von den Hohenheimer Institutionen und dem Landwirtschaftlichen Hauptfest als dessen Schaufenster hervor.[4]

Die Ausrichtung des Festes blieb bis zum Ende der Monarchie in Württemberg 1918 bei der Landwirtschaftlichen Zentralstelle, die dann in das neu gegründete Landwirtschaftsministerium mit den Landwirtschaftsämtern überging. Veranstalter des 77. Landwirtschaftlichen Hauptfestes 1924 – des ersten nach dem Ersten Weltkrieg – war dann die württembergische Landwirtschaftskammer. Zu dem viertägigen Fest gab es ein Reit- und Fahrturnier, ein Fischerstechen, einen Trachtenzug und Vorführungen von Polizeihunden und Motorflügen.

Das 20. Jahrhundert stellte ganz andere Aufgaben an das landwirtschaftliche Fest. Der Mensch in seiner Umwelt und mit seinen Lebensbedürfnissen rückte zunehmend in den Vordergrund. Einen Meilenstein bedeutete 1903 die Sonderausstellung „Landwirtschaftliches Bauwesen“. Nach dem Ersten Weltkrieg galt es wieder einmal, wie bei der Gründung des Festes, die Menschen aufzumuntern. Ein Schwerpunkt des LWH 1924 war die Industrie. 143 Aussteller zeigten ihre Produkte. „Die Ausstellung ist ein treffliches Bild unserer heimischen Landwirtschaft und der mit ihr in Verbindung stehenden Industrie“, beschwor der Präsident der württembergischen Landwirtschaftskammer, Oskar Adorno, in seiner Eröffnungsrede den deutschen Arbeits- und Erfindergeist. Erst sechs Jahre später fand die zweite große Ausstellung in der Weimarer Republik statt. Die Darbietung des LWH 1930 entwickelte sich nun endgültig zu einer wahren Messe amerikanischen Denkens. Die Zeit der großen Arbeitslosigkeit setzte andere Akzente. Nun hieß die Devise: „Deutscher kaufe deutsche Waren.“ Die Presse schrieb: „Durchweg ist das Streben nach Arbeitserleichterung und vereinfachter Bedienung festzustellen“.[5]

Eber Anton und Sau Bertha

Das zweite Hauptfest nach dem Zweiten Weltkrieg wird 1957 mit mehr als 400 Ausstellern begangen. Der Chronist der Stuttgarter Zeitung beschreibt das 81. LWH wie folgt: *„Bei einer letzten Vorbesichtigung am Freitagnachmittag lag sommerliche Sonne auf dem Wimpel geschmückten Gelände mit seiner imponierenden Schau landwirtschaftlicher Maschinen und Geräte, als da sind Mähdrescher, Schlepper, Pflüge, Ecken, Straßenbaumaschinen, Bagger, Erntemaschi-*

Kutschenquadrille des Haupt- und Landgestüts Marbach 1957

nen, Feldwechsler, Kartoffelerntemaschinen und Diesel. Wie zur Parade hingen im Pferdezelt die Sättel vor den Boxen der 16 Warmbluthengste und sieben Stuten des Hauptgestütes Marbach. Die Pferde werden fast jeden Tag im großen Ring mit Traber- und Reitquadrillen und auch in anderen Darbietungen zu sehen sein. Man staunte unter den Arabern vor allem den vor zwei Jahren aus Ägypten eingeführten Schimmelhengst ‚Habdan' an, und defilierte an den anderen in Württemberg gehaltenen und gezüchteten Pferderassen, den schweren Kaltblütern aus Nordbaden, dem Kaltblut aus Württemberg, den Schwarzwälder Füchsen mit ihren hellen Mähnen und Schweifen, dem Warmblut aus Baden und Württemberg, den Haflinger, Fjordpferden und Shetland-Ponys vorüber. Viel angestaunt wurden schon der sechseinhalb Zentner schwere Eber ‚Anton' und die Muttersau ‚Bertha' mit 217 Kilo, an der eine stattliche Anzahl von Ferkeln saugte. Zu den Attraktionen in den Hallen gehört eine Kernobst-Uhr des Gartenbauamts der Stadt Stuttgart. Mit ihr soll gezeigt werden, in welchen Monaten die Obstsorten unseres Landes die Reife haben. Es war ein Genuss, dieses goldene Obst zu bewundern, das die Obstzüchter des Landes hier zur Schau stellen. Von Interesse für die Besucher werden gewiss auch die Tabak-und die Kartoffelpflanzungen und die Reben sein. Die große Biersudpfanne wurde gerade blitzblank gefummelt. Im Musterhof waren nun auch die Tiere eingezogen, das Gärtlein hinter dem Wohnhaus erwies sich als sehr gepflegt. Eine schöne Kultur hatte der Bund württembergische Baumschulenbesitzer den Bauernhof errichtet: Obstbäume, Blütensträucher, Heckenpflanzen, Alleenbäume und Beerensträucher. Auch das Dorfkino des Industrie- und Agrarfilminstituts Stuttgart, das 400 Plätze aufweist, war gerichtet. In der Halle, in der der bäuerliche Haushalt ausgestellt wird, wurde noch eifrig geschafft, gleich in den anderen großen Hallen."[6]

Das Zauberwort hieß „Rationalisierung". Der damalige Ministerpräsident des noch jungen Landes Baden-Württemberg, Kurt Georg Kiesinger, stellte in seinem Grusswort fest: „Dieses Fest steht im Zeichen des großen Umbruchs, die bäuerliche Welt wächst mit der industriellen zusammen. Die Landwirtschaft wird immer mehr mit dem gesamtwirtschaftlichen Geschehen verbunden. Die Europäische Wirtschaftsgemeinschaft wird Wirklichkeit."[7]

Das 150-jährige Bestehen des Volksfestes 1968 stand unter dem Motto „150 Jahre Fortschritt in der Landwirtschaft". Hier wurde ein weit gespannter Bogen der bäuerlichen Arbeitsmethoden im Wandel der Zeiten gezeigt. Die heimische Landmaschinenindustrie zusammen mit den wissenschaftlichen Erkenntnissen der Universität Hohenheim zeigten, dass auch nach 150 Jahren der Grundgedanke des Festes immer noch tief wurzelnde Früchte trägt.

Spezialmesse der Agrarindustrie

Das Landwirtschaftliche Hauptfest entwickelte sich im Lauf von 200 Jahren unaufhaltsam zur Spezialmesse mit stets wechselnder, den aktuellen Gegebenheiten angepasster Themenstellung. Galt es in den 1820er-Jahren noch, den Bauern neueste Bodenbearbeitungsmethoden und die Vorteile des Fruchtwechsels zu erläutern und ihnen Kenntnisse einer erfolgversprechenden Viehzucht zu vermitteln, so weichen diese Standardprogramme seit der Mitte des 19. Jahrhunderts zunehmend den Spezialausstellungen der verschiedenartigsten landwirtschaftlichen Zweige. Nach der Jahrhundertwende wird auch der bäuerlichen Umwelt und hier insbesondere den oftmals sehr desolaten Wohn- und Lebensverhältnissen große Aufmerksamkeit geschenkt. Die beiden Hauptfeste während der Weimarer

Republik standen ganz im Zeichen der durch die Devisenschwäche erforderlich gewordenen Selbstversorgung. Das Dritte Reich schließlich verhielt sich gegenüber dem Landwirtschaftsfest – was gar nicht zu vermuten war – sehr reserviert. In den sechs Friedensjahren wurde die Landwirtschaftsschau nur einmal, und zwar im Zusammenhang mit dem 100. Volksfest 1935, ausgerichtet.

Das geplante LWH des Jahres 1953 musste leider ausfallen. Während die Stadt bereit war, eine Bürgschaft in Höhe von 60.000 DM zu übernehmen, verweigerte der Staat das Ansinnen. Mit dem Jahr 1954 begannen dann die Nachkriegs-Hauptfeste, die sich immer mehr zur wichtigen Warenmesse innerhalb der EWG bzw. EG fortentwickelten.

LANDWIRTSCHAFT *er*LEBEN

Heute ist das in vierjährigem Turnus abgehaltene LWH eine Leistungsschau der Agrartechnik, der Tierzucht und der Acker- und Forstwirtschaft. Zunehmend spielen ökologische Themen eine Rolle. Das bewusst doppeldeutig gewählte Motto des Jahres 2014 „LANDWIRTSCHAFT *er*Leben" spielt auf jene an, die in der Landwirtschaft ihr Auskommen haben und so die Landwirtschaft leben. Aber auch jene, die einmal den „größten Bauernhof des Landes" *er*leben möchten, die sehen möchten, wie Lebensmittel erzeugt werden, stehen im Fokus der Veranstalter. In neun Messehallen und sechs Tierzelten zeigen im Jahr 2018 beim 100. Landwirtschaftlichen Hauptfest und 200 Jahre nach seiner Gründung rund 650 Ausssteller aus sechs Nationen auf einer Ausstellungsfläche von 130.000 m², was die moderne Agrarwirtschaft zu bieten hat. Rund 600 Tiere erwarten die rund 200.000 Besucher des neuntägigen Festes. Veranstalter ist der Landesbauernverband Baden-Württemberg mit Unterstützung des Ministeriums für Ländlichen Raum und Verbraucherschutz. Ausrichter ist, wie beim Volksfest auch, die in.Stuttgart Veranstaltungs GmbH.[8]

Eingangsportal zum Landwirtschaftlichen Hauptfest 2010 (unten). Eine glückliche Züchterin präsentiert ihr Ferkel (oben).

Die Fruchtsäule

Symbol und beliebter Treffpunkt auf dem Cannstatter Volksfest

Ob sich wohl Hofbaumeister Nikolaus Friedrich von Thouret bewusst war, dass er mit der Fruchtsäule ein über 200 Jahre dauerndes Symbol des größten Festes der Schwaben schuf? Bereits beim ersten „Landwirthschaftlichen Fest zu Kannstadt“ 1818 war die eigens errichtete Fruchtsäule der Mittelpunkt aller Festlichkeiten. Zentral zwischen den Festtribünen aufgestellt war sie, gegenüber der königlichen Ehrentribüne platziert, 50 Fuß, also 15 Meter hoch und Startpunkt und Ziel der alljährlich stattfindenden Pferderennen. Sie diente als Musiktribüne und war, wie es damals hieß, aus der näheren und weiteren Umgebung des Festplatzes „stundenweit“ sichtbar.

Johann Daniel Georg Memminger beschreibt das erste Fest 1818 mit folgenden Worten: *„Von den Bauwerken des Festplatzes möchten wir besonders die von Thouret ausgeführte Fruchtsäule erwähnen. Sie ist zum Wahrzeichen des Volksfestes geworden.“* Nikolaus Friedrich Thouret (1767–1845), seines Zeichens württembergischer Hofbaumeister, war die Gesamtleitung des Festes vom König übertragen worden und so wurde ihm auch die Gestaltung der Fruchtsäule anvertraut. Er hat die Fruchtsäule bis zu seinem Tod 1845 alljährlich – ehrenamtlich – selbst neu gestaltet. Dies geschah aus der Eingebung des Augenblicks heraus durch Zuruf an die Gärtner.[1] Der Sockel wurde im Laufe der Jahre mehr und mehr zur Ausstellungshalle umfunktioniert, in der die neuesten landwirtschaftlichen Errungenschaften dem Publikum vorgestellt wurden. Später fanden diese Ausstellungen dann im Kursaal statt.

1844 wird die Fruchtsäule von einem Zeitgenossen wie folgt beschrieben: *„Und weithin über die Zelten- und Budenstadt, über das Amphitheater der Schaugerüste ragt eine hohe Säule, leicht, sprunghaft in die Luft strebend, nur oben sich zur breiten Schale entfaltend. Der herrliche Schaft sieht sich bunter an als Marmor, glänzt heller als Schmelz, und was mag das wohl für ein Stoff sein, aus welchem man dieses*

Die Fruchtsäule, Aquarell, 1820

Die Fruchtsäule, Gouache, 1830

Farbenspiel mit der Mosaik-Arbeit gefertigt hat? Die einzelnen Teile glänzen so voll und rund, so saftig und lockend, dass man sie unmöglich für Metallkiesel, für farbiges Glas erachten kann. Früchte sind's, von den benachbarten Feldern und Obstgärten entnommen; die goldenen Streifen und Kaneelen am Schaft und Sockel jener Säule sind Kolben von türkischem Korn (Mais), der blaue Grund ist aus den würzigen Zwetschgen zusammengefügt, und rothbäckige Äpfel und Birnen bieten jene Mischtöne, welche sich gürtelartig um Schaft und Base winden. Und jene grau-braune Farbe, wie von Granit – was für Stoff kündet denn sie? Kartoffeln sind's, des Nordens Brotfrucht, der nützlichsten Feldfrüchte eine. Und jene Tropfen, jene Gewinde, welche die Schale oben krönen, und der Säule ein reizendes Kapitäl aufsetzen, kennst du sie nicht an dem buntfarbigem Laube und den dunklen und hellglänzenden Beeren als die Kinder der nahen Berge, als die edlen Früchte der Rebe? Und oben im Kelche, was für massige Früchte sind das wohl? Kürbisse sind's und Melonen, deren breite Blätter und frisch grüne Ranken überhängen aus dem vollen Kelche, – Riesen in ihrer Art, nützlich für die Wirtschaft, denn ihre Kerne spenden Speiseöl und ihr Mark nährt das Vieh. Auch der Eindruck des schönen Ebenmaßes und der wuchernd reichen Mannigfaltigkeit, womit Land- und Gartenfrüchte an dieser Säule verteilt sind, ist zu lockend, als dass du den Blick so hastig ablenken könntest. Und nicht die Fruchtsäule allein – auch das weite tribünenartige Gerüste, das sie trägt, fasse du ins Auge. Die Wälder haben ihre grünen Äste und Zweige gespendet, um den hölzernen Rippen dieses Gerüst das hübscheste Gewand anzulegen. Von unten bis hinauf zum Gesims mit grünen Tannenreisen bekleidet, an welche sich Gewinde von Blumen, und Obst, und Ehren-und Weintrauben zierlich anschmiegen, goldenen Garben malerisch behängt, trägt die Fläche der Tribüne eine Anzahl festlich geschmückte Zuschauer, ein Musikchor oben, während unten in ihren Arkaden (an deren Pfeiler Panner und Standarten mit Emblemen des Gewerbefleißes prangen) zur Preisbewerbung und Ausstellung eingesandten Produkte des Acker- und Gartenbaues und der Künste zur Schau gestellt sind."

Auch wenn es infolge heutiger Baugepflogenheiten und der deutlich größeren Dimensionen der Schaustellerbetriebe mit der „stundenweiten Sichtbarkeit" des 15 Meter hohen Bauwerks nicht mehr weit her ist: Das unbestrit-

Die Fruchtsäule

Auf des Wasens weitem Plane
hebt sich hoch und reich geschmückt
wiederum die Volksfestsäule,
die uns schon so oft entzückt;
denn sie ist ein Bild des Königs,
dem zu Ehren sie besteht,
drum wird jeder Schwab' sich freun,
wenn er daran vorübergeht.
Nichts von Gold und eitlem Tande
Findest du bis nauf an ihr,
nur des Landes schönste Gaben
sind auch ihre schönste Zier.
In der Krone prangen Früchte
Als der Arbeit bester Preis;
Gleich wie auch die größte Perle
Seiner Kron' – des Volkes Fleiß!
Sinnig unterm Säulenfuße
Ist ein sichres Postament,
nicht von dem papiernen Schmucke,
wie ihn jetzt der Zeitgeist kennt;
nein, vom Forst lebendig Grünes,
Garben von dem Ackerfeld,
Wozu dann sich noch das Beste
von der Industrie gesellt.
Säulen, die auf solchem Grunde
Mitten in dem Volke stehn,
trotzen allen schmutzgen Wogen,
die daran vorübergehn;
denn sie treiben ihre Wurzeln
in das Herz des Bessern ein,
wollend nur, von allen Guten,
herzlich, treu geliebt zu sein.
Darum, schöne Säul', erfreue
Viele Jahr' noch unsern Blick,
und der Fürst, dem du zu Ehren:
Lebe hoch, in langem Glück.

Zum 40. Geburtstag des Volksfestes ist im Amts- und Intelligenzblatt für das Oberamt Cannstatt dieses Festgedicht veröffentlicht worden, dessen Urheber leider in Vergessenheit geraten ist.

Die Fruchtsäule 1864, Holzstich

tene Symbol und Wahrzeichen des Cannstatter Volksfestes und ein unverzichtbarer Treffpunkt für Tausende von Verabredungen, das ist die 200 Jahre alte Fruchtsäule bis heute geblieben.

Die Fruchtsäule zu schmücken ist keine einfache Aufgabe. 1867 sollen 14 Frauen rund drei Wochen damit beschäftigt gewesen sein. Sie wandelte sich zwar in der Erscheinung von Jahr zu Jahr unter den Händen von Künstlern, zu denen Architekten wie Nikolaus Friedrich von Thouret in den ersten Jahren, später wohl auch Lions gehörten. Der Architekt Rauh hatte die Hoftribüne und Säule nach der Beendigung des Krieges von 1870/71 im Zeitgeschmack besonders prunkvoll gestaltet. Die Säule war von einer „Wirtembergia mit dem Siegeskranz" geschmückt und gefiel so sehr, dass sie auch 1872 noch mal verwendet wurde.[2]

Selbst die Schwabenvereine und Cannstatter Volksfestvereine in den USA habe die Fruchtsäule bei ihren Volksfesten als Symbol nachgebaut und mit den Früchten des Feldes geschmückt.

Miniatur-Fruchtsäule beim Festzug

Beim großen Festzug zum 25-jährigen Regierungsjubiläum von König Wilhelm I. 1841 führte der Landwirtschaftliche Verein Cannstatt einen Festwagen mit einer Miniatur-Fruchtsäule mit.

Bei nahezu allen Volksfestumzügen nach dem Krieg wurde dieser Festwagen mitgeführt. Seit 1995, als die Festzüge in der Verantwortung des Cannstatter Volksfestvereins durchgeführt wurden, schmückt und begleitet die Trachtengruppe des Kübelesmarkt Bad Cannstatt den herrlichen Festwagen.

Nach dem Ersten Weltkrieg und mit dem Beginn der ersten deutschen Republik, wurde 1924 die Fruchtsäule als „monarchistisches" Überbleibsel vom Cannstatter Wasen verbannt. Stattdessen wurden mächtige Eingangspforten auf dem Wasen platziert, durch die die Festbesucher von der König-Karl-Brücke her den Volksfestplatz betraten. Kubistisch-expressionistisch waren die Tore gestaltet. Die Untertürkheimer Zeitung schrieb: „Ja, auch die Bauern werden modern, mancher aber wird den Kopf davor schütteln."[3]

Erst die Nationalsozialisten haben sich 1935 wieder an das landwirtschaftliche Symbol erinnert, eine Fruchtsäule errichtet und ein Hakenkreuz auf dessen Spitze gesetzt. Seither steht sie wieder auf ihrem angestammten Platz. Die Fruchtsäule, deren Aussehen im Laufe der Jahre immer wieder geändert wurde, steht seit ein paar Jahren auf einem Häusle, das als Verkaufsraum für Merchandising-Artikel, als Pressezentrum und Anlaufbüro für den Cannstatter Volksfestverein dient. Deshalb wird nur noch die Spitze demontiert und der Unterbau, in dem sich

Die Fruchtsäule mit Viehvorführung Anfang des 20. Jahrhunderts

einige Informationsstände befinden und der während des restlichen Jahres die Cannstatter Stadtkanne trägt, stehengelassen.

1953 wird erstmals nach Kriegsende wieder eine 22 Meter hohe Fruchtsäule errichtet. Stuttgarts damaliger Oberbürgermeister Arnulf Klett, ein unermüdlicher Trommler für das Volksfest, kämpfte gegen alle Widerstände für das Wasensymbol, und so konnten die Festbesucher zur Eröffnung eine mit 2500 kg Gemüse und Obst geschmückte Fruchtsäule in gewohnter Weise bestaunen.

In den 1980er-Jahren brauchten die Stuttgarter Stadtgärtner rund 700 Stunden, um die Fruchtsäule mit rund 3 Tonnen Früchten und Gemüse zu gestalten und zu dekorieren.[4]

Zum Volksfest 2000 komplett renoviert, dient der Raum jetzt als vielgenutzte touristische Anlaufstelle und Informationszentrum. Fast unmerklich hat man dabei vier Stuttgarter Rössle auf die Spitze der Säule gesetzt.

Die Regierungsformen haben sich geändert. Auch die Zelt- und Schaustellerstadt auf dem Wasen änderte immer wieder ihren Grundriss und ihre Größe, und auch die Festdauer wuchs stetig an. Die Fruchtsäule, die mit Früchten dekorierte 26 Meter hohe und 3,5 Tonnen schwere Holzsäule, das Wahrzeichen des Cannstatter Volksfestes, hat all die Moden und Veränderungen überdauert. Sie ist seit nunmehr 200 Jahren das unverwechselbare Symbol des Cannstatter Volksfestes – ein wirkliches Alleinstellungsmerkmal!

Fruchtsäulen-Varianten des 20. Jahrhunderts

Der Cannstatter Wasen

Ein Exerzierplatz wird Festgelände

Der Cannstatter Wasen war einer der Exerzierplätze der Stuttgarter Garnison. Auf alten Stadtplänen ist hier eine „Trommelwiese“ ausgewiesen. Hier fanden auch die Paraden aus Anlass des Geburtstages des Königs statt, die letzte davon im April 1914.[1] *Graf Ferdinand von Zeppelin landete 1910 mit seinem Luftschiff auf dem Wasen. Aber auch Schauflüge der ersten Flugpioniere im Jahr darauf begeisterten hier die Zuschauer. Ein erstes Stadion wurde 1914 eröffnet worden, allerdings vernichtete es ein Brand wenige Monate später. Nach dem Ersten Weltkrieg war der Wasen Ausgangspunkt und Ziel des ersten Luftverkehrsunternehmens von Paul Strähle, der in den Jahren 1921 und 1922 von Januar bis November eine regelmäßige Flugverbindung von Stuttgart nach Konstanz eingerichtet hatte. Erst 1928 gelangte das Wasengelände durch Tausch von Gelände auf dem Burgholzhof aus dem Besitz der Wehrverwaltung des Reiches in den der Stadt. Die 1918 begonnene und 1931 abgeschlossene Neckarregulierung veränderte natürlich auch das Gesicht des Wasens. Die alte Wilhelmsbrücke wurde 1929 gesprengt und das dortige Neckarwehr sowie Teile des Leuze-Bades auf der Berger Insel verschwanden. Dafür gab es aber wesentliche Verkehrsverbesserungen hinsichtlich der Verbindung der beiden Neckarufer. Die Einweihung der neuen Gaisburger Brücke beim Gaswerk und der neuen Rosensteinbrücke im Jahr 1929 sowie der Ersatzbau der Wilhelmsbrücke und der Berger Steg konnten 1930 in Betrieb genommen werden.*

Den ursprünglichen Aufbau des Platzes, wie er beim ersten Volksfest 1818 erfolgte, hat man lange Jahre beibehalten, zumindest, was die Rennbahn, das Wasenoval mit Fruchtsäulen-Tribüne und Königsloge betraf. Die wenigen Veränderungen in der Frühzeit bestanden darin, dass die Fruchtsäule, die ursprünglich innerhalb des Ovals aufgestellt war, aus Gründen der Zweckmäßigkeit – sie war zugleich Start und Ziel beim Pferderennen – an den Außenrand versetzt wurde. Der Königspavillon, wahrscheinlich anfänglich doch recht provisorisch gearbeitet, wurde 1822 „in Form eines gefällig dekorierten Zeltes mit drei Abteilungen aufgerichtet“.[2] Das Hauptaugenmerk galt diesen offiziell aufgerichteten und für den Ablauf notwendigen Bauten. Schausteller- und Wirtsbuden gesellten sich willkürlich ungeordnet auf dem Festplatz hinzu. Erst 1860 legte man drei Hauptstraßen auf dem Wasen an und ordnete die Buden: *„Diese neue Einrichtung erwies sich als eine ebenso lobenswerte als praktische, insofern sie den von Jahr zu Jahr gewaltiger werdenden Menschenmassen gestattete, sich möglichst auszudehnen und frei zu bewegen“*, berichtet das „Amts-und Intelligenzblatt für das Oberamt Cannstatt“. Abgesehen davon, dass es das Rennoval nicht mehr gibt, ist die grobe Straßenanlage aber heute immer noch dieselbe wie einst.

1898 wird der Wasen kanalisiert und 1905 – ein Preis des Zusammenschlusses der Städte Stuttgart und Cannstatt – vollständig elektrifiziert. 34.000 Mark wurden für die ausgiebige elektrische Beleuchtung des Platzes ausgegeben. *„Das Publikum würdigte diese durch einen trotz wiederholten recht schlechten Wetters unausgesetzt starken Besuchs des Wasens“*, stellt die Chronik der Haupt- und Residenzstadt Stuttgart fest.

Volksfest und Jahrmarkt in Cannstatt Mitte des 19. Jahrhunderts. Mit seinem Angebot von 10.000 Portionen Sauerkraut sorgte Festwirt Teichmann jahrelang für das Stadtgespräch, Lithografie o. J.

Lagerbier
Sauer Kraut
10 000
Portionen

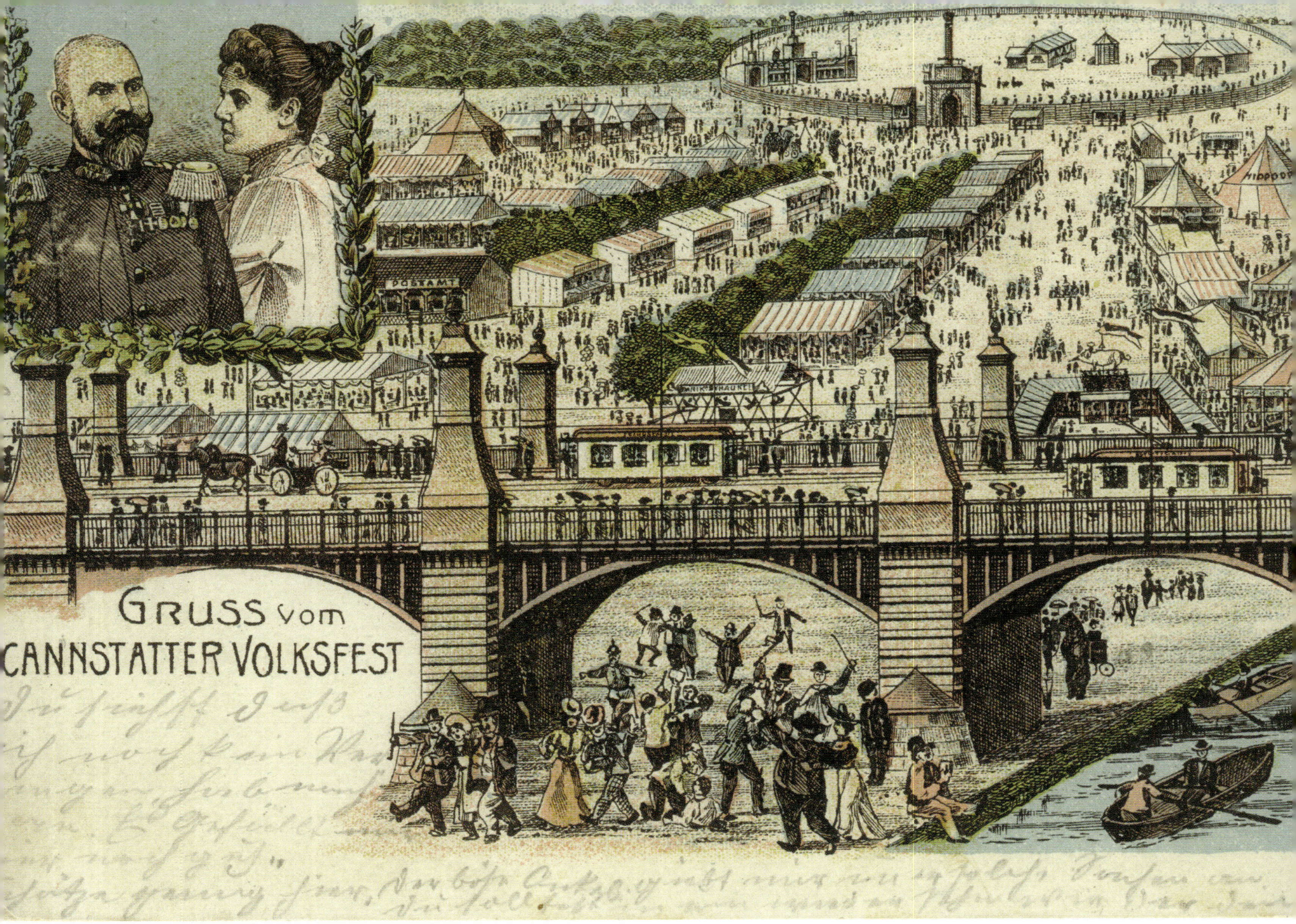

Blick über das Cannstatter Volksfest zu Zeiten des letzten württembergischen Königs Wilhelm II. Anfang des 20. Jahrhunderts: Im Vordergrund die König-Karls-Brücke mit der Straßenbahn, dann die Volksfestbuden und am oberen Bildrand das Rennoval mit der Fruchtsäule und der Königsloge. Postkarte um 1910.

Beim ersten Volksfest nach dem Ersten Weltkrieg im Jahr 1924 wurden etliche zum Volksfestplatz führende Straßen, insbesondere die von der Wilhelmsbrücke Cannstatt unter der König-Karls-Brücke durchführende Haupt- und Mittelstraße, geteert. Das hat die Kommandantur beanstandet und einen Rückbau gefordert oder wenigstens die Anlage eines Reitwegs als Zugang zum Exerzierplatz. Für die in der Reiterkaserne auf dem Hallschlag stationierten Pferde war ein weicher Untergrund erforderlich.

1927 konnte nach jahrelangem Bemühen endlich der Cannstatter Exerzierplatz in das Eigentum der Stadt überführt werden. Dadurch ist das Volksfest aus seiner drangvollen Enge befreit worden. Nach dem Zweiten Weltkrieg beschlagnahmten die amerikanischen Besatzer das Festgelände ohne viel Aufhebens, zäunten den Wasen ein und funktionierten ihn in ein Benzin- und Treibstofflager um. 1949, als das erste und noch recht bescheidene Volksfest nach Kriegsende veranstaltet wurde, räumten die Streitkräfte über die Dauer des Festes einen Teil des Lagers. Erst 1951 ging das gesamte beschlagnahmte Gelände wieder in den uneingeschränkten Besitz der Stadt über, sodass 1952 das erste vollumfängliche Volksfest seit der Vorkriegszeit gefeiert werden konnte.

Mittlerweile dient der Cannstatter Wasen nicht nur als Schauplatz für das Stuttgarter Frühlingsfest und das Cannstatter Volksfest, sondern ist auch Kulisse für zahlreiche anderere Veranstaltungen. Open-Air-Konzerte bekannter Künstler, Zirkusse, Firmenveranstaltungen und dergleichen mehr spülen Platzgelder in die Kasse der stadteigenen Veranstaltungsgesellschaft. Während im 19. Jahrhundert die Standplätze für Wirte und Schausteller versteigert wurden, rechnen die Veranstalter heute nach Quadratmetern ab. 1897 erzielte man durch die Versteigerung der Plätze für Wirtschaften und Schau 36.605 Mark. Zehn Jahre blieben diese Ergebnisse relativ konstant. Erst 1908 schnellten die Ergebnisse auf 52.000 Reichsmark in die Höhe.[3] Die Entwicklung der Platzmieten seit dem Zweiten Weltkrieg war immer wieder Diskussionsgegenstand zwischen Veranstaltern und Schaustellern bzw. Wirten. Die Pachteinnahmen des ersten Volksfestes nach dem Krieg werden auf 200.000 bis 250.000 DM geschätzt und 1971 kletterten sie schon auf über eine halbe Million DM.[4]

Heute umfasst das Gebiet des Cannstatter Wasens rund 25 ha. Eng wird es alle vier Jahre, wenn in der ersten Woche des Volksfestes zeitgleich auch das landwirtschaftliche Hauptfest stattfindet. Dann stehen nahezu keine Parkplätze zur Verfügung, und auch die Zahl der Schausteller muss begrenzt werden. In normalen Volksfest-Jahren sind es rund 350 Schaustellerbetriebe, die das Cannstatter Volksfest beschicken. Allerdings hat der Veranstalter, die in.Stuttgart Veranstaltungsgesellschaft, eine große Auswahl, denn alljährlich bewerben sich über 800 Betriebe um einen Standplatz. Deshalb gibt es sehr enge Vergaberichtlinien, die nach einem Punktesystem die Betriebe auswählen, die sich am Cannstatter Volksfest beteiligen können. Für viele Schausteller ist die Teilnahme am Volksfest eine existenzielle Frage. So wurde und wird auch immer wieder gegen die Entscheidung der Veranstalterin geklagt – mal mit mehr und mal mit weniger Erfolg.

Der gut gefüllte Cannstatter Wasen von oben, Luftaufnahme 1955

Vogelperspektive aus dem Riesenrad, 2016

Höher, schneller, weiter

Die Schaustellerwelt dreht sich im Kreise – horizontal und vertikal und dennoch immer vorwärts

Zu Recht rühmt sich das Cannstatter Volksfest, das größte Schaustellerfest der Welt zu sein. Nirgendwo anders tragen mehr Schausteller und Marktkaufleute dazu bei, dass sich die Besucher amüsieren und vergnügen. Von der Seiltänzerin und den Dudelsackvirtuosen über die Bänkelsänger, die Schau der Sensationen, Karussells und Box-Shows bis hin zu den modernen Hightech-Fahrgeschäften mit dreidimensionalen Drehelementen spiegelt sich die gesamte Geschichte der Schaustellerei auf dem Cannstatter Volksfest.

Tanzbär, Stahlstich von Walther Zweigle, 1892

„Auch wird ein Volksfest damit in Verbindung gesetzt und dafür gesorgt werden, dass solches durch unterhaltende Abwechslung in diesem frohen Tag entspreche", so lautete die Anweisung König Wilhelms I. in der Stiftungsbekanntgabe. Die Vergnügungen des ersten Festes dürften sich in Grenzen gehalten und mit denen der heutigen Zeit kaum Ähnlichkeiten gehabt haben, denn im Mittelpunkt stand die Landwirtschaft. Für das Wohl der Besucher musste aber gesorgt werden. Sackhüpfen, Mastklettern und dergleichen, Kasperltheater, Bänkelsänger und fahrende Musikanten sorgten für Unterhaltung. Von Hahnentänzen ist damals die Rede, ein Geschicklichkeitstanz, der überall in Württemberg zum Ende der Erntezeit getanzt wurde und der sich bis heute bei den Schäferläufen in Markgröningen und Urach erhalten hat.

„Drehorgeln, Bänkelsänger, Harfenspielerinnen, wandernde Klarinett- und Hornvirtuosen quieken, schreien und dudeln in den Lärm der Menge; Deklamatoren, Taschenspieler, Gaukler, Bauchredner zeigen ihre Künste; Bettlervolk drängt sich herzu und sucht – ehrlicher als jene ganze Schaar der genannten freien Künstler – um ein Almosen nach ohne Vorwand; wahrlich an einem solchen Tage allgemeiner Freude nimmt man das Mitleid nicht vergebens in Anspruch, und jeder gibt gern sein Scherflein! (...) Seiltänzer, die Menagerien, die Jongleurs und Gladiatoren, die Kunstreiter mit den Herkuleskünsten, die Riesen und Zwerge, die Panoramen und Diorahmen, die Schattenspiele und Puppentheater, Karussells mit Stechbahn, die Guckkästen, der Feuerfresser, die Affenkomödie, die Sprünge und Späße des Hans Wurst; der Glanz der Spielzeuge in den Drechsler-Buden, die bunte Farbenpracht der Bilderbögen",[1] all diese Vergnügen

Amanda, die stärkste Frau der Welt, Postkarte Anfang des 20. Jh.

des noch jungen Cannstatter Volksfestes beschreibt der Chronist Ernst Dertinger im Jahr 1844.

Immer wieder gab es auf dem Volksfest Schaustellerattraktionen, die einen gewissen technischen Fortschritt vorwegnahmen. Manches wurde auf dem Wasen ausprobiert, was später einen gesellschaftlichen Fortschritt bedeutete. 1841, vier Jahre vor der offiziellen Einweihung der ersten württembergischen Eisenbahn, pries ein Schausteller per Anzeige im Schwäbischen Merkur Verlockendes an: *„Einem hohen und verehrungswürdigen Publikum mache ich die ergebenst Anzeige, dass von 26. September an meine Rondell-Eisenbahnfahrten auf der Cannstatter Festwiese beginnen und mit dem Volksfest endigen werden. Da bei diesem Unternehmen weder Zeit noch Kosten gespart wurden, um dem Ganzen ein anständiges und interessantes Aussehen zu geben, so glaube ich mich schmeicheln zu dürfen, dass es allgemeinen Beifall finden wird.“* Am 5. Oktober 1845 ist dann der erste Eisenbahnzug der „Königlich-württembergischen Staatseisenbahnen“ mit geladenen Gästen von Cannstatt nach Untertürkheim gedampft.

Cirque olympique

1849 wird von einem „Cirque olympique“ berichtet, der mit 24 Personen, einer eigenen böhmischen Kapelle und 22 Artisten höhere Reit- und Voltigierkunst sowie Pantomime zeigte. Immer wieder siedelten sich Zirkusse auch auf dem Cannstatter Volksfest an, der letzte 1949.[2] 1872 gab es etliche Menagerien, also Tierschauen, und vier zirzensische Unternehmen, berichtet das Amts- und Intelligenzblatt für das Oberamt Cannstatt.

Dass bei einem solch großen Fest auch Gaunereien wie Taschendiebstähle und betrügerisches Glücksspiel vorkamen, verwundert nicht. *„Von allen Buden ist wohl keine so stark besucht, wie dies die kleinen grünen Tische sind, an denen ein Sechskreuzerstück der höchste Einsatz ist. Das ist ein alter Kerl, dessen verschmitzte*

Ballonverkäufer,
Stahlstich von Walther Zweigle, 1892

Seilartisten auf dem Volksfest Anfang des 20. Jh.

Gesichtszüge so oft die Miene der Ehrbarkeit haben annehmen müssen, dass man wirklich glaubt, es sei etwas daran hängen geblieben. Eigentlich tut der Mann nichts anderes wie der Staat, die Spielleidenschaft zu seinem persönlichen Vorteil auszunutzen. Dass hier der Gewinn immer auf Seiten des Bankinhabers sein muss ist natürlich. Mancher hat hier schon seinen letzten, mühsam erworbenen Pfennig verspielt, mit leeren Taschen heim gewandert, seine Leidenschaft verwünscht."[3] Immer wieder sprach das Cannstatter Schultheißenamt Verbote aus, doch erst in der Zulassungsverordnung für das Jahr 1853 heißt es unmissverständlich: *„Damit sodann diejenigen, welche einen Scholdertisch auf dem Volksfest zu errichten beabsichtigen, sich nicht vergeblich hierher bemühen, wird die Nachricht gegeben, dass wie seit Jahren so auch auf bevorstehendem Feste kein Glücksspiel irgendwelcher Art geduldet wird."*

1858 berichtet das Amts-und Intelligenzblatt für das Oberamt Cannstatt: *„Dagegen nehmen die Karussells mit jedem Jahr zu an Zahl, an Größe und an Eleganz und werden bald kein kindliches Erleben mehr sein, denn sie werden von Erwachsenen weit mehr benützt als von Kindern."*[4]

Flohzirkus und Hau-den-Lukas

Fragt man nach dem Leitspruch der Schausteller des Cannstatter Volksfestes, so muss er wohl lauten „höher, schneller, weiter". *„Das Riesenrad, das Kettenkarussell und der Flohzirkus gehören zu den Zeugen traditioneller Massenromantik. Zwischen ihnen sind die Düsen-Spirale, die Zugspitzbahn, die Einwegbahn und andere auf Geschwindigkeit abgestellte Fahrgeschäfte aus dem Boden gewachsen. Der Mo-*

Volksfesttreiben auf dem Wasen Anfang des 20. Jh. Das „Weib ohne Kopf" und „Buhmanns Wandertierschau" locken die Zuschauer.

tor hat den Volksfestplatz erobert. (...) Die Drehorgeln, die Schiffschaukeln, die Dreiräder für die Buben und Mädchen und die Hau-den-Lukas-Apparate für handfeste Männer werden immer seltener. Ihr Erbe will ein Automat antreten, der Tiefschlag-Boxer: ein Schlag auf das Handpolster genügt, und schon kann jeder ablesen, ob er ein Wüstling, ein Angeber oder ein Spinner ist." So beschreibt der Chronist der Stuttgarter Zeitung das Cannstatter Volksfest des Jahres 1957.

Ein Zeitgenosse schildert die Schaustellerei Mitte des 19. Jahrhunderts auf dem Wasen wie folgt: *„Man kam mit einem Kreuzer und etwas mehr schon zu dem einen und anderen Freudenrausch. Was gab es da noch für Kunstreiter und Seilkünstler, für schwarz angestrichene Neger, die das Regenwetter zu fürchten hatten und Moritaten-Weiber mit erbarmungswürdigen abgeklärten Stimmbändern. Magnetische Menschen und solche ohne Unterleib waren ebenfalls schon eine Attraktion, die das Bedürfnis nach Sauerkraut und Saitenwürstchen und bei warmem Wetter den Bierdurst noch wesentlich steigern halfen. Bei nassem Wetter zählte auch der sprichwörtlich gewordene Volksfestdreck an den Sohlen des Besuchers zu den Sehenswürdigkeiten auch wenn er im Glückstrubel durchschnittlich nicht die Beachtung fand, die er erwarten zu dürfen glaubte. Von dem ‚kolossalen Mädchen' wurde ein Strumpf gezeigt, mit dessen Umfang nur noch das trojanische Pferd es aufzunehmen wagte, und die Nähe eines Flohtheaters ließ allerhand verwandte Betrachtungen zu."*

Kameruner und Liliputaner

Die Schaustellerbetriebe brachten die weite Welt nach Cannstatt. So waren schon im 19. Jahrhundert Kameru-

Falsche Kameruner und „Wakambaneger" führten die Volksfestbesucher an der Nase herum. Postkarten von 1899 und 1895.

ner zu bestaunen. Oder lebende Haie ebenso wie damals Liliputaner genannte kleinwüchsige Menschen oder stark übergewichtige Personen wie die drei „Kolossal-Geschwister", die es zusammen auf 633 Pfund brachten. 1883 wirbt ein Schausteller in einer Anzeige für ein Krokodiltheater mit 9 Krokodilen, 6 Riesenschlangen und Pythons, Schildkröten von nie gesehener Größe. Die „Show der Illusionen" zeigte die Frau ohne Unterleib oder die Frau mit den zwei Köpfen und derlei Jahrmarktattraktionen. Dabei war manches Unwahre dabei, und ob die Kameruner tatsächlich aus Kamerun stammen, lässt sich heute nicht mehr nachvollziehen. Eine Geschichte allerdings – wahr oder unwahr – hält sich hartnäckig: Um die Wende vom 19. zum 20. Jahrhundert konnte man auf dem Wasen den Auftritt der furcht- und schreckenerregenden „Wakambaneger" bestaunen. Hans Otto Stroheker, der Cannstatter Stadthistoriker, beschreibt die Szenerie wie folgt: *„Der finanzielle Aufwand der Anreise dieser seltenen Spezies des Homo sapiens muss doch ein sehr bedeutender gewesen sein, denkt der brave Bürger vor sich hin. Da plötzlich wagt sich ein kleiner Bub ganz nahe an die Wilden, die sich als Menschenfresser gebärden, heran. ‚Zurück', schreien die entsetzten Zuschauer, ‚Gang net so näh no, sonst wirst gfressa', wird er belehrt. ‚I han koi Angst', sagt darauf selbstbewusst das Bürschle, ‚des isch jo mei Vatter'. Die Wakambaneger waren nicht aus Afrika, sondern gerade von der anderen Neckarseite, aus Gaisburg gekommen. Und seither sind es die Gaisburger, die man neckend Wakambaneger nennt."* Selbst der überragende schwäbische Dichter Sebastian Blau widmete dem Wakambaneger ein Gedicht.

Mit einer weiteren Attraktion sorgte der „Krabbendusel", ein stadtbekanntes Original aus dem Bohnenviertel, um das Jahr 1905 für Wirbel: die Schaubude mit dem „Blick ins Jenseits". An der Schaubude hing eine Tafel, darauf

Die „Dame ohne Unterleib" lockt auf einer Postkarte von 1898.

stand „Ungeahnte Überraschung! Eintritt nur fünf Pfennig. Erstaunlicher Blick ins Jenseits!" Doch nach Betreten der Bude – welche Überraschung: Den Besucher erwartete ein Blick auf das jenseitige Neckarufer.

„Was gibt es nicht alles zu sehen!! Die erste und einzige Mars-Frau, die auf die Erde heruntergebracht wurde, einen garantiert echten Blutgott, ein Riesenkrokodil, 500 Jahre alt, mit 30 lebenden Jungen, die schwebende Jungfrau, eine richtige Menschenfresserfamilie und – nicht zu vergessen – die unüberbietbare Schau ‚Das Riesenweib mit drei Liliputanern in ihren Dessous'. Und dann der große Traum: die Opelbahn. Einmal in dieser trübsinnigen Zeit den feinen Maxe spielen und tatsächlich selbst am Steuer sitzen und ein richtiges Auto führen", so zitiert der Volksfestchronist Stroheker das Schaustellervergnügen in den späten 1920er-Jahren.[5] 1910 konnte der bekannte Schausteller Hugo Haase mit seiner Achterbahn erstmals auf den Wasen gelockt werden.

Daimlers „Teufelskärrele"

Der Einsatz von Elektrizität und Motorkraft eröffnete dem Schaustellergewerbe ganz neue Möglichkeiten. Zu den Pionieren gehörte Gottlieb Daimler. 1887 ließ er vom Kursaal aus durch die König-Karl-Straße eine „neuartige", motorbetriebene Straßenbahn – ohne Pferde, aber auch ohne Lokomotive – zum Wilhelmsplatz fahren, wo notgedrungen mangels Brücke Endstation für den „Nahverkehrs- Zubringer" war. Letztlich wurde aber nichts daraus,

Auch in den frühen 1910er-Jahren war der Festplatz oft berstend voll. Der Zeppelin faszinierte die Besucher zusätzlich.

Der Tobogan, eine Rutsche mit aufwärtsführendem Förderband, war 1958 eine Attraktion, die für Heiterkeit sorgte.

denn in Stuttgart entschied man sich für die Elektrizität und nicht für den Verbrennungsmotor als Antrieb für die Straßenbahn.

In der Erfindung weiterer Verwendungsmöglichkeiten für sein Produkt Verbennungs-Motor war Gottlieb Daimler von beneidenswerter Fantasie. Bei der Präsentation seiner Motorfahrzeuge war zunächst die Angst der Bevölkerung größer als das Interesse daran. Bekanntlich schlug er den Umweg über das Motorboot ein. Schließlich „ko er em Wasser uff em Necker ruhig en d'Luft fliaga". Schon 1893 richtete Daimler einen Linienbootsverkehr zwischen dem Berger und dem Cannstatter Ufer ein. Zeitgenössische Exponate dieser originellen Konstruktionen sind im Mercedesmuseum zu bestaunen. Das Motorboot hat sich jedenfalls durchgesetzt.

Daimlers Erfindung, das Automobil, wurde in der Folge zum beliebtesten „technischen Spielzeug" auf dem Volksfest. Das inzwischen doch reichlich antiquierte Karussell trat zunehmend etwas in den Hintergrund. So heißt es beispielsweise, dass 1905 zwölf neue Hochfahrgeschäfte auf dem Wasen zu bestaunen gewesen seien und weiter: Die Karussells haben durch die neu aufgekommenen Auto-Scooter gefährliche Konkurrenz bekommen.

Etwa zur gleichen Zeit machte eine andere technische Erfindung von sich reden: der Zeppelin. Familienfotos in der Gondel waren der letzte Schrei. Fahrten in den Zeppelinkarussells hatten bis zum Beginn des Zweiten Weltkrieges etwas Majestätisches. Die Katastrophe von Echterdingen beflügelte sogar diesen Trend. Diese Hochstimmung wurde durch sensationell aufgemachte Zeitungsberichte noch weiter angefeuert. Doch trotz aller Fortschrittseuphorie und Technikgläubigkeit wird im Jahr 1910 vor den Attraktionen, „die ins Gigantische gehen", gewarnt.

Immer höher, immer schneller

Nach dem Ersten Weltkrieg mit all seinen Umbrüchen und Neuorientierungen hieß die Devise bis in die 1920er-Jahre zunehmend „immer höher – immer schneller". So beklagten 1927 besorgte Kinderfreunde, dass es „nur noch einige Kinder-Karussells" gebe. Es war tatsächlich ein Hilferuf, wenn

Schaustellerfamilie Haase brachte immer wieder Neuheiten.

man zwei Jahre später in der Untertürkheimer Zeitung liest, dass das Fahrgeschäft „The Whips" den Fahrgästen die Eingeweide „nach allen Regeln der Kunst" durcheinanderwirble. Die Aufzählung der Fahrgeschäfte, der Rutschbahnen und Karussells würde in diesem Zusammenhang zu weit führen. Doch an zwei Sensationen soll noch erinnert werden: an die riesige Gesamtanlage 1936 anlässlich des Jubiläums „100 Jahre Deutsche Eisenbahn", eine Nachbildung des historischen Bahnhofs 1845 in Nürnberg, und an die Himalajabahn. Letztere war etwa auf Höhe des Berger Stegs für

Heute würde niemand mehr adipöse Kinder zur Schau stellen. Aber Ende des 19. Jahrhunderts war das schon etwas Außergewöhnliches: „Die 3 ostpreussischen Colossal Geschwister“ in einer Schaubude unterhalb der König-Karls-Brücke.

das Volksfest im Jahre 1939 aufgebaut worden. Diese riesige Holzkonstruktion war während des Zweiten Weltkrieges gegen Flugzeuge getarnt, starb aber 1945 eines ganz natürlichen Todes: Sie fiel den Sägen der frierenden Bevölkerung zum Opfer. Doch zur Ehrenrettung: Die Holzkonstruktion war wetterbedingt teilweise schon morsch geworden.

Schaustellerromantik ade

Das 20. Jahrhundert und vor allem die Zeit nach dem Neubeginn ab den 1950er-Jahren stand ganz unter dem Motto „Beschleunigung“. Es musste schneller, höher, weiter, wilder, turbulenter zugehen. Da ist das größte transportable Riesenrad mit rund 60 Metern Höhe eher beschaulich. Viele alte Schaustellergeschäfte sind verschwunden. Der Tobogan, das Teufelsrad, die Krinoline, die „Schau der Sensationen“ und der Vogel-Jakob gehören der Vergangenheit an. Breakdance, Spinning Racer, Looping-Achterbahnen, „The Flyer“, das größte transportable Kettenkarussell der Welt, und andere hochmoderne Hightech-Fahrgeschäfte dominieren den Wasen. Aber man trifft auch noch die Schaustellerromantik und Nostalgie in Wurfbuden, Pferdebahnen, historischen Karussells und Jahrmarkt-Konzertorgeln. Bis Mitte der 1970er-Jahre gab es noch das beliebte Teufelsrad auf dem Wasen. Das war eine sich drehende, leicht kegelförmige Plattform, auf der man saß. Dann begann sich die Plattform schnell und

Schneiders Hippodrom, eine Pferdereitbahn in den 1920er-Jahren auf dem Cannstatter Volksfest

Das Teufelsrad war noch in den 1970er-Jahren sehr beliebt.

schneller zu drehen, sodass manche, die dort saßen, schon allein von der Schwerkraft nach außen gegen die gut gepolsterten Begrenzungen geschleudert wurden. Irgendwann wurde dann ein schwerer Medizinball, der an einem Seil von der Decke hing, in Schwingung gebracht, um die Fahrgäste von der Plattform zu drücken. Wenn auch das nichts nützte, warfen Helfer auch noch schwere Seile nach den Gästen. Das war ein Gaudium und Sieger war, wer sich am längsten auf dem Teufelsrad halten konnte.

Auch die Liliputstadt gab es noch bis Mitte der 1970er-Jahre. Es wurden – heute unvorstellbar – kleinwüchsige Menschen zu Schau gestellt. Man konnte ihre Wohnwagen besichtigen und sie führten zirzensische Kunststücke vor. Der letzte Betrieb dieser Art war die Firma Liliput-Schneider.

Viel Neues kann kaum mehr kommen, denn die Schausteller scheuen Millioneninvestitionen, ohne dass sie eine Standplatzgarantie haben. Denn außer den Brauerei-Festwirten, die langfristige Verträge haben, müssen sich die Schaustellerbetriebe jedes Jahr neu bewerben. Und wenn dann ein Wettbewerber kommt, der auf der Punkteskala in seiner Kategorie besser dasteht, findet ein Wechsel statt. Das kann hart sein, denn viele Schausteller erzielen einen beträchtlichen Teil des Jahresumsatzes auf dem Cannstatter Volksfest. Deshalb wurde schon so mancher Prozess um einen Standplatz geführt. Aus rund 750 Bewerbungen müssen die Platzmeister knapp 350 auswählen.

Es waren vorwiegend die Schaustellerfamilien aus dem Land, die das Cannstatter Volksfest vor allem prägen. Es sind da die Weebers, die Webers, die Kinzlers, die Ahrends, die Familien Grund, Kritz und natürlich die Maiers, die ihr Festzelt seit 1928 auf dem Cannstatter Volksfest betreiben und somit die älteste Festwirtsfamilie ist. Die ganzen Verwebungen unter den Familien sind hier nicht darstellbar und bedürfen eigentlich einer eigenen Publikation. Einige prägende Schaustellerfamilien seien hier dennoch kurz vorgestellt.

Seit 1934 steht die Schaustellerfamilie Ahrend auf dem Cannstatter Volksfest.

Familie Ahrend

Schausteller seit: 1829
Die ersten Geschäfte: Ringwerfen, Bodenkarussell, Geschicklichkeitsspiele, Derbyrennen
Auf dem Cannstatter Wasen seit: 1934

Das Karussell des Ururgroßvaters wurde noch manuell bewegt. Karbidlampen sorgten für Beleuchtung und die Wagen wurden von Pferden gezogen. Danach kam das erste Etagenkarussell. 1950 kam der Neubeginn mit Verlosung beim ersten Volksfest nach dem Krieg.
Heute ist die Familie mit mehreren Geschäften der Reisegastronomie unterwegs.

Von Pferden gezogener Wohnwagen der Familie Ahrend

Etagenkarussell, erbaut von der Firma Heinrich Mack in Waldkirch

Familie von Berg

Schausteller seit: 1907
Das erste Geschäft: Polar-Schau
Auf dem Cannstatter Wasen seit: 1915

Willi Friedrich von Berg und seine Frau Paula beschicken die Stuttgarter Feste seit 1969 mit dem Karussell „Round Up". 1975 übergab er seinen Betrieb an seinen Sohn Günther von Berg mit dessen Frau Karola. Sie ließen ein größeres Modell des „Round Up" bauen, das „Rolling Star" hieß. Zehn Jahre wurde es auf dem Frühlingsfest und dem Cannstatter Volksfest betrieben. Von 1985 bis 1994 beschickte Günther von Berg mit seiner Frau Stuttgarts Feste mit dem Karussell „Galactica". 1994 wurde die „Galactica" durch die Überkopfschaukel „Roll Over" ersetzt. „Roll Over" des holländischen Herstellers Mondial wurde von 1994 bis 1997 betrieben. 1997 erwarb Sohn Christian von Berg einen „Take Off" der Firma Huss aus Bremen, den er bis 1999 auf dem Cannstatter Wasen betrieb.
Heute auf dem Wasen mit Candy-Schokofrüchte vertreten.

1930: Urgroßeltern mit ihren Kindern (Großmutter) mütterlicherseits auf dem Wasen vor ihrem Wohnwagen

1915: Polar-Schau der Urgroßeltern mütterlicherseits

1931: Autoskooter

1940: Autoskooter

Familie Braun

Schausteller seit: ca. 1800
Das erste Geschäft: 1850 ein Karussell mit Pferdeantrieb, vorher unterwegs als Puppen- und Schattenspieler
Auf dem Cannstatter Wasen seit: 1960

Die Wurzeln der Schaustellerfamilie liegen im Egerland. Das Hauptreisegebiet waren die Städte Marienbad, Karlsbad und Umgebung. Ihre Heimatstadt war Tachau, das heutige Tepla. Die Firma hatte damals um die Jahrhundertwende ein großes Pferdekarussell, eine zehnschiffige Schaukel mit Dach und einige kleinere Buden. Durch die Wirren des Krieges wurde Magdalena Braun mit ihren vier Söhnen Viktor, Alois, Eduard und Karl ins schwäbische Bissingen verschlagen. Da die Familie fast ihren gesamten Besitz zurücklassen musste, war in der neuen Heimat ein Neuanfang bei Null zu bewältigen. Anfang der 1950er-Jahre bauten die Gebrüder Braun ein Riesenrad. Heute ist die Familie mit der „Ring-Wurfhalle" auf dem Cannstatter Volksfest vertreten.

Familie Birkeneder

Schausteller seit: 1900
Das erste Geschäft: Berg- und Talbahn
Auf dem Cannstatter Wasen seit: 1940

Nach einer Berg- und Talbahn brachten die Großeltern des 1940 geborenen Karl Birkeneder den ersten elektrisch betriebenen Autoscooter 1927 aus den USA mit. Anfangs lief es schleppend, und erst Karls Eltern hatten damit richtig Erfolg. Nach der Schulausbildung in verschiedenen Internaten kehrte Karl Birkeneder mit 15 Jahren heim, um den Eltern, die mittlerweile auf eine Turmrutschbahn umstellten, zur Hand zu gehen. Von 1952 bis 1961 stand die Rutsche auf den Volksfesten. 1961 wurde sie in die USA verkauft, Karl ging gleich mit und blieb ein Jahr als Karussellexperte. Zurück in Deutschland, heiratete er und machte sich 1963 mit „Buntes Allerlei" selbstständig. 1975 startete er mit einem neuen Karussell, das ihn 30 Jahre lang begleiten sollte. Der „Cannstatter Wellenflug" stand auf allen großen deutschen Volksfesten. Dreißig Jahre lang engagierte er sich als Vorsitzender der Schausteller und Marktkaufleute in der Stuttgarter Bezirksgruppe.

1899: Pferdekarussell, 4. von links Magdalena Braun, geb. Westermeier

Viktor und Gertrude Braun

Magdalena Braun und ihre Zugmaschine

Familie Franck

Schausteller seit: ca. 1800
Das erste Geschäft: 1850 ein Karussell mit Pferdeantrieb und vorher Puppenspieler
Auf dem Cannstatter Wasen seit: 1972

Die Francks können auf eine lange, bewegte Familiengeschichte zurückblicken. Vor etwa 200 Jahren stieg der Urgroßvater mit einem Ringelspiel (Karussell) in das Schaustellergeschäft ein. Das war der Beginn eines aufregenden Lebens. Es kamen Pferdekarussell, Salonschaukel mit Überschlag, Verlosung und Schießbude hinzu. Vor dem Krieg reiste Magdalena Braun mit ihren vier Söhnen alleine durch das Sudetenland. Magdalena Braun ist die Urgroßmutter von Doreen Franck, die heute mit Büchsenwerfen auf dem Wasen steht.

Die vier Braun-Brüder und ihre Angestellten

Familie Kinzler

Schausteller seit: 1900
Das erste Geschäft: Kinderkarussell, Ski-Lift und Pferdekarussell
Auf dem Cannstatter Wasen seit: 1910

Die Familie Kinzler mit ihren drei Stämmen ist eine der führenden und innovativsten Familien auf dem Cannstatter Volksfest. Immer wieder brachte sie neueste Geschäfte auf das Volksfest. Legendär sind der „Cortina-Bob", der Musik-Express, Flying Coaster, Roxi, Petersburger Schlittenfahrt, Fliegender Teppich, Jumbo Jet, Looping Star, Super Bob Ufo 2000. Heute sind die Familien mit der Wilden Maus, dem Musik Express, dem BreakDance, der Revolution sowie einer Nuss- und Mandelbrennerei auf dem Wasen. In der Wilden Maus sitzt bereits die 5. Generation. Fritz Kinzler war einer der wenigen, der ganz Europa mit seinen Geschäften bereiste. Zeitweise war er mit bis zu acht Karussells und Achterbahnen auf dem Cannstatter Wasen vertreten. Das zu stemmen war nicht nur technisch eine Meisterleistung.

Riesenrad von Julius Robert Kinzler

Benzin Autobahn ROXI-Betriebe

Verkaufswagen „Fisch-Koch“ von 1937

Familie Kritz

Schausteller seit: 1920
Das erste Geschäft: Warenausspielung, Bierzelt
Auf dem Cannstatter Wasen seit: 1921

Etwa 1925 heiratete der Stuttgarter Unternehmer Paul Hoy die in Ebingen geborene Marie Faigle. Als Schausteller betrieben sie so ziemlich alles, was damals möglich war. Neben Bier- und Weinzelten schaffte er sich auch mehrere Belustigungen wie „Der wilde Weinberg“ und seine „Märchenschau“ an, von denen heute noch Teile existieren. Auch im Karussellsektor versuchte er sich und erwarb von Hugo Haase einen so genannten „Schwingkreisel“.
Heute betreibt die Familie einen Autoscooter auf dem Cannstatter Volksfest.

Familie Koch

Schausteller seit: 1937
Das erste Geschäft: Fisch-Verkaufswagen
Auf dem Cannstatter Wasen seit: 1937

Die Firma Koch wurde schon vor dem Zweiten Weltkrieg von Georg Koch Sen. aus Mannheim gegründet. Im Jahre 1937 lieferte die Wagenfabrik Heinrich Mack aus Waldkirch – heute Betreiber des Europa-Parks in Rust – den ersten Fisch-Verkaufswagen, mit nahezu 12 m Frontfläche, für Georg Koch Sen. auf den Cannstatter Wasen aus. Zum Verkauf kamen Fischbrötchen aller Art, Aale, Schillerlocken und Sprotten. Damit etablierte er sich bis zu den Kriegsjahren als „Fisch-Koch“ auf dem Cannstatter Volksfest.
Heute steht die Familie mit einem Imbissbetrieb auf dem Wasen.

„Der Wilde Weinberg“ von Paul und Marie Hoy

Imbisspavillion von 1962

Ca. 1952: „Hoy Autoskooter“

„Glückspilz“ der Eheleute Ronald und Helga Kurey, zum ersten Mal auf dem Wasen 1966

Familie Kurey

Schausteller seit: 1882
Das erste Geschäft: Pferdekarussell
Auf dem Cannstatter Wasen seit: 1950

Die Familienchronik beginnt nachvollziehbar 1882 mit Konrad Kühnel, der ein Pferdekarussell besaß. Es existiert ein Kaufvertrag einer Konzertorgel, die er 1911 bei der Firma Ruth & Sohn als musikalische Begleitung für sein Karussell erwarb. Die Konzertorgel ging an seinen Sohn Willi Kühnel über, welcher seinen Standplatz auf dem Cannstatter Wasen am Berger Steg ersteigerte. Diese Konzertorgel ist noch immer jedes Jahr auf dem Cannstatter Volksfest und ist beim Kinderkarussell gegenüber vom Weinzelt „Cannstatter Oberamt“ zu erleben (s. u.).
Heute steht die Familie mit „Kurey's Cool Drinks“ auf dem Wasen.

Historische Orgel

Familie Lehmann

Schausteller seit: 1810
Die ersten Geschäfte: Kinderkarussell und Fahrgeschäfte
Auf dem Cannstatter Wasen seit: 1950 mit Geisterbahnen

Seit vielen Generationen ist die Familie Lehmann in der Schaustellerbranche tätig. Bis 1950 bereiste man die Bundesrepublik ausschließlich mit Karussells, doch ab 1950 ist man der Geisterbahnsparte treu geblieben. Alle Geisterbahnen kamen aus dem Hause Mack aus Waldkirch im Breisgau. Im Laufe der Zeit hat man alle modernen technischen Entwicklungen mit einfließen lassen. Von der ebenerdigen Geisterbahn bis zur heutigen 4-Etagen-Geisterbahn und von der unbeweglichen Figur bis zur komplett thematisierten Szenerie.
Heute steht die Familie Lehmann mit einer Geisterbahn auf dem Wasen.

„Geisterburg“ von Opa Emil und Jenny Lehmann 1950–1955 (1950 zum ersten Mal auf dem Cannstatter Wasen)

Die Roloffs in Aktion

Werner Fritz Schiedt war Steilwandfahrer in den Jahren 1954–1959.

Familie Roloff

Schausteller seit: 1890
Das erste Geschäft: Floh-Circus
Auf dem Cannstatter Wasen seit: 1955

Robert Roloffs Vater Karl Wilhelm Roloff wurde 1875 geboren. Ab ca. 1895 bereiste er mit seinem Floh-Circus ganz Europa und heiratete 1924 Martha Maria Hagenest. Der Floh-Circus wurde weitergeführt. Neun Kinder erblicken das Licht der Welt. Nach dem Tod seines Vaters Wilhelm Roloff schaffte sich seine Mutter eine Schaubude an, welche von ihr und ihren Kindern in verschiedenster Form betrieben wurde. 1965 heiratete Robert Roloff Lucia Papke, die in 5. Generation ihre Wurzeln in der Familie Lehmann hat.
Heute führt die Familie Süßwaren-Spezialitäten.

Plakat um 1905

Familie Schiedt

Schausteller seit: 1945
Das erste Geschäft: Schaubude
Auf dem Cannstatter Wasen seit: 1948

Fritz Schiedt war der Besitzer der Steilwand. Er betrieb sie mit seiner Frau Helene und den beiden Söhnen Werner Fritz und Dieter. 1954 bis 1959 war die Steilwand die Attraktion auf dem Cannstatter Wasen. 1955 präsentierten die 3 Perry's zum ersten Mal einen Rennwagen an der Steilwand.
Heute ist die Familie mit Autoscooter und Kinderkarussell auf dem Wasen vertreten.

Familie Schweizer

Schausteller seit: 1897
Das erste Geschäft: Karussell
Auf dem Cannstatter Wasen seit: 1910

Die Artistenfamilie Schweizer wurde 1847 erstmalig erwähnt. Nach einer Verletzung reiste der ehemalige Artist Lorenz Schweizer 1897 mit einem der ersten Bioskope (transportables Kino). Danach begann er mit der Schaustellerei. Mit Karussells und Schießbuden war man unterwegs.
Heute ist die Familie mit Süßwaren und Mandelbrennerei auf dem Wasen.

Der Schirmstand, mit dem alles anfing: Hier wurden die Mandeln noch mit Holzkohle und von Hand gebrannt.

1920: das Karussell der Oma am Bergersteg auf dem Cannstatter Wasen

Um 1890: Großtante Anni beim Bären-Ringkampf, den sich auch der König nicht entgehen ließ. Reisegebiet der Tiermenagerie waren die Balkanländer und Österreich.

Um 1920: Pracht Auto-Corso von Großvater Johannes Dölle

Familie Stamer

Schausteller seit: 1780
Das erste Geschäft: Karussell
Auf dem Cannstatter Wasen seit: 1900

Der erste Vorfahr der Stamers aus der mütterlichen Linie war bereits 1780 als Schausteller unterwegs. Der Urgrossvater von Henny und Ernst Stamer war dann schon stolzer Besitzer eines Etagen- oder Doppelkarussells. 1905 machte sich der Großvater Johannes Dölle als ältestes von acht Kindern mit einem Karussell, einer so genannten Krinoline, selbstständig. Da Strom- und andere Energieerzeuger kaum vorhanden waren, mussten kräftige Männer das Karussell schieben und ziehen. 1909 kaufte er für 3400 Goldmark eine „Konzert-Notenorgel" beim Orgelbauer Ruth in Waldkirch. Zum Vergleich: Eine Villa kostete damals 4000 Goldmark. Seit wenigen Jahren ist die Familie Stamer nicht mehr auf dem Wasen. Sie prägte aber vor allem in der Verbandsarbeit das Cannstatter Volksfest wesentlich mit. Willi Stamer, der das erste Weinzelt auf den Cannstatter Wasen brachte, war viele Jahre Vorsitzender des Schaustellerverbandes Südwest.

1957: Schiffschaukel auf dem Cannstatter Volksfest

Familie Weeber (Adolf Weeber)

Schausteller seit: 1887
Das erste Geschäft: Pferdekarussell
Auf dem Cannstatter Wasen seit: 1940

Als Spross einer alten Schausteller-Dynastie wurde Adolf Weeber 1940 geboren.
1965 heiratete er Frau Christa Weeber, deren Großeltern einen Imbiss auf dem Wasen hatten. Der Anfang in die Selbstständigkeit war ein Ständle mit gebrannten Mandeln. Es folgte 1966 die lustige Nagelei, 1967 der Verkehrskindergarten „Dixie-Rally“ und 1973 das Familienkarussell „Hully-Gully“. Nachdem alle so gerne Eis essen, eröffnete die Familie 1986 das Eis-Bistro „Pinguin“ am Eugensplatz. Heute steht die Familie mit einem Imbissbetrieb auf dem Wasen.

Familie Weber

Schausteller seit: 1948
Das erste Geschäft: Imbiss
Auf dem Cannstatter Wasen seit: 1950

Kurz nach dem Krieg bauten Karl und Luise Weber im Jahr 1948 mit einem Imbiss- und Süßwarenstand ihr Schaustellerunternehmen auf. In den folgenden Jahren kamen Teufelsrad, Schiffschaukel, Schießbude und Kinderkarussell dazu. 1959 wurde der erste Autoskooter gekauft. Durch den frühen Tod von Karl Weber 1963 übernahm sein 20-jähriger Sohn Volker Weber das Familienunternehmen. Wie sein Vater engagierte sich Volker Weber fast 50 Jahre ehrenamtlich im Landesverband der Schausteller und Marktkaufleute (LSM), die letzten Jahre davon, bis zu seinem Tod im Jahr 2012, als dessen Präsident.
Heute steht die Familie mit Schokofrüchten und dem Schwarzwaldhaus auf dem Cannstatter Volksfest.

Autoskooter aus dem Jahr 1950

1935: Pferdekarussell Konrad Grund

Familie Weeber (Familie Gleich-Grund)

Schausteller seit: Grund seit 1890, Weeber seit 1876
Das erste Geschäft: „Reitschule"-Kinderkarussell mit Pferden
Auf dem Cannstatter Wasen seit: 1950 Konrad Grund mit seiner Schießhalle

1890 gründete der Schreiner Friedrich Grund mit der Anschaffung einer „Reitschule" (so nannte man damals das Pferdekarussell) das Schausteller-Unternehmen Grund. 1911 übernahm sein Sohn Konrad das Karussell, modernisierte und erweiterte den Betrieb. Nach der Inflation kam dann eine Schießhalle dazu. Damals schoss man mit Bolzengewehren auf Scheiben. Es folgten Kleinkalibergewehre und das erste Blumenschießen. Der Zweite Weltkrieg unterbrach zwangsweise die angestrebte weitere Modernisierung und Weiterentwicklung. Als dann die Besatzungsmacht wieder „grünes Licht" gab, durfte mit Luftgewehren wieder der Betrieb aufgenommen werden. Die Vereins- und Volksfeste blühten auf, und aus dem Pferdekarussell wurde ein Sportkarussell, aus der Schießhalle ein Schießwagen. Heute steht die Familie mit einem Schießwagen auf dem Wasen.

Familie Weeber (Max-Rudi Weeber)

Schausteller seit: 1888
Das erste Geschäft: handbetriebenes Pferdekarussell
Auf dem Cannstatter Wasen seit: 1888

Die Schaustellertätigkeit der Familie Weeber begann 1888. Carl Weeber feierte damals mit seinem von Hand angetriebenen Pferdekarussell Premiere auf dem Cannstatter Volksfest. Sein Urenkel Max Weeber vermählte sich mit seiner Frau Olga, die aus der alten Zirkusdynastie Renz stammte. Mit einer selbstgebauten Kindereisenbahn beschickte das junge Paar die Volksfeste der Nachkriegszeit in Deutschland. Ende der 1950er-Jahre präsentierte dann Max Weeber seine Geisterbahn „Weltraum Express". Mit der Gestaltung des Geschäftes war er seiner Zeit weit voraus. Aus der Ehe gingen die Söhne Max-Rudi, Ewald und Karl Weeber hervor. 1966 heiratete Max-Rudi Weeber seine Gisela. Sie ist die Tochter der alten Schaustellerfamilie Eberhardt aus Augsburg. Mit gebrannten Mandeln begann das Paar auf dem Cannstatter Wasen. Über die Jahre brachten sie immer wieder neue Geschäfte auf den Markt. Sie betrieben Spielautomaten, Verlosungen und dann irgendwann einen Imbissbetrieb. Heute betreibt die Familie das Festzelt Wasenwirt, einen Imbissbetrieb, einen Schokofrüchtebetrieb und einen Süßwarenbetrieb für glasierte Früchte.

1888: Handbetriebenes Karussell der Familie Weeber

Viele weitere Familien prägten das Cannstatter Volksfest mit ihren Betrieben: Willy Günzel, der „Looping the Loop“ auf das Volksfest brachte. Weil den Nazis Anglizismen nicht gefielen, musste er sein Geschäft umbenennen in „Zimbamberoni“. Alois Widmer, ein Artist, der Else Weeber aus Reutlingen heiratete, betrieb erst ein Spiegellabyrinth und dann eine Foto-Schießbude, die heute noch auf dem Volksfest steht. Aus der Ehe gingen zwei Kinder hervor, Kurt und Inge. Inge heiratete Adolf Ahrend und steht heut mit einem Imbissbetrieb auf dem Wasen. Die Firma Stoll betrieb eine Schiffschaukel und später einen Flieger, der dann an die Firma Roschmann verkauft wurde. Die Familie Enschelmayer betrieb einen 18 Meter breiten Schießstand. 1947 beim „Herbstwasen“ brachten sie als Erste Wiener Mandeln auf den Wasen. Die Firma Teigel betrieb vor dem Zweiten Weltkrieg die „U-Boot-Flottille“.

Die Schaustellerfamilien kennen Anekdote um Anekdote. Nur eine sei erzählt. Nach dem Krieg waren die Zutaten für Süßwaren von minderer Qualität. Waffelmayer betrieb eine Waffel- und Eiswagen. Das Eis war aber so schlecht, dass die Wasenbesucher ein paarmal daran schleckten und es dann gegen die bemalten Fronten, sogenannte Panoramen, der anderen Schaustellergeschäfte warfen, wo es ziemlich gut kleben blieb und sich schlecht abwaschen ließ. Deshalb spricht man heute noch vom sogenannten Pano-Eis.

Cannstatter Wasen vor dem Zweiten Weltkrieg

Die U-Boot-Flottille der Familie Teigel

Schaustellerleben auf dem
Cannstatter Volksfest
im 19. Jahrhundert

In Schaeffers „Märchenstadt Liliput“ wurden kleinwüchsige Menschen noch bis in die zweite Hälfte des 20. Jahrhunderts zur Schau gestellt.

Vorzüglicher Bierstoff

Wirte und Brauereien sorgten und sorgen für das leibliche Wohl

Wenn viele Menschen zum Feiern zusammenkommen, dann braucht es Wirte, die die Festgäste gut versorgen. Das war schon beim ersten Volksfest 1818 so und hat sich über zwei Jahrhunderte so weit entwickelt, dass die Festwirte heute eine starke Dominanz auf dem Cannstatter Volksfest haben und zeitgleich rund 35.000 Sitzplätze für feierfreudige Menschen in zu Festtempeln ausgebauten Zelten anbieten können.

Tanzboden 1892 im Festzelt auf dem Wasen, Stahlstich von Walther Zweigle

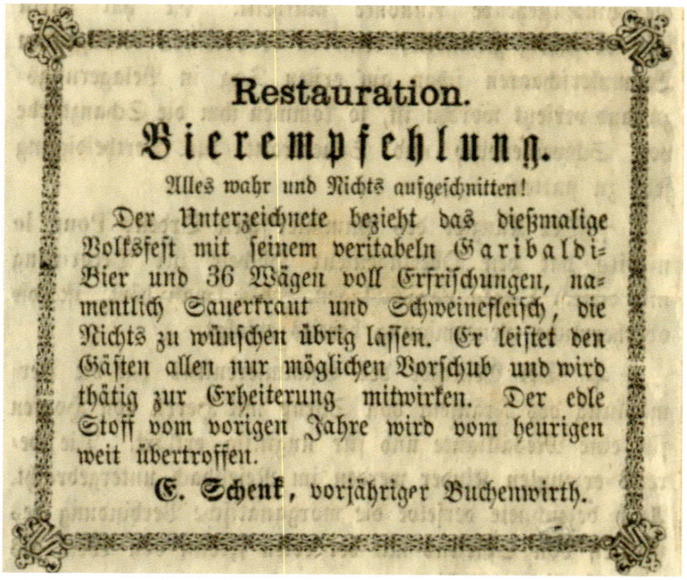

Restauration.

Bierempfehlung.

Alles wahr und Nichts aufgeschnitten!

Der Unterzeichnete bezieht das dießmalige Volksfest mit seinem veritabeln Garibaldi-Bier und 36 Wägen voll Erfrischungen, namentlich Sauerkraut und Schweinefleisch, die Nichts zu wünschen übrig lassen. Er leistet den Gästen allen nur möglichen Vorschub und wird thätig zur Erheiterung mitwirken. Der edle Stoff vom vorigen Jahre wird vom heurigen weit übertroffen.

C. Schenk, vorjähriger Buchenwirth.

Anzeige aus der Cannstatter Volksfestzeitung 1860

1844 berichtet der Chronist Ernst Dertinger[1]: *„Nun beginnt das eigentliche Volksleben! In bunten Gruppen durcheinander, bei Wein, bei Bier und Obstwein, wie es die Mittel eines jeden ertragen, sitzt jung und alt, hoch und gering durcheinander, schwatzt und lacht, genießt mit allen Sinnen, grüßt die Bekannten, schaut und lässt sich schauen. Die manchfachsten Gerichte duften und dampfen hier, aber vorzugsweise ist es der Sauerkohl mit dem obligaten Rauchfleisch, welchen der Besucher des Volksfestes genießt. Hunger würzt die derbe Kost, sei ihre Bereitung auch minder schmackhaft, und im Taumel der Freude scheint auch des Feinschmecker Gaumen weniger streng und dicht gefüllt sind die Räume unter den Buden, und außen harren noch manche, dass sie Platz gewinnen mögen! Und um sie her und zwischen ihnen zeigt*

Wirt Teichmann wirbt mit 10.000 Portionen Sauerkraut. Riesenmädchen und Kameruner locken die Besucher. Postkarte 1901.

die Menge geschäftig ihr Wesen. Kleinhändler mit allerlei Tand haben hier ihre stabilen Plätze gewählt, oder tragen ihre Waren den Zechenden zu.“

Viel hat sich nicht geändert, wenn man diese historische Beschreibung liest. Lediglich der Sprachduktus wirkt etwas antiquiert. Ansonsten enspricht die Szenenbeschreibung auch der heutigen Zeit.

1837 stellt der Cannstatter Ochsenwirt Kübler vermutlich das erste Festzelt auf dem Festgelände „Cannstatter Wasen“ auf. Neben Wein gab es Ulmer Lagerbier.

1852 preist Festwirt A. Dahlmann „Zum Waldhorn“ für die Dauer des bevorstehenden Volksfestes „kalte und warme Speisen, reine Weine, sowie vorzügliches Ulmer Lager Bier“ an. Mit reinen Weinen waren sogenannte sortenreine Weine gemeint.

Es ging wohl, was die bautechnische Seite der Wirtsbuden und Zelte anbelangt, wild her auf dem Wasen. Das führte dazu, dass 1872 erstmals eine Bauordnung erlassen wurde. Diese fand allerdings nicht unbedingt Gefallen: *„Die das Volksfest besuchenden Wirte sind bekanntlich vom Oberamt in Cannstatt angewiesen worden, solid gebaute, aber etwas teuerer zu stehen kommende Buden auf dem Wasen zu errichten. Trotzdem wird es nicht an Wirtschaft fehlen, denn über die paar Tage kommt etwas heraus.“*[2]

1883 verzeichnet die Cannstatter Volksfest Zeitung insgesamt 50 Bewirtungsbetriebe. Die Württembergische Landes-Zeitung berichtet am 29. September 1887: *„Auf dem*

In den ersten 100 Jahren des Volksfestes gehörte es zum guten Ton, dass die Wirte Münchner Bier angeboten haben, wie diese Postkarten eindrücklich beweisen.

Wasen war es im Laufe des Vormittags noch verhältnismäßig ruhig, die Wirte hatten eben zumeist noch mit auspacken und Einrichtung ihrer Buden gut zu tun. Von 12 Uhr an änderte sich aber die Scene. Das prächtige Herbstwetter, der fast zu warme Sonnenschein hatten Hunderte, ja Tausende auf den Wasen gelockt. Bald war in den Restaurationen namentlich von Mergenthaler, Roßnagel, Werner sowie bei Weber und Fromm kein Plätzchen mehr zu bekommen. So manches musste mit einem Stehkrug vorliebnehmen."

Cannstatter oder Stuttgarter Bier, so scheint es, haben im 19. Jahrhundert auf dem Volksfest kaum eine Rolle gespielt. Wirte preisen Münchner Lager Bier oder gar englisches Pale Ale in Anzeigen an. Das Hotel „Zu den vier Jahreszeiten" wirbt gar mit „vorzüglichem Bierstoff, rein gehaltenen neuen und alten Weinen, besonders der gesunde Tyroler". Lediglich der Wirt Michael Uhl vom „Rothen Ochsen" am Markt in Stuttgart preist auf seiner Bude Nro. 5 Wulle'sches Doppellagerbier an.

1906 vermerkt eine Pressenotiz: *„Als Merkwürdigkeiten dieser Feste dient noch die Erwähnung, dass in einer der Buden, wo man Lagerbier ausschenkte, binnen dreier Tage 6560 Maß (rund 12.000 l) Bier verzapft wurden".* Die Wirkung ließ auch nicht allzu lange auf sich warten: *„Denn dabei ging es so bunt und lebhaft zu, dass in der Hast und im Bierjubel nicht weniger als 150 Halbmaß und 30 Schoppengläser zerbrochen wurden oder abhanden kamen."*

Bierkrieg

1924 kommt es zu einer ungewöhnlichen Entscheidung der Volksfestkommission. Die vier Stuttgarter Brauereien Leicht, Wulle, Dinkelacker und Englischer Garten möchten die alleinige Lizenz für den Wasen ohne Versteigerung erreichen und bieten dafür dieselbe Summe als Pachterlös wie 1913 an. Zusätzlich wollen sie pro verkauften Hektoliter 2 Mark an die Stadt bezahlen. Die Volksfestkommission spricht sich gegen diesen Antrag aus, weil man den „Ausschank auswärtiger Biere, wie Münchner" nicht ausschließen könne, weil „diese Biere u. U. preisregelnd wirken. Auch würde es die Bevölkerung nicht verstehen, wenn kein Münchner Bier da wäre." Man stelle sich dieses Procedere einmal in München vor. Nicht auszudenken. Es muss aber wohl ein deutlicher Qualitätsunterschied zwischen Stuttgarter und Münchner Bier geherrscht haben, anders ist der

Noch 1919 wurde das Bier mit dem Pferdegespann auf den Wasen gebracht. Heute halten die Brauerien die Prachtgespanne nur noch zu Repräsentationszwecken während des Volksfestes und für den Volksfestumzug.

Preisunterschied – Stuttgarter Bier kostet 80 Pfennig, Münchner Bier 1,20 Mark – nicht zu erklären. Im selben Jahr beklagen sich die Wirte und Schausteller über die zum Teil „sehr hohen Pachtpreise, ferner über die enormen Kosten der Aufstellung der Zelte" und fordern die Verlängerung der Polizeistunde auf 10 Uhr abends. Die städtische Volksfestkommission lehnt dieses Ansuchen ab. Es bleibt bei der Sperrstunde 21 Uhr.

1951 gab es ein Gemeinschaftszelt der Stuttgarter Brauereien. Zwei Jahre später allerdings hatte jede der vier Stuttgarter Großbrauereien (Dinkelacker, Stuttgarter Hofbäu, Schwaben Bräu und Wulle) wieder ihr eigenes Zelt.

1957 wurden von insgesamt 426 Betrieben 31 Bier- und Weinzelte, Cafézelte, Imbisshallen, Restaurationswagen, Biergärten, ein Etagencafés und ein drehbares Höhenrestaurant zugelassen. Die vier großen Bierzelte der Stuttgarter Brauereien stehen einander gegenüber. Das Platzgeld betrug 55.000 DM (5,50 DM/m^2). Zusätzlich zu den vier Stuttgarter Brauereien gab es eine Landbrauerei. Diese Regel gilt bis heute. 1957 war es die Lammbrauerei

Die Küblermusikanten spielen 1963 auf.

Die vier Zelte mit ihren Brauereigespannen in den 1960ern

Bis 1971 war die Wulle Brauerei eigenständig auf dem Wasen vertreten.

Schwieberdingen, später dann auch die Plochinger Waldhornbrauerei, die Alpirsbacher Klosterbrauerei und aktuell die Donaueschinger Brauerei Fürstenberg.

1962 rechnet das Stuttgarter Wochenblatt einmal zusammen, was alles an Material notwendig ist, um ein Festzelt aufzubauen. Während heute Klappbänke verwendet werden, zimmerte man 1962 alles neu zusammen: Rund 16.300 Pflöcke sind notwendig, die aneinandergereiht eine Länge von 14 km ergeben. Hinzu kommen 12,5 km Bretter, 4200 m² Hartfaserplatten und 140 Türen. 9 km Kabel müssen verlegt werden und 4000 Glühlampen und 300 Leuchtstoffröhren sorgen für die volksfestliche Beleuchtung der Zelte. Die imponierende Strecke von 20 km misst die aufgezogene Zeltbahn, und 2 km Drahtseil sowie zwei Zentner Schnur sind notwendig, um sie so zu befestigen, dass sie selbst den launischen Herbststürmen standhält. Um die Zelte auszuschmücken, sind nicht weniger als zweieinhalb Waggons Latschengrün notwendig. Und schließlich führen 200.000 Hammerschläge dazu, dass alles hält.[3]

1967 rechnet einer der Wirte – mit Recht – stolz vor, dass rund 40.000 Arbeitsstunden notwendig sind, um ein großes Festzelt aufzubauen. Die Maß kostet 2,30 DM, zehn Pfennig weniger als in München. 16 ha groß ist das Festgelände auf dem Cannstatter Wasen.

In den 1970er-Jahren gab es, wie später auch, immer wieder Diskussionen über den Bierpreis. Besonders 1972 und 1973 erregten die schlecht gefüllten Krüge die Gemüter. Man überlegte sich, statt der traditionellen Steinkrüge Glaskrüge anzuschaffen, um so die Schankmenge im Maßkrug kontrollieren zu können.

Die 1990er-Jahre waren geprägt durch Wechsel bei den Festwirten. 1997 übernahm Alexander Laub das Schwabenbräu-Zelt. Ein Jahr später kündigte nach über 40 Jahren Festwirtdasein auf dem Wasen der streitbare „Wasenkönig" Walter Weitmann vom Stuttgarter Hofbräuzelt seinen Rückzug an. Hans-Peter Grandl wurde 2000 sein Nachfolger.

Auch Ursi Greiner kündigte ihren Rückzug aus dem Dinkelacker-Zelt an, wollte aber noch das 70-jährige Jubiläum ihres Betriebs feiern. Ihr Vater Paul Greiner hatte 1928 seine Wasen-Premiere auf dem Volksfest. 2001 folgten ihr die Brüder Werner und Dieter Klaus als Festwirte. Damit war der große Wechsel bei den Festwirten aber noch nicht vorbei, denn auch im traditionsreichen Festzelt Göckelesmaier übergab Josephine 1988 den Betrieb an ihren Sohn Karl Maier. Michael Wilhelmer übernahm das Schwabenbräu-Festzelt im Jahr 2009 und gestaltete es vollständig neu.

Erstmals gibt es eine Gemeinschaft der Wirte, die zusammen mit dem Veranstalter und dem Volksfestverein die wichtigen Dinge besprechen. Vergessen sind seither die großen Zwistigkeiten und Streitigkeiten, die vor allem der Festwirt Walter Weitmann gerne und zum großen Imageschaden des Volksfestes in der Öffentlichkeit austrug. Obwohl sich Weitmann als Festwirt von Stuttgarter Hofbräu verabschiedete, wollte er es noch einmal wissen und kam mit der Brauerei Fürstenberg auf den Wasen. Am Stuttgarter Rathaus wurde ein Werbebanner der Brauerei befestigt, auf dem Indianer zu sehen waren. Zu lesen war: *„Wir kommen in Frieden!"* Allerdings überwarf sich Weitmann auch mit Fürstenberg und brachte dann das Pforzheimer Brauhaus mit auf den Wasen. Doch seine Glanzzeiten waren vorbei. Durch einen Schlaganfall schwer gezeichnet ging es auch wirtschaftlich steil bergab. Fürstenberg ist jedoch heute noch mit dem aus München stammenden Festwirt Peter Brandl auf dem Volksfest bestens vertreten.

Heute stehen die drei großen Brauereizelte von Dinkelacker (Festwirte Dieter und Werner Klauss), Schwaben Bräu (Festwirt Michael Wilhelmer) und Stuttgarter Hofbräu (Festwirt Hans-Peter Grandl) einträchtig nebeneinander gegenüber der Fruchtsäule. Mehr als 5000 bierfreu-

Schwabenbräufesthalle Paul Greiner

Festzeltstimmung bei Dinkelacker

Gemütlich beim Bier 1969

Festwirt Muckl war zur Jahrhundertwende eine große Nummer auf dem Wasen. Sogar eigene Autogrammkarten ließ er drucken.

Muckl in bayrischer Tracht

dige Wasenfreunde finden jeweils darin Platz. Längst gibt es Galerien und Balkone und die Festzelte gleichen – zumindest in den Logen – mehr der gehobenen Gastronomie als einem Festzelt. Alljährlich wird der Bierpreis in der lokalen Presse diskutiert. Klar, wenn man sein Bier zu Hause trinkt, hat man es günstiger. Aber was die Festwirte aufbieten müssen, bis die erste Maß aus den Zapfhähnen fließt, das ist gewaltig. Die Wirte müssen Millionen pro Zelt investieren, bevor das Fest beginnt. Der Zeltaufbau, der Innenausbau, die Dekoration, die Mitarbeiter, die Security, die Musik, das Programm und auch die Werbung kosten immense Summen, die letztlich nur durch den Verkauf von Speisen und Getränken erlöst werden können. Ein besonderes Qualitätsmerkmal ist, dass auf dem Cannstatter Volksfest in den großen Zelten nahezu keine fertigen Produkte, sogenannte Convenience-Ware angeboten wird, sondern dass in den professionell eingerichteten Küchen frisch gekocht wird. Dabei wird großer Wert auf Qualität gelegt. Der Festwirt Hans-Peter Grandl etwa bietet auch Biofleisch der Bäuerlichen Erzeugergemeinschaft Schwäbisch Hall an. Neben den drei großen Zelten gibt es noch drei kleinere Zelte und ein Weinzelt. Insgesamt stehen den Volksfestbesuchern in den Zelten rund 35.000 Sitzplätze zur Verfügung. Neben den drei großen Zelten gibt es im 200. Jahr des Bestehens des Cannstatter Volksfestes auch noch das Festzelt Wasenwirt der Gebrüder Armin und Fritz Weeber, das Festzelt Sonja Merz, das Fürstenberg-Zelt von Peter Brandl, das Festzelt Göckelesmaier von Karl und Daniela Maier und das Weinzelt „Cannstatter Oberamt" von Andreas Zaiss.

In den 1960er-Jahren trug nur das Bedienungspersonal, hier im Greiner-Zelt, Tracht.

Drei Monate Aufbauzeit brauchen die großen Zelte. Fixkosten von 2,3 Millionen schlagen da am Anfang zu Buche. 450 Menschen arbeiten beispielsweise im Festzelt von Hans-Peter Grandl. Alleine die 50 Ordner kosten über die Volksfestzeit 160.000 Euro.[4] Rund 70.000 Liter Bier hat das Festzelt an Bord. Wenn die Container ausgetrunken sind, werden sie nachts frisch befüllt.

Klappwerbekarte Ende des 19. Jahrhunderts

Belegschaft von „Maier's Karle" 1937

Er brachte die Göckele auf den Wasen

Die längste Tradition auf dem Cannstatter Volksfest hat zweifelsfrei das Festzelt Göckelesmaier. Seit 1928 ist die Familie Karl Maier Teil des traditionsreichen Festes.

Alles begann mit einer Wurstbraterei. Zu Beginn des 20. Jahrhunderts war es die Bratwurst, die den Volksfestklassiker darstellte. Heute hingegen ist das halbe Hähnchen, schwäbisch „Göckele", der absolute Renner. Karl Maier Senior brachte es als Erster frisch vom Grill auf den Wasen. Anfangs wurden die leckeren Göckele von den Besuchern eher kritisch beäugt – nach dem Motto „Was der Bauer nicht kennt, das frisst er nicht." Heute sind es abertausende Hähnchen, die vom Grill in die Mägen der Wasenhocker wandern.

Gegessen wird immer

Karl Maier, der junge Bäcker aus Weinheim, traf einst eine mutige Entscheidung: Er überließ die elterliche Bäckerei seinem Bruder und machte sich als Eisverkäufer selbstständig. Das wenige Ersparte investierte er in einen kleinen Eiswagen, den er sich selbst zusammenbaute. Die Rolle als Eisverkäufer brachte ihm aber auf Dauer nicht den gewünschten wirtschaftlichen Erfolg. Er musste sich umorientieren. „Gegessen wird immer" sagte er sich und eröffnete mit einem Kompagnon einen kleinen Imbissstand, in dem er Bratwürste und Getränke verkaufte. Doch auch das lief nicht so, wie er sich das erhoffte. Dazu gab es Streitigkeiten und so trennte er sich bald von seinem Kompagnon. Es blieb ihm die Weisheit und der Rat-

Karl Maier mit einem seiner leckeren und gefragten Gockelspieße

schlag an seine spätere Frau: „Wenn Du ein Geschäft nicht alleine betreiben kannst, dann lass die Finger davon."

Also zog er alleine unter dem Namen „Maier's Karle" zu Beginn der 1930er-Jahre von Festplatz zu Festplatz. Und der Erfolg stellte sich ein. Mit wachsendem Umsatz konnte er seinen Stand immer weiter ausbauen. Doch auch das erfüllte ihn nicht. Ein kleines Festzelt, das wäre das Richtige für ihn. Der Gedanke ließ ihn nicht mehr los. Er besuchte das Oktoberfest in München und stieß auf das „Ammerzelt", eine der berühmtesten Hendl-Bratereien. Karl beschloss, das Hendl-Braten von Grund auf zu lernen. Als Bäcker war er bereits gewohnt, vor heißen Ofen zu stehen ... Er bewarb sich bei der Familie Ammer und wurde sofort genommen. Während der 16 Festtage hatte er alles gelernt, was er brauchte, um selbst eine Hähnchenbraterei zu betreiben.

Im darauffolgenden Jahr bekam er die Genehmigung, auf dem Cannstatter Volksfest ein kleines Zelt mit einer Wurst- und Göckeles-Braterei aufzustellen. Doch was sich später als Erfolgsgeschichte herausstellen sollte, war anfangs ein Flop. Interessiert schauten die Volksfestbesucher zwar ins Zelt, gingen aber nicht hinein und kauften auch keine Göckele. Geschlagene zwei Tage ging kein einziges Göckele über die Theke. Maier war verzweifelt, denn er hatte viel investiert und Schulden gemacht, die bezahlt werden mussten. Aber es war wie bei einem Dampfer – er kommt nur langsam in Fahrt, ist dann aber kaum mehr zu bremsen. Schließlich kamen doch ein paar neugierige

„Ha no!!“: Maiers Festzelt in den 1930er-Jahren

Volksfesteröffnung vor dem Festzelt Göckelesmaier

Gäste und probierten die Neuheit. Sie merkten schnell, wie lecker die frisch gegrillten Göckele waren. Das sprach sich natürlich herum und viele weitere Gäste folgten. So begann die Erfolgsgeschichte von Maier's Karle, dem Göckelesmaier.

Kurze Verschnaufpause: Josefine und Karl Maier

Nach dem Krieg ist alles weg

Der Aufwärtstrend wurde leider abrupt unterbrochen, als im Jahr 1939 der Zweite Weltkrieg ausbrach. Karl musste zur Wehrmacht und kam erst einige Monate nach Kriegsende wieder zurück nach Stuttgart. Was er vorfand, war mehr als entmutigend. Die Wohnung, die Lagerhalle, alles war ausgebombt. Das Zelt, die Gerätschaften, die Zugmaschine und alles andere war vollständig zerstört. Es war aussichtslos, wieder als Festwirt anzufangen, denn es gab nichts mehr, keine Lebensmittel und keine Getränke. Doch Karl Maier gab nicht auf. Er knüpfte Kontakte zu den amerikanischen Besatzern und konnte in deren Kasernen sogenannte „Stegware“ besorgen. Das waren preiswerte Wehrmachts-Kleidungsstücke wie Mäntel, Hosen, Jacken und manchmal auch warme Unterwäsche. Karl stieg in das An- und Verkaufsgeschäft ein. Er beschaffte sich einen alten Lastwagen mit Holzvergaser und einen Gewerbeschein und verkaufte die Ware auf Marktplätzen. Sie wurden ihm buchstäblich aus der Hand gerissen, denn die Menschen hatten sich jahrelang nichts mehr kaufen können. Damit verdiente Karl gutes Geld. 1948 kam die Währungsreform und nach und nach verbesserte sich die Situation in der Bevölkerung. Ohne Festzelt und ohne Inventar bewarb sich Karl Maier für das erste Nachkriegsvolksfest als Festwirt und bekam den Zuschlag.

Jetzt galt es zu improvisieren und zu organisieren. Eine Eigenschaft, die in der Familie liegt. Nach den harten und entbehrungsreichen Kriegsjahren waren die Menschen hungrig nach ein wenig Vergnügen. Die Erfolgsgeschichte konnte weitergehen.

Produktidee wird Firmenname

Der Name „Göckelesmaier" fiel zum ersten Mal, als bei einem Stammtisch unter Schaustellern mehrere Maiers anwesend waren und darüber leichte Verwirrung entstand. Erst als jemand den Namen „der Göckeles-Maier" benutzte, wusste jeder sofort, wer gemeint war. Der Name gefiel und so wurde „Göckelesmaier" als offizieller Firmenname ins Handelsregister eingetragen. Das Geschäft florierte und immer neue Aufträge kamen dazu. Neben dem Festzelt organisierte Karl Maier zusätzlich als Generalunternehmer die Volksfeste in Tübingen, Ulm und Heilbronn. Das Cannstatter Volksfest war aber schon damals der Höhepunkt jeder Saison. Dort bewirtete Göckelesmaier mittlerweile das Festzelt von Stuttgarter Hofbräu.[5] Unterstützung bekam er durch seine Nichte Susi Lochmann, die er schon früh ins Team aufgenommen hatte. Während sie ihn in den Sommermonaten auf seinen Reisen unterstützte, schickte er sie in den Wintermonaten zur Ausbildung in die Gastronomie. Dort lernte sie ihren späteren Mann Wolfgang kennen, einen ausgebildeten Koch und Sous-Chef, der später zu Göckelesmaier wechselte. Wolfgang Lochmann war zudem 1994 einer der Mitbegründer des Cannstatter Volksfestvereins.

Innovativ aus Tradition

Karl Maier lebte für seine Festzelte. Um so schöner, dass er dort auch die Münchnerin Josefine Roithmeyer kennenlernte, die als Unterpächterin alsbald das Herz ihres Vorgesetzten eroberte. Der Altersunterschied von 26 Jahren spielte niemals eine Rolle und so heirateten die beiden 1957 und führten das Geschäft gemeinsam weiter. 1973 starb Karl Maier im Alter von 73 Jahren und für seine Frau begannen harte Zeiten. Den Betrieb wollte sie unter allen Umständen erhalten – nicht zuletzt, um ihn eines Tages ihrem Sohn Karl Josef zu vererben. Kein leichtes Unterfangen, denn es galt, insgesamt 14 Feste pro Saison zu bewältigen. Sie konnte den Betrieb aber mithilfe ihres Sohnes und von Susi und Wolfgang Lochmann mit großem Erfolg weiterführen. Karl Josef studierte mittlerweile Betriebswirtschaft und übernahm Göckelesmaier im Jahr 1998. Trotz ihres hohen Alters war Josefine auch dann noch täglich im Festzelt, zog sich dann aber nach und nach aus dem Unternehmen zurück.[6]

Seit der Hochzeit führen Karl und seine Frau Daniela gemeinsam den Betrieb. Traditionsverbunden und mit viel Leidenschaft erfinden sie ihren Göckelesmaier immer wieder neu. Ihr Zelt gilt als das innovativste auf dem Cannstatter Wasen: Modern-gemütliche Gestaltung, anspruchsvoll-exklusive Logen, qualitativ hochwertige Speisen und professionelle wie abwechslungsreiche Unterhaltung, das ist die Maxime und das Erfolgsrezept des Festwirt-Ehepaars Maier.

Nach 90 erfüllten Lebensjahren verlässt Josefine Maier den irdischen Festplatz 2016. Wenn irgendwo im Himmel ein Volksfest gefeiert wird, dann sind Josefine und Karl Maier sicher die himmlischen Festwirte.

Susi Lochmann, Josefine Maier, Karl Maier jun., Wofgang Lochmann

Proben ihrer Kunst und Geschicklichkeit …

Das Fischerstechen – Tradition mit Unterbrechungen

Mit der Gründung der Städte im Frühmittelalter hatten zunächst die religiös dominierten Bruderschaften und dann auch die Zünfte, also die berufsständische Organisation einer Handwerkerschaft, bestimmte Aufgaben im sozialen Leben zu erfüllen. Selbstverständlich wollten sie in den Städten auch ihre Vertreter in den Magistraten der Städte wiederfinden, um so ihre soziale Stellung und Macht innerhalb der Stadtgesellschaft zu manifestieren. Oft wurden mit aufwändigen Zeremonien alljährlich die Zunftmeister und andere Würdenträger gewählt. Das zelebrierten die einzelnen Zünfte an ihrem jährlichen Zunfttag – meist am Tag ihres Schutzpatrons. So auch in Cannstatt. König Wilhelm I. ordnete zum ersten Fest 1818 ein Schifferstechen an, bei dem die Fischer- und Schifferzunft ihr Können zeigen sollte.

Sitz der Fischer- und Schifferzunft

1719, nach der Schiffbarmachung des Neckars, ließ der württembergische Herzog Eberhard Ludwig in Cannstatt die „Hauptlade“ der württembergischen Fischer und Schiffer einrichten. Man führte beide Berufsstände zusammen und legte fest, dass hier alle drei Jahre eine „General-Zusammenkunft“ stattfinden solle „und zwar wegen des Schiffer-Stechens auf den Tag nach Petri und Pauli, wann es kein Sonntag ist (…)“[1] Offenbar war das Schifferstechen also ein bereits bekannter und geübter Repräsentationsbrauch. Allerdings fehlen ältere Hinweise auf das Stechen in Cannstatt. Württembergs zweiter König, Wilhelm I., verfügte hundert Jahre später, zur Gründung des Landwirtschaftlichen Festes in Cannstatt 1818, dass ein Schiffer- und Fischerstechen stattfinden solle. Dies wurde auch unversehens zur Hauptattraktion des ersten Festes. *„Den zur Abhaltung ihres ebenfalls auf den 28. Sept. festgesetzten jährlichen Zunfttages in Kannstadt versammelten Schiffern wird Gelegenheit gegeben, durch ein Schifferstechen Proben ihrer Kunst und Geschicklichkeit öffentlich zu zeigen“*, so steht es am 31. 3. 1818 im Königlich-Württembergischen Staats- und Regierungsblatt im Rahmen der Ankündigung des ersten Landwirtschaftlichen Festes. Das Fischerstechen war also von Anbeginn ein Teil des Cannstatter Volksfestes.

Johann Daniel Georg Memminger beschrieb das erste Fischerstechen 1818 wie folgt: *„Noch größer, als bei der Rennbahn, schien hier die Volksmenge zu sein. Die beiden Neckarufer, die Brücke, der benachbarte Kahlenstein, alles bildete eine Masse von Menschen; und die für Zuschauer bereitgehaltenen Schiffe sahen nicht anders als wie schwimmende Menschenschwärme aus. Mitten in dieser wogenden Umgebung standen an beiden Ufern die Nachen der Kampflustigen einander gegenüber. Auf dem zur Seite aufgestellten Hauptschiffe befanden sich der Oberbootsmann mit den Signaltrompetern und die Kampfrichter, welche den Kampf leiteten und beobachteten. Ehe der Kampf begann, überreichte eine Gesellschaft von Schiffermädchen dem König ein auf den Tag verfasstes Gedicht. Auf die Weisung des Oberbootsmannes gaben die Trompeter das Zeichen zum Wettkampf. Die Nachen rückten paarweise einander entgegen. Einige Ruderer lenkten den Lauf des Schiffes mit möglichster Schnelligkeit; auf der Hinterspitze stand der Kämpfer, die Stechscheibe, eine lange, bemalte, vorn mit einer kleinen Scheibe, am Ende mit einem Wimpel versehene Stange, unter dem Arme haltend. Indem Augenblicke, da* *sich die Gegner einander näherten, versetzte einer dem anderen einen Stoß auf die Brust, in der Absicht den Gegner ins Wasser zu stürzen. Gelang dies, und behauptete der andere seinen Standpunkt, so feierte ein lebhafter Tusch den Sieg. Inzwischen arbeitete sich der besiegte wieder aus den Fluten hervor, fasste seine Stange mit den Zähnen, und schwamm mit Behändigkeit seinem Nachen zu, um sich hier zu neuem Kampfe aufzustellen. So dauerte das Spiel fort, bis endlich die Regeln desselben erfüllt waren. Derjenige, der die meisten über Bord geworfen hatte, war erster Sieger und erhielt den höchsten, und sofort die nächsten die fünf folgenden Preise. Die Preise wurden an Bord des Hauptschiffes durch den als Oberbrudermeister der Schiffer- und Fischergilde damit beauftragten Oberamtmann von Cannstatt, im Beisein des Oberbootsmann und der Kampfrichter ausgeteilt. Auf den Ruf eines Kampfrichters fuhr ein Sieger nach dem anderen heran und empfing unter einem kräftigen Tusch seinen Preis. Während der Preisverteilung unterhielten die Schiffsleute die Zuschauer durch kühne Matrosensprünge von der Spitze der Mastbäume in den Fluss herab. Am Ende ertönte das vereinte Spiel sämtlicher Musikchöre von allen Seiten und das Fest war zu Ende. Es muss hier wiederholt werden, was in Absicht auf das Schifferstechen schon anderwärts bemerkt wurde, dass die Art, wie dasselbe ausgeführt wurde, bei manchen Zuschauern das Vergnügen des Schauspiels mehr oder weniger störte. Der durchnässten Kleidung, in der sich der besiegte wieder zum Kampfe aufstellte, nicht zu gedenken, konnte der gewaltige Stoß auf die Brust, den ein Kämpfer dem anderen versetzte, nicht anders, als eine unangenehme Empfindung erregen, und je gefährlicher dieser Stoß, zumal bei einer Abweichung, werden könnte, desto mehr wäre zu wünschen, dass er wie das auch anderen Orts Gesetz ist, auf den bloßen vom Laufe des Schiffes gegebenen Druck beschränkt würde oder die Kämpfer wenigstens entweder die hölzerne Steckscheibe füttern, oder aber die Brust bewaffnen möchten. Gewiss ließen sich aber auch mancherlei andere Übungen denken, wobei der Zuschauer noch angenehmere Unterhaltung und der Ringer noch mehr Gelegenheit zur Entwicklung körperlicher Gewandtheit finden würde, wie zum Beispiel bei dem Stechen nach aufgesteckten*

Siegermedaillen der Stadt Cannstatt für das Fischerstechen 1883

Grenzen, ohne dass der Körper dabei Gefahr litte. Übrigens ging der diesmalige Wettkampf glücklicherweise ohne alle nachteilige Folgen vorüber; überhaupt aber wurde das Fest in allen Stücken mit einem so vollkommenen Gelingen gekrönt, dass man seine Feier für eine längst bestehende Sitte hätte halten mögen."[2]

Obwohl das Schifferstechen – trotz der Kritik des Chronisten – ein voller Erfolg war, wurde es in den Anfangsjahren nur zwei Mal durchgeführt. Schon 1819 gab es Klagen über gesundheitliche Schäden der Teilnehmer[3] und so verschwand das Fischer- und Schifferstechen aus dem Festreigen zum Volksfest. Im Württembergischen Jahrbuch von 1820 heißt es dazu lapidar: *„Dagegen unterblieb bei der letzten Feier das Schifferstechen, dass auch bei der Art, wie es getrieben wurde, für den Zuschauer ebenso wenig angenehm, als es für die Gesundheit der Wettkämpfer zuträglich sein konnte."* Memminger verweist in seiner 1832 erschienenen Beschreibung des Oberamts Cannstatt darauf, dass das *„Schifferstechen, das in den ersten Jahren mit dem Feste verbunden war"* wieder aufgegeben wurde. Gründe bleiben unerwähnt. Erst 1883 nahm man die erloschene Tradition wieder auf. Dann allerdings als opulent gefeierte und von den Besuchern freudig angenommene Attraktion. Schließlich galt es, die Volksfeste ohne Landwirtschaftliches Fest mit Attraktionen auszustatten. Fischerstechen fanden Ende des 19. Jahrhunderts in den Jahren 1883, 1887 und 1889 statt.

Eintrittskarte zum Fischerstechen Cannstatt 1887

Harlekine und Kamerunneger in Cannstatt

Das Cannstatter Fischerstechen des Jahres 1887 wurde von Fischern und Mitgliedern des Turnvereins Cannstatt durchgeführt. Tribünen für 5000 Besucher wurden errichtet.[4]

Das Stechen fand damals direkt am Cannstatter Wasen statt und konnte auch von der Berger Seite her bewundert werden. Auf einem Gittersteg in der Mitte des Neckars war ein *„großes Floß aufgeschlagen an dem die Kapelle des Stuttgarter Ulanenregiments konzertierte. Vor Beginn des Fischerstechens erregten zwei kleine Schrauben-Dampfschiffe des Herrn Ingenieur Daimler mit Recht die allgemeine Aufmerksamkeit"*, so die Württembergische Landes-Zeitung. Weiter heißt es in dem zeitgenössischen Bericht: *„Das Fischerstechen selbst wurde mit einer kleinen Auffahrt sämtlicher Schiffe und Teilnehmer zur Begrüßung der Gäste eröffnet. Von der Eisenbahnbrücke her kamen die Schiffe auf beiden Seite des Neckars angefahren und zwar trugen die von der Inselseite abfahrenden Schiffe die Stuttgarter, die vom rechten Ufer abfahrenden Cannstatter Stadtfarben. Dieser Flotille, deren Insassen in den verschiedensten Kostümen, auf welche wir noch zurückkommen, erschienen, schloss sich ein langes Boot mit einem Flor reizender Matrosinnen an. Es waren dies die Damen, welche abends beim Matrosentanz mitwirken sollten. Ein Trompetersignal ertönt. Die beiden ersten Boote fahren gegeneinander. Die beiden Stecher (Aug. Weng und Fr. Schäffer), als Harlekins des 16. Jahrhunderts, fahren das erste Mal aneinander vorbei, bei dem zweiten Anprall stürzen beide in die nasse Flut, noch einmal nehmen sie den Kampf auf, da wirft Cannstatt seinen Stecher weg, Stuttgart will ihn retten und wieder nimmt sie das Nass auf, wo sie sich herzlich umarmen, als Symbol der Freundschaft der beiden Städte. Bei dem zweiten Stechen erschienen als Landsknechte des 16. Jahrhunderts die Stecher Jakob Abt und Carl Wachter, diesmal wurde Stuttgart geworfen. Heiter war das nächste Stechen zwischen Ernst Gärick und Ernst Dürr, welche als franz. Stutzer mit Frau erscheinen, namentlich erregten die Versuche der Frau, in ihren nassen Kleidern in den Nachen zu kommen, homerisches Gelächter. Es folgte das Stechen zwischen Ernst Fischer und Carl Dautel als Jäger und Fischerin, Schwarzwald- und Donaukreis darstellend, sowie* *zwischen Ernst Sickert und Fr. Drechsel als Winzer und Schnitterin, allegorisch Neckar- und Jagstkreis darstellend. Bei beiden Nachen stürzten die Kämpen zu gleicher Zeit in das Wasser. Weiter erschienen als Stecher Wilhelm Wörner und Chr. Brandauer als Cannstatter mit Frau im Anfang des 19. Jahrhunderts. Die Dame stürzt in die Wogen, der Herr (Stuttgart) wirft sich ihr aus Kummer nach. Bei den nächsten Stechen zwischen einem Betzinger Bauernpaar (Herm. Schilling und Wilh. Kurz) stürzt der Bauer in den Neckar, sie im Schmerz will ihn noch einmal umarmen – ein Plumps, da lag auch sie nass gebettet (…)"*[5] Und so setzt sich die Beschreibung des Cannstatter Fischerstechens von 1887 fort. Neben dem Turnverein waren es, wie aus demselben Bericht zu erfahren war, auch Fischer, die das Fischerstechen gestalteten. Außer den genannten Figuren waren noch Koch und Köchin, Kaminfeger und Müller, Remstäler und Remstälerin, ein Bummlerpaar (Clochards) und zwei „echte Kamerunneger" am Stechen beteiligt. Alle von Männern dargestellt. *„Ein stattliches Kamerunnegerpaar hatte sich eingefunden. Statt aber zu stechen, umarmen sie sich, ein Fehltritt aber zwingt sie beide zu einem unfreiwilligen Bade."*

Den Abschluss bildete ein Konzert der Kapelle des ersten Dragonerregiments Ludwigsburg am Kursaal und eine *„brillante Beleuchtung des König-Wilhelm-Denkmals und der Umgebung der Kursaalanlagen mit einem Feuerwerk als krönendem Finale."* Schon am Vorabend gab es eine Auffahrt sämtlicher Gondeln in brillanter Beleuchtung, einen Matrosentanz, aufgeführt von acht Paaren inmitten eines auf dem Neckar errichteten Podiums, bengalische Beleuchtung und ein Feuerwerk, das auf einem im Neckar liegenden Floß abgebrannt wurde.

Nach dem Krieg geht's weiter

Beim Fischerstechen anlässlich des ersten Volksfestes nach dem Ersten Weltkrieg 1924 musste man jedenfalls die nötigen Utensilien erst beschaffen. Stechruder, Stoß-

Fischerstechen 1924 in Cannstatt

Teilnehmer des Fischerstechens 1924 in Cannstatt

Fischerstechen nach dem Zweiten Weltkrieg

stangen und Stoffballen waren vom letzten Fischerstechen noch auf dem Dachboden des Cannstatter Rathauses gelagert. Zwei große Trommeln wurden beim Landestheater geliehen, nachdem der Karnevalsverein Möbelwagen auf Anfrage keine zur Verfügung stellen konnte.

Oberturnwart Karl Kessler und der Lehrer, Mundartdichter und Heimatforscher August Lämmle waren mit der Vorbereitung vom Stadtschultheißenamt Stuttgart beauftragt.

Am Neckarufer wurde eine Tribüne aufgebaut, auf der 300 geladene Gäste (Minister, Vertreter der Landwirtschaftskammer, Vertreter des Gemeindesrats und *„eine Anzahl von Beamten, und zwar namentlich solche, die mit dem Volksfest besonders zu tun haben"*) Platz nahmen. Das Fischerstechen fand am ersten Volksfestsamstag nachmittags um 16 Uhr statt und war neben dem Trachtenumzug eine der Hauptattraktionen des ersten Nachkriegsfestes. Dabei entstand eine Fotografie, die die Teilnehmer des Stechens anlässlich des ersten Volksfestes nach dem Krieg zeigt. Stadtrat Kauderer bat damals die Volksfestkommission im Dezember, die Kosten dafür zu übernehmen. Die Kommission bewilligt dies, weist aber darauf hin, dass künftig nur noch Kosten übernommen werden können, die vorher besprochen worden seien. Das Bild ist noch heute im Besitz der Familie Kauderer.

Das Stechen 1927 fiel buchstäblich ins Wasser: Die Stecher hatten sich schon dem Publikum vorgestellt, als ein Wolkenbruch den damals noch nicht kanalisierten Neckar so stark ansteigen ließ, dass die Veranstaltung abgesagt werden musste. 1934 und 1935 fanden erneut Fischerstechen statt.

Die Kübler übernehmen

Einen ersten Wiederbelebungsversuch nach dem Zweiten Weltkrieg startete der Cannstatter Brauchtumsverein Kübelesmarkt 1950 im Auftrag des Verkehrsamtes der Stadt Stuttgart gemeinsam mit dem Schwimmverein Cannstatt. Damals traten Götz von Berlichingen gegen den Schneider von Ulm, Mondlöscher und Stäffelesrutscher, Bezirksvorsteher und Oberbürgermeister, Schwätzmeiere und Stuttgarter Stadtmagd, „Württemberg" und „Baden" an. Es versteht sich, dass das letzte Stechen unentschieden ausgehen musste. Die damalige landespolitische Situation verlangte, dass die beiden Stecher ihre Lanzen senkten.

1951 und 1955 fanden wiederum Fischerstechen statt. Der Kübler Albert Hofele, wortgewaltiger Volksschauspieler und Rundfunkmoderator, kommentierte das Stechen beim 110. Cannstatter Volksfest, das unter der Ägide des Cannstatter Kübelesmarktes stattfand. Neben Paarungen kämpften der Stuttgarter Post-Michel gegen den Cannstatter Mondlöscher, der Rössleswirt zog gegen Napoleon in den Kampf, die Schwätzmeiere und die Hausere erprobten unter großem Gelächter ihre Kraft und Geschicklichkeit. Tausende Sympathien hatte Götz von Berlichingen, als er sich mit dem Steuerzahler ins Stechen wagte. Das liebliche Gretle von Strümpfelbach wurde vom Publikum mit allen guten Wünschen in ihrem Kampf gegen Pfeffer von Stetten begleitet. Originell waren Cannstatter Zuckerle und Schwaben-Sprudel als stechende Paare,

Gaisburger Wakamaba und das Stuttgarter Rössle gegen die Cannstatter Kanne. Die Presse schwärmte: *„Zu einer großartigen Sinfonie aus Farbe, Licht, Feuer und Wasser wurde die Bootsauffahrt und die damit verbundenen pyrotechnischen Effekte am Samstagabend auf dem Volksfest. Vor einer beinahe unüberschaubaren Menschenmenge kreuzten die lampiongeschmückten Faltboote auf dem Neckar, fuhren uns sehr exakt eine Polonaise und umschwärmten ein stattliches ‚Mutterschiff', auf den eine Kapelle den Ton angab. Der Clou des Abends war jedoch der ‚Feuerfall' in den Neckar, dem sich verschiedene andere, von den findigen Feuerwerkern erdachte Attraktionen anschlossen. Als zum Schluss das ganze Berger Ufer in bengalischer Beleuchtung erstrahlte, wirkte es, als ob der Neckar brennen würde. Die Zuschauer strömten befriedigt wieder zum Festplatz zurück, wo an diesem Abend ein Gedränge herrschte, dass man kaum Platz zum Stehen und Gehen fand.*[6] Mehr als 10.000 Zuschauer haben dem Spektakel, das damals zwischen König-Karls-Brücke und Berger Steg stattfand, beigewohnt. *„Berger Steg und Notbrücke (auf der Höhe des Leuze) haben schier die Menschen nicht mehr tragen können"*, berichtet die Cannstatter Zeitung. *„Auf den höchsten Gipfeln der Pappeln oder in brenzliger Situation am Lichtmasten hängend, wurden die Vorgänge verfolgt, und kein Boot wurde gesehen, das nicht bis zur kritischen Belastung besetzt gewesen wäre"*, so die Zeitung weiter.

Fischerstechen 1955: Häberle und Pfleiderer

Fischerstechen 2017

Neustart und Kontinuität seit 1983

1956 führte die steigende Wasserverschmutzung wieder einmal zum Verbot des Wasserturniers. Lange Zeit versuchte der Kübelesmarkt Bad Cannstatt vergeblich, die Tradition wieder aufleben zu lassen. Erst 1983 war es wieder soweit. Die Wasserqualität des Neckars war besser geworden und die Beharrlichkeit der Kübler zahlte sich aus. An Peter und Paul, dem 29. Juni, also dem ursprünglichen Termin, wurde das Fischerstechen wieder durchgeführt. Allerdings war das Gedränge am Neckarufer so groß und teilweise auch lebensgefährlich, dass man es künftig an seinen heutigen Platz, am Mühlgrün, schräg gegenüber der Wilhelma, verlegte. Auch die Gleichberechtigung hielt im Laufe der Zeit Einzug: 1994 nahm erstmals eine Frau am Stechen teil. Sie trug das Kleid der IGA-Eule, also das Maskottchen der Internationalen Gartenausstellung. Bis dahin wurden alle weiblichen Figuren von Männern dargestellt.

Seither findet das Fischerstechen immer in den geraden Jahren flussabwärts, nach der Wilhelmsbrücke in Bad Cannstatt, statt und wird vom Kübelesmarkt Bad Cannstatt durchgeführt. Das Stechen wird immer am letzten Juliwochenende gefeiert. Bestandteil ist immer noch eine „Schiffauffahrt", das eigentliche Fischerstechen und neuerdings ein Drachenbootrennen, sowie das Kübelesrennen, das in den 1950er-Jahren dazukam. Der ursprüngliche Platz war aber direkt am Cannstatter Wasen in Höhe des Berger Steges.

Leichter, ausdauernder Schlag flüchtiger Pferde

Die Pferderennen waren höchst spektakulär

„Zur Förderung der Pferdezucht im Vaterlande und um für die Zwecke des Heerwesens einen leichten, ausdauernden Schlag flüchtiger Pferde zu erzwecken, hat die weise Regierung den Schauspielen des Volksfestes auch ein Wettrennen einverleibt, wo nur solche Pferde, die im Lande geboren und gezüchtet worden sind zugelassen werden sollen."[1] *So steht es im Gründungsakt des „Landwirtschaftlichen Festes zu Kannstatt".*

Das rasante Wagenrennen war ein Zuschauerhöhepunkt 1865. Radierung von Otto Fikentscher

Pferderennen 1892. Stahlstich von Walther Zweigle

Das Pferd war Anfang des 19. Jahrhunderts das einzige Fortbewegungsmittel, das sowohl als Reittier als auch als landwirtschaftliches Nutztier gefordert war. Ein PS war sozusagen der einzig vorhandene Motor, sieht man einmal von Kühen und Ochsen als deutlich trägeren Zugtieren ab. Ein Pferd stellte einen beträchtlichen Wert dar. So waren die Rossbauern in den Dörfern Württembergs die reichsten Landwirte, gefolgt von den Kuhbauern. Ärmere Bauern oder Taglöhner konnten sich, wenn überhaupt, gerade mal eine oder mehrere Ziegen leisten. König Wilhelm I. war es wichtig, ein besonderes Augenmerk auf die Pferdezucht zu haben. Pferde, vor allem die stolzen Araber, waren seine Leidenschaft. Er selbst war ein sehr guter Reiter und legte kurz nach seinem Regierungsantritt 1816 den Grundstein für die Weil-Marbacher Araberzucht, die heute im Haupt- und Landgestüt Marbach immer noch erfolgreich fortgeführt wird. Pferde wurden in der Landwirtschaft und im Militär dringend gebraucht. Der Bestand an Pferden in Württemberg war aber 1817 auf ein Minimum geschrumpft, denn in den Hungerjahren war es vielen Landwirten nicht mehr möglich, Pferde durchzufüttern. Viele wurden deshalb der Schlachtbank zugeführt, vor allem auch um den Hunger der eigenen Familie zu stillen. So war Wilhelm darauf angewiesen, die Pferdezucht schnell wieder zu neuer Blüte zu führen. Was lag also näher, als die besten Tiere, Züchter und Reiter zu prämieren und auszuzeichnen?

Rassige Flitzer ließen auch damals die Männerherzen höherschlagen. In der Stiftungsanordnung heißt es: *„Ferner werden zugleich die geeigneten Anstalten zur Anstellung eines Pferderennens getroffen."* Die Pferderennen wurden im 19. Jahrhundert in verschiedenen Klassen ausgeführt. Da waren die leichten Reitpferde und die schweren kaltblütigen Arbeitspferde, bei denen sich vor allem die Stuttgarter Brauereien und Spediteure hervortaten, und da war, an einem separaten Tag durchgeführt, das Offiziersrennen. Allerdings durften in den ersten Jahrzehnten nur im Land gezüchtete Pferde zur Prämierung vorgestellt und zu den Rennen zugelassen werden. *„Sie dürfen von keiner ausländischen Rasse sein, weswegen sich die Konkurrenten auszuweisen haben, dass ihre Pferde in Württemberg erzeugt und erzogen seien."* Dass die Auswahl nicht allzu groß war, vermeldet das Württembergische Jahrbuch von 1821: *„Das Pferderennen konnte bis jetzt um des Mangels willen an tauglichen Pferden und weil die Reiter selber noch*

Medaille für Sieger im Pferderennen o. J.

Württembergischer Renn-Verein.

Die verehrlichen Mitglieder werden hiemit benachrichtigt, daß während der Rennen, welche am 26. dß. in Cannstatt stattfinden, die Karten von sämmtlichen Besuchern des inneren Kreises sichtbar getragen werden müssen.

Diejenigen Herren, welche am 27. dß. der Steeple-Chase bei Ludwigsburg zu Pferde anwohnen wollen, haben sich auf dem für die Wagen bestimmten Plaze aufzustellen, und ist es denselben unter keinen Umständen gestattet, sich innerhalb der Rennbahn aufzuhalten oder dem Rennen zu folgen.

Im Auftrag des Komite's.
Das Sekretariat:
Graf **Dillen.** kgl. Rittmeister.

Anzeige des Württembergischen Renn-Vereins am 16. September 1872 (oben)
Siegerpokal des letzten Pferderennens, Stadtmuseum Bad Cannstatt 1911 (unten)

zu wenig darauf geübt waren, keine hinreichende Befriedigung gewähren."[2] 23 Reiter sind damals um die Medaillen und Geldpreise geritten. In den 1830er-Jahren wurde dann ein eigener *„Wettrennverein (…) welcher Mitglieder aus allen Ständen zählt"* gegründet, der jeweils am Tag nach dem Landwirtschaftlichen Fest ein eigenes Offiziersrennen veranstaltete. 1844 wurde gar ein edles Pferd in einer Lotterie unter den Teilnehmern ausgespielt. *„Wegen der freiheitlichen Reden auf dem Fest des Jahres 1848 verzichteten die Offiziere fortan auf ihr Pferderennen."* Eine zwölfjährige Pause unterbricht die Tradition der Pferderennen.

König Wilhelms I. Schwiegersohn, Prinz Hermann von Sachsen-Weimar, hat dann nach zwölfjährigem Dornröschenschlaf diese *„Elite-Reitertruppe"* erneuert und sie *„blühte rasch zu frischem, kräftigem Leben empor"*.[3] Diese Blüte sollte bis zum Ersten Weltkrieg anhalten. Neben den Offiziersrennen gab es ab 1859 erstmals auch Bauernrennen. Sie fanden später in den Disziplinen „Trabwagen-Fahren für Gebrauchspferde" und „Galopprennen für Gebrauchspferde" eine Fortsetzung bis 1913. Klar, das Preisgeld – immerhin zwischen 350 und 2250 Mark – und die Auszeichnung lockten. Aber die anerkennende Wirkung der Öffentlichkeit – heute würde man sagen, die „PR-Wirkung" – war nicht zu unterschätzen. Und so stritten vor allem die Brauereien und Spediteure mit der Feuerwehr um die Lorbeeren.[4] 3200 Fuß (ca. 2700 Meter) umfasste die Strecke im Rennoval auf dem Cannstatter Wasen. Dreimal musste sie umrundet werden. Reiter von den Fildern, namentlich die aus Wolfschlugen, haben viele Jahre die Siege davongetragen.

Die sehr beliebte und renommierte Zeitschrift „Die Gartenlaube" aus dem Jahr 1865 berichtet: *„Die Rennen sind für die meisten der wesentlichste Anziehungspunkt. Hätte nie geglaubt, dass ich einen bedächtigen und relativ nüchternen Volksstamm, wie es die Schwaben sind, eine solch leidenschaftliche Vorliebe für den Turf beibringen könne. Als sich die Renner zur Schau vorbereiteten, welche Teilnahme, welche Diskussion! Man stritt, man wettete! Nach dem Rennen folgte das weit unterhaltendere Wagenrennen im Trab auf leichten eigenständigen Karren. Ein Schauspiel, um dessentwillen ich hauptsächlich das Fest besuchte, dass alle Zuschauer wahrhaft elektrisiert und zu lebhaften Erörterungen Anlass gab. Es war aber auch eine Lust, zuzusehen, wie diese Wirte, Bäcker, Metzger und Bierbrauer aus Cannstatt und der Residenz sowie die Bauern aus dem Strohgäu und von der Alb mit ihren zum Trab eingeschalten Pferden als Kutscher exzelierten. Und wie nicht anders zu erwarten,*

Das Bauernrennen 1859 war eine spektakuläre und gerne gesehene Festattraktion. Holzstich

dank der lautstarken heimischen Zuschauerkulisse, gewann ein Wirt aus Cannstatt mit einem feurigen Originalaraber, welcher seinen Nebenbuhler, einen stattlichen Bauersmann aus dem Strohgäu, zur Freude seiner zahlreich vertretenen Freunde aus Cannstatt um eine erkleckliche Strecke überholte."[5]

In einer Beschreibung des Volksfestes um 1891 ist eine Fortentwicklung des Pferderennens erkennbar: *„Die Reiter sind Landwirte in ihrer bäuerlichen Tracht und es sind nicht gerade graziöse, elegante Gestalten, die hierbei auf den mehr kräftigen als zierlichen Gäulen sitzen, das Publikum hat aber seinen Spaß an den drastischen Bewegungen der Reiter und den Sprüngen der Pferde. Dieses Galoppreiten wird von württembergischen Landwirten auf selbst gezüchteten oder in der Landwirtschaft verwendeten Pferden ausgeführt, die Distanz beträgt 1800 m, der Sieger erhält 200 Mark; dann folgt ein Flachrennen* [Rennen ohne Hindernisse, Anm. d. Autors], *wobei das fliegende Pferd vom Rennverein zu einem vorbestimmten Preis angekauft und unter seinen Mitgliedern verlost wird (...) Am dritten Tag, gewöhnlich auf dem letzten, veranstaltet der württembergische Rennverein verschiedene Rennen, die stets sehr zahlreich besucht sind und denen auch der Hof regelmäßig beigewohnt (...)"*[6]

1911 war das letzte Pferderennen und 1980 das letzte Reitturnier auf dem Wasen.

Trachten, Tiere, Uniformen

Der große Festumzug zum Cannstatter Volksfest

Welches Datum man für den ersten Festzug zum Volksfest festlegen möchte, man wird fehlgehen. Es ist eine reine Interpretationssache. Schon beim allerersten Volksfest 1818 gab es Aufzüge und eine festgelegte Reihenfolge, in welcher die Teilnehmer der Tierpräsentationen, die Teilnehmer am Pferderennen und die Teilnehmer des Fischerstechens unter Beteiligung von Musikchören unter den Augen vieler tausend Besucher, der Honoratioren und des Königspaares über das Oval des Festplatzes auf dem Cannstatter Wasen marschierten.

Korso der Velozipeden, Radierung 1898

Der wohl größte Festzug, den Stuttgart je gesehen hat, war der „Festzug der Württemberger" anlässlich des 25-jährigen Regierungsjubiläums König Wilhelms I. im Jahr 1841. Aus allen Oberämtern reisten Vertreter der Landwirtschaftlichen Vereine, Bürgerwehren, Vertreter von Handwerk und Handel sowie die geistige und die weltliche Obrigkeit an, um einen Festzug von nie dagewesener Größe und Pracht zu gestalten. 10.000 Württemberger, darunter 600 Reiter und 30 bis 40 Festwagen, 30 Musikbanden (Kapellen) aus allen Oberämtern marschierten zur Huldigung des Monarchen durch Stuttgart. Über 100.000 Zuschauer – Stuttgart hatte damals 42.000 Einwohner – säumten die Straßen. Dieser Festzug ist bildlich vollständig überliefert. Die Wasen-Chronik vermeldet 1841 *„Umzug landwirtschaftlicher und gewerblicher Gruppen vom Festzug des vorhergehenden Jubiläumstages"*.[1] Vermutlich wird man diesen „Restumzug" als den ersten eigentlichen Festzug des Cannstatter Volksfestes ansehen müssen. Wie viele und welche der Teilnehmer des Jubiläumsfestzuges über den Festtag hinaus da blieben und am Folgetag den Umzug im Volksfestoval auf dem Wasen gestalteten, ist leider nicht überliefert.

Komische Trachten

Viel ist aus dem 19. Jahrhundert nicht bekannt. Es wurde aber von Festzügen berichtet, bei denen „die komischen Trachten" (1844) und die „verschollenen Gewänder und eigentlich unmöglichen Toiletten aus der Provinz" (1868) gezeigt wurden. In dieser Frühzeit des Festes war der Umzug eine rein Cannstatter Sache. Die Mitwirkenden fanden sich am Rathaus ein und marschierten anschließend

Cannstatter Weingärtner beim Festzug 1924

Zum 100. Volksfest paradieren die Schäfertänzer 1935.

zum „Spalierstehen" auf den Wasen, um den König zu empfangen. 1834 schreibt der Schwäbische Merkur: *„An dem hierzu geschmückten Eingange hatte sich die Bürgergesellschaft von Cannstatt nach den verschiedenen Zünften mit ihren geschmackvollen Fahnen aufgestellt."* Mal war es ein *„Feierlicher Festzug der Cannstatter Jungfrauen zum Königsempfang"* wie beim 80. Geburtstag von König Wilhelm im Jahre 1861, mal rechnete es sich die Cannstatter Feuerwehr zur Ehre an, zum *„festlichen Empfang Ihrer Majestäten des Königs und der Königin in Uniform festen Schrittes von der Feuerwache zur Fruchtsäule zu marschieren"*, wie 1864 geschehen. Der damalige Feuerwehrkommandant Idler von Cannstatt rief mithilfe der Lokalpresse seine Mannen auf, sich für einen Festzug bereitzuhalten: *„Zum festlichen Empfang Ihrer Majestäten des Königs* [Karl] *und der Königin* [Olga] *wird Mittwoch, 28. September ein Festzug veranstaltet, wozu sämtliche Feuerwehr, soweit sie uniformiert ist, eingeladen wird; Sammelplatz am Restaurant Wilhelmsbad Punkt halb neun Uhr."*[2]

Leitfass, Buttenträger und ein vierspänniger Musikwagen

Die Schwäbische Chronik vermeldet am 27. September 1871 den Höhepunkt des 50. Volksfestes: *„Hierauf entwickelte sich ein vom landwirtschaftlichen Bezirksverein Cannstatt veranstalteter, in jeder Beziehung gelungener landwirtschaftlicher Zug, eröffnet durch Vorreiter mit der Stadtfahne und drei Reitern mit Schärpen, denen ein vierspänniger Musikwagen folgte. Nun kamen ein zweispänniges Gespann mit Pflug, ein solches mit einer Egge, gefolgt von drei Bauern mit Saattüchern, ein von E. Pfeiffer ausgestatteter Wagen mit prachtvollen Gartengewächsen, begleitet von zwei Gärtnern und zwei Gärtnerinnen, ein vierspänniger Garbenwagen, auf dem zwei Schnitterinnen und zwei Knaben saßen, gefolgt von Bauernmädchen und vier Gablern, ein zweispänniger Hopfenwagen mit zwei Hopfengärtnern und zwei Hopfengärtnerinnen, ein mit vier Kühen gespannter Rübenwagen mit Sorgho, endlich ein Weinwagen mit Leitfass, auf dem zwei Weingärtner saßen und dem acht Leserinnen, drei Buttenträger, Weingärtner, von denen zwei eine große Traube trugen, und Kelternknecht folgten."*[3]

Pferdefuhrwerk mit Festwagen Anfang des 20. Jahrhunderts

Blumenkorso 1897 und Automobilkorso 1908

Blumenkorso und Autokorso

1897 gab es einen großen Blumenkorso, 1908 und 1911 einen Automobilkorso. Tradition und Moderne, das ist das, was das Cannstatter Volksfest von Anbeginn ausmachte. 1912 übernahm die Stadtverwaltung von Stuttgart die Organisation des Festzuges. Das Motto dieses Jahres hieß *„Die Jahreszeiten"*. Der Festzug spielte sich im Wasenoval ab. Von den 600 Mitwirkenden wird nicht nur der Jahresablauf gezeigt. „Ausflug des Gesangvereins Keuchhusten", „Kirchweih mit Dorfmusik", „Schneeschäufler", die „Weihnachtspost", der „Lichtkarz", die „Spinnstube" und wintersporttreibende Jugendliche und „als lustiger Kehraus der Karneval" ergänzen das Thema.[4]

Beim ersten Festzug nach dem Ersten Weltkrieg, 1924, gestaltete man eine Trachtenschau, die mehrmals innerhalb

Geschmücktes Automobil 1908

Festwagen der Untertürkheimer Weingärtner 1963

Historische Kutsche Ende des 19. Jh.

Die Stuttgarter Stadtgarde zu Pferd, 1935

des Festgeländes gezeigt wurde. Die „nicht unbeträchtlichen Kosten“ teilten sich die Landwirtschaftskammer zu einem Drittel und die Stadt Stuttgart zu zwei Dritteln.

Blumengeschmückte Kraftwagen

Nahezu alle Festzüge des 20. Jahrhunderts sind gut dokumentiert. Allerdings fanden sie nicht regelmäßig statt. Immer wieder gab es Pausen von zwei bis fünf Jahren. 1927 bewegte sich der Festzug erstmals vom Stuttgarter Schlossplatz zum Cannstatter Wasen, organisiert vom Verkehrsverein der Stadt Stuttgart. Die Stuttgarter Stadtgarde zu Pferd 1652 führte den Zug aus alter Tradition an. Schon im 19. Jahrhundert geleitete sie den Einzug des Königspaares auf dem Wasen und noch heute reitet sie voraus. Die Teilnehmer des Fischerstechens sind mit von der Partie, 22 blumengeschmückte Kraftwagen der „Unterländer-Zimmerschützen-Vereinigung“, ein „Klemm-Daimler-Leichtflugzeug“, Bierwagen und „Symbole des Weinbaus“ waren in diesem ersten großen Nachkriegs-Volksfest-Umzug zu sehen.

1937 ziehen die Trachtengruppen über den Wasen.

1952 sind auch die Heimatvertriebenen dabei.

Auch 1928 wurde ein Festzug veranstaltet. Das Dritte Reich erkannte, nachdem es das Volksfest nach anfänglichen Schwierigkeiten richtig in den Griff bekommen hatte, die enorme Werbewirkung dieser Umzüge; und das 100. Volksfest 1935 bot den geeigneten Aufhänger. Um den Festzug von Alkoholwerbung „rein" zu halten, wird der Bierwagen-Festzug bereits am Vormittag in Bewegung gesetzt. Der eigentliche Höhepunkt war ein Reiterfestzug zum Cannstatter Wasen. Wie auch in der Weimarer Republik war die Ankunft des Festzuges auf dem Wasen der Auftakt zur Eröffnungsfeier, schreibt der Volksfestchronist Hans Otto Stroheker.[5] Die verschiedenen NS-Formationen bestimmten das Bild des Festzuges. SA und SS, Wehrmacht und Polizei waren omnipräsent. Anders in den kommenden Jahren. 1936 war „Der Schwabenfestzug" der Oberbegriff des vier Kilometer langen, in drei Blocks eingeteilten Zuges. Trachtengruppen, Auslandsdeutschtum und schwäbische Geistes- und Wertarbeit sind die Blockthemen. 1937 wurde berichtet: *„Seit dem 100-jährigen Jubiläum ist es Sitte geworden, dass das Fest mit einem Umzug eröffnet wird."* So schnell entsteht Tradition. 1938 war der Festzug durch die Nazi-Ideologie geprägt und stand ganz im Zeichen von Reiter-, Schützen- und Trachtengruppen. In den Kriegsjahren fand kein Volksfest und damit auch kein Umzug statt. Verhältnismäßig kurz nach der Wiederaufnahme des Volksfestes nach dem Zweiten Weltkrieg wurden die Festzüge zu einem wichtigen Bestandteil.

Festwagen der Cannstatter Wengerter 1950

1954 gab es „amtlich gezählt" 300.000 Zuschauer

1950 bis 1959 war der Volksfestumzug ein regelmäßiger Bestandteil des Festes. In den Jahren danach bis 1968 fand er nur noch im Zusammenhang mit dem LWH statt und danach gar nicht mehr.

Die auffallende Veränderung war, dass die Festzüge nun auch durch Bad Cannstatt führten und am ersten Festsonntag stattfanden. Während 1950 gerade mal 500 Teilnehmer zu verzeichnen sind, waren es ein Jahr später schon 1000. In dieser Zeit hat man immerhin 115 Pferde aufbieten können. 1953 heißt es nur lapidar: *„Wie in den vergangenen Jahren"*. 1954 war wieder Landwirtschaftliches Hauptfest, das verbunden mit dem „Deutschen Bauerntag" eine perfekte Vorlage für die inhaltliche Ausrichtung des Festzuges bot. Der Festzug brachte eine amtlich von der Polizei festgestellte Rekord-Zahl von 300.000 Zuschauern.[6] Erstmals wurden entlang der Umzugsstrecke Tribünen aufgestellt.

1955 veranstaltete das Verkehrs- und Wirtschaftsförderungsamt den „traditionellen Festzug" in Form eines Blumenkorsos. Hunderttausende säumten den Weg. Über 100 feste Gruppen und Festwagen beteiligten sich, in drei Blocks eingeteilt. „Stadt und Land", „Die Brauereien" und „Die Stuttgarter Wirtschaft" waren die drei

Themenblöcke. Trachten von Bad Mergentheim bis zum Schwarzwald, die prachtvollen Viererzüge der Stuttgarter Brauereien und knapp 30 Musikkapellen gestalteten den Festzug. Die Einteilung in verschiedene Themenblocks wird auch heute noch vorgenommen.

1957 stimmte der Gemeinderat der Durchführung eines Festzuges zu. Es müsse jedoch ein noch strengerer Wertmaßstab angelegt werden. Es gebe in der Stadt Stuttgart genügend Künstler, die dieser Aufgabe gewachsen seien. Man müsse mit der Planung aber auch rechtzeitig beginnen. Der Festzug führte von der Planie über die Neckarstraße, die König-Karls-Brücke, den Daimlerplatz, die Daimlerstraße und die Mercedesstraße auf den Wasen. *„Der Zug gestaltete sich spontan zu dem Bekenntnis ‚Hie gut Württemberg'"*, hieß es in der Presse – und das nach fünf Jahren Südweststaat. Die Cannstatter Zeitung jubelte: *„Triumphe feierten die Alten in ihren Trachten, die aus den Tälern und von den Höhen nach Stuttgart gekommen waren. Anerkennung wurde auch in geziemender Weise der dörflichen Jugend gezollt, die sich stolz zu ihren althergebrachten Trachten bekennt. So erlebte Stuttgart und seine vielen, vielen Gäste aus dem Land einen Triumphzug schwäbischer Tradition und Schönheit, seines Bauernfleißes und seiner Handwerkerehre."*[7] Auch 1958 gab es einen großen Festzug. Die Stadtgarde stellte erstmals ihren neuen Fanfarenzug vor. Mit dabei waren auch Trachtenkapellen und -gruppen aus dem Elsass, aus Südtirol, aus dem Burgenland und der Schweiz.

Bürgerwehren und Milizen

Der Festzug 1959 bot ein besonders farbenfreudiges Bild. Über eine Stunde lang zogen unter Trommelwirbeln und Paukenschlägen fast ausschließlich Garden, Bürgerwehren und Milizen aus Württemberg, Hohenzollern, Baden und Hessen mit etwa 3000 Teilnehmern in historischen Uniformen vom Stuttgarter Stadtinnern zum Wasen. Der Landesverband der württembergischen und hohenzollerischen Garden und Wehren und der Landesverband der badisch-hessischen Bürgerwehren und Milizen hatten mit dem Umzug ihr Landestreffen verbunden. Rund 200.000 Besucher haben den Festzug angeschaut.

Die nachfolgenden Umzüge sind dann immer im Zusammenhang mit den Landwirtschaftlichen Hauptfesten alle zwei und später alle drei Jahre durchgeführt worden.

Der Volksfestverein übernimmt

1968 beim 150-jährigen Jubiläum hieß das Motto des LWH dann *„Die Landwirtschaft im Wandel der Zeiten"*. Der Festzug stand unter dem Motto *„Die Erzeugnisse des Landes frisch auf den Tisch"*. Nun trat eine lange Pause ein. 20 Jahre lang gab es keinen Volksfestumzug. Die Gründe, die die Stadtverwaltung hierfür anführte, waren der Umbau des Charlottenplatzes und des Schwanenplatzes. Erst zwanzig Jahre später, 1988, wurde der nächste Volksfestumzug ausgeschrieben und durchgeführt. Danach folgte wieder eine siebenjährige Pause. 1995, zum 150. Cannstatter Volksfest, hat die Stadt als Veranstalter letztmalig den Volksfestumzug ausgerichtet. Gestalter war der Autor dieses Buches, der seither die künstlerische Leitung der Festzüge hat. Seit 1995 hat der junge Cannstatter Volksfestverein die Aufgabe übernommen, den Festzug organisatorisch durchzuführen. Seither jedoch gibt es alljährlich einen großen Volksfestumzug mit rund 3500 Teilnehmern.

Nachdem aus Anlass der Bundesgartenschau 1977 der Schwanentunnel gebaut wurde, der die traditionelle Um-

Der Festwagen des Schaustellerverbandes Südwest 1986

Festzuggestalter und Umzugsmarschall seit 1995: Wulf Wager

Die Stadtgarde zu Pferd gehört seit Beginn zum Volksfest.

zugsstrecke unterbrach und sich eine Streckenführung über den Stuttgarter Osten aus topografischen Gründen beim Jubiläumsfestzug anlässlich des 150. Cannstatter Volksfests 1995 als nicht besonders praktikabel erwiesen hat, wird der Festzug, seit er unter der Ägide des Cannstatter Volksfestvereins steht, nur in Bad Cannstatt durchgeführt. Ausgehend vom Kursaal, wo sich die Teilnehmer vor dem Reiterstandbild des Volksfestgründers sammeln, zieht der Zug mit klingendem Spiel durch die Altstadt Cannstatts und den Seelberg auf den Wasen.

Als Kontinuitätsprämisse stehen die Inhalte Landwirtschaft, Trachten, Bürgerwehren und die einmalige Kombination aus Tradition und Moderne im Fokus des allseits beliebten Festzugs. Rund 100.000 bis 200.000 Besucher verfolgen je nach Wetter den bunten Traditionslindwurm an der Festzugstrecke, und eine Vielzahl davon lässt sich von der Fernsehübertragung begeistern.

Heute ist der Umzug am ersten Volksfestsonntag einer der Höhepunkte des Cannstatter Volksfestes. Rund 100 historische Gruppen, von der Bürgerwehr über Schäfertanzgruppen, berufsständische Festwagen bis hin zu Trachtengruppen und Musikkapellen, gestalten dieses farbenprächtige Spektakel. Noch heute nehmen Trachten- und Berufsgruppen am Umzug teil, die bereits 1841 und davor mit dabei waren. Besondere Höhepunkte sind Festwagennachbauten aus dieser Zeit.

Erinnerungsmedaille an den Volksfestumzug 1988

Der historische Fruchtsäulenfestwagen von 1841 wird von Kühen gezogen.

König Wilhelm I. hat um 1820 das Schwäbisch-Hällische Landschwein durch Zukreuzung des Chinesischen Maskenschweines züchten lassen. Heute begeistern die robusten Tiere aus Hohenlche die Besucher.

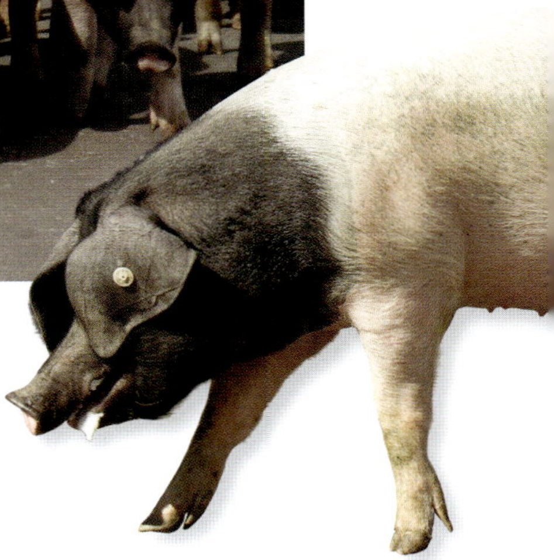

Steht im Guinnessbuch der Rekorde: das Weißziegengespann

Bäuerliche Traditionen werden beim Festzug gezeigt.

Der „Festzug der Württemberger“ 1841 auf dem Stuttgarter Schlossplatz (oben) und in seiner ganzen Pracht (rechts)

Festzug der Würtemberger

den 28 September 1841

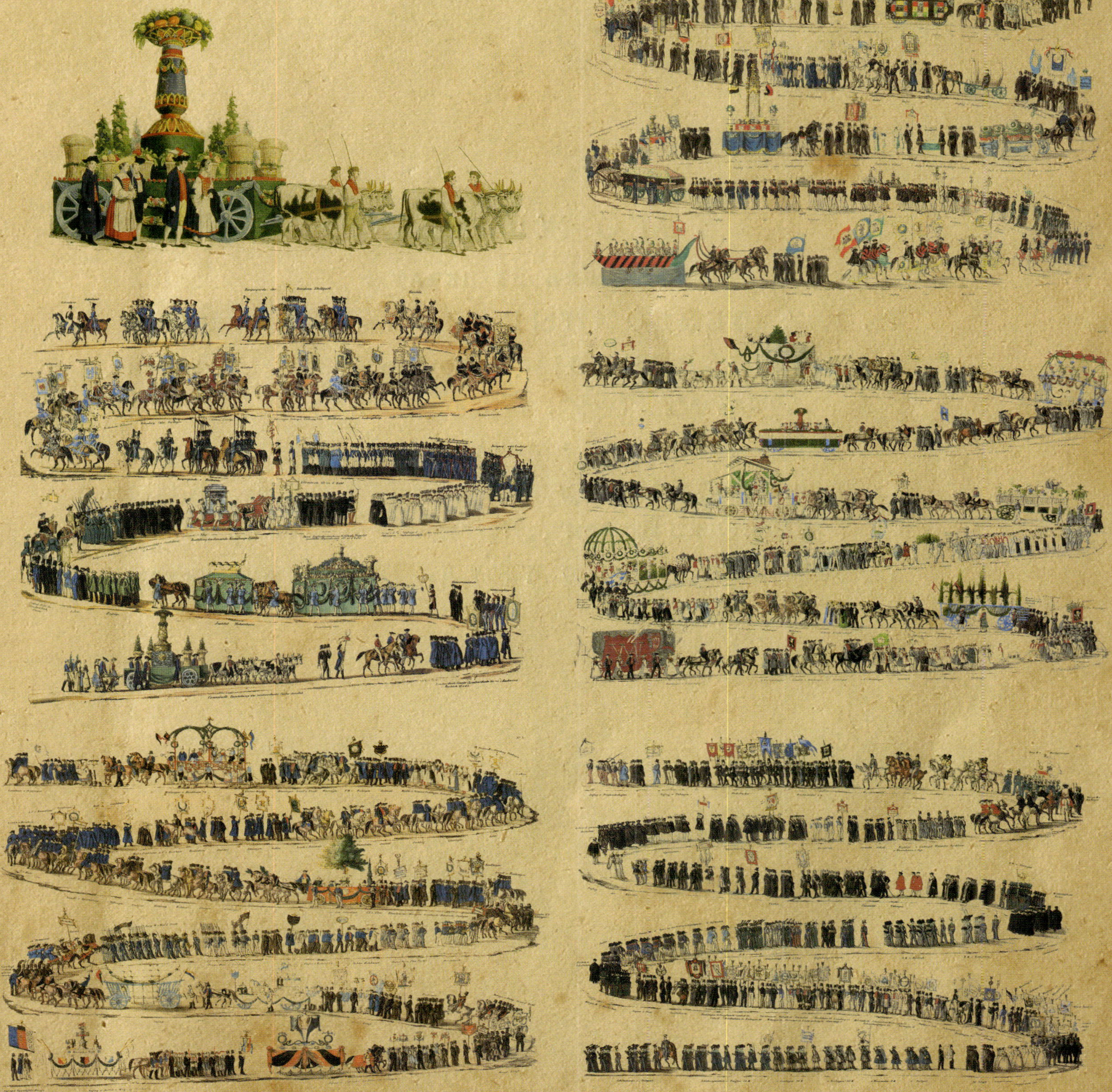

Der Cannstatter Volksfestverein

Traditionsbewahrer im Herzen des Ländles und in den USA

Man mag es kaum für möglich halten, aber in US-amerikanischen Städten wird bis zum heutigen Tag im Herbst „Cannstatter Volksfest“ gefeiert. Württemberger, die im 19. Jahrhundert in den Vereinigten Staaten von Amerika ein neues Leben begannen, haben dort landsmannschaftliche Vereine unter den Namen „Cannstatter Volksfest-Verein“ ins Leben gerufen. Gefeiert wird selbstverständlich mit Fruchtsäule. Im Ländle selbst gründete man den Cannstatter Volksfestverein erst 1994.

Im 19. Jahrhundert verließen viele Württemberger mit ihren Familien das Land, um in der Fremde ihr Glück zu finden. Die Not war groß und so machten sich viele auf den Weg über den Großen Teich. Doch offensichtlich waren die Württemberger in Amerika so von Heimweh geplagt, dass sie sich am liebsten mit ihresgleichen umgaben. So gründeten sich in Chicago, New York, Philadelphia und anderswo in den Staaten schon Mitte des 19. Jahrhunderts Schwabenvereine, die sich „Cannstatter Volksfestverein“ nannten. Noch heute gibt es diese Vereine und alljährlich feiern sie ihr „Cannstatter Volksfest“ mit Fruchtsäule, German-Beer, Schuhplattler und allem, was nach klischeebehafteter amerikanischer Sicht zu einem echten „German-Beer-Festival“ dazugehört. Der älteste Verein wurde 1862 in New York gegründet. Ihm folgten 1873 der Cannstatter Volksfest-Verein Philadelphia und der Schwaben-Verein in Chicago 1878, der 1948 sein 71. Cannstatter Volksfest feierte.

Cannstatter Volksfestverein bei der Steubenparade in New York 2011

Fast jedes Jahr besuchen die Mitglieder der amerikanischen Volksfestvereine das Cannstatter Volksfest. Viele sind es nicht mehr, die alljährlich den Weg über den Atlantik beschreiten, um das Cannstatter Volksfest zu besuchen. Aber die Verbindungen sind dennoch eng. Sie waren es vor allem in den Nachkriegsjahren, als in Stuttgart bitterer Mangel herrschte. 1947, als die Ernährungskrise im Nachkriegsdeutschland ihren Höhepunkt erreicht hatte, sandte der Schwabenverein Chicago durch die Brüder Eitel eine Fettspende von 20.000 Pfund nach Stuttgart, die an Alte und Gebrechliche verteilt wurde.[1]

Württembergs Herzog ist Präsident

Hierzulande, am Ursprung des Cannstatter Volksfestes, fanden sich erst 1994 einige heimatverbundene Cannstatter auf Initiative der Stadträte Robert Kauderer und Günther Willmann sowie des Cannstatter Stadthistorikers Hans Otto Stroheker, des Festwirtes Wolfgang Lochmann

Abzeichen des Festkomitees zum Cannstatter Volksfest 1897 (links)

Fruchtsäule in Philadelphia 1928 ...

... und in den1980er-Jahren

Fruchtsäule beim Cannstatter Volksfest in Chicago 1939

und vor allem des Ehren-Schaustellerpräsidenten Wilhelm Stamer zusammen, um einen „Cannstatter Volksfestverein" zu gründen. Schnell waren Mitstreiter aus den Reihen der Cannstatter Honoratioren, der Wasen-Schausteller, der Ämter und Behörden und des Hauses Württemberg gefunden. Dessen Oberhaupt, SKH Carl Herzog von Württemberg, übernahm auch gerne sofort die Präsidentschaft des Cannstatter Volksfestvereins. Heute steht sein Sohn, SKH Michael Herzog von Württemberg, dem Verein als Präsident vor.

Den Ausschlag zur Gründung des Vereins gab das anstehende 150. Cannstatter Volksfest 1995, das mit einer neu gestalteten Fruchtsäule und mit einem großen Festzug gefeiert werden sollte. Beides hat der noch junge Verein damals mit initiieren können. Mittlerweile ist der Volksfestverein auf rund 550 Mitglieder angewachsen und pflegt ein reges Vereinsleben. Monatlich trifft man sich zu einem Stammtisch, bei dem die gesellige Gemeinschaft gepflegt wird.

Werbeplakat zum Cannstatter Volksfest in Chicago 1963

Doch es gibt kaum mehr Gaststätten, die die große Anzahl an Stammtischteilnehmern fassen können.

Der Festzug bündelt die Kräfte

Der Höhepunkt der Vereinsarbeit aber ist alljährlich der große Festumzug durch Bad Cannstatt, der alle Mitglieder in Planung und Durchführung kräftig fordert. Abgesehen von monatelangen Vorbereitungen werden am Festtag, dem ersten Volksfestsonntag, rund 300 Helfer für die Organisation benötigt. Da müssen die Gruppen am frühen Morgen empfangen werden, die Strecke muss mit Verkehrsschildern

Zeitungsanzeige zum Cannstatter Volksfest in Chicago 1878

abgesichert, die Häuser dekoriert, Umkleidemöglichkeiten geschaffen, Zelte zugewiesen, Parkplätze abgesteckt, Tiere versorgt, Festwagen dekoriert und Ehrengäste betreut werden. Der Festzug mit seinen über 100 Gruppen und rund 3500 Teilnehmern ist der Höhepunkt des Vereinslebens und ein besonderes Juwel im reichlich bestückten Festdiadem Cannstatts. Rund 200.000 Zuschauer wollen den Festzug auf dem Weg vom Kursaal zum Wasen sehen. Eine Vielzahl davon verfolgt das bunte Spektakel an den TV-Geräten im ganzen Land und weit darüber hinaus. Der Verein war es auch, der mit 10.000 Euro Spendengeldern eine riesige kupferne Kanne – das Wappen Cannstatts – fertigen ließ, die in der volksfestlosen Zeit den Sockel der Fruchtsäule, des

1883 lädt der Cannstatter Volksfestverein New York ein.

historischen Symbols des Festes, ziert. Beim Umzug wird die Kanne auf einem Festwagen durch Cannstatt gefahren. Das 4,80 Meter hohe Gefäß musste allerdings mit einem klappbaren Deckel gefertigt werden, damit es unter den Strom führenden Oberleitungen der Straßenbahn durchfahren kann.

Neben dem Umzug kümmert sich der Cannstatter Volksfestverein aber auch um die Dokumentation und Archivierung der Geschichte des Cannstatter Volksfestes. Ein Großteil der Bilder dieses Buches stammt aus dieser Sammlung. Auch die Herausgabe der Cannstatter Volksfest-Zeitung ist eine der wichtigen Aufgaben des Vereins. Im Jahr 2000 erschien sie erstmals und erfreut sich alljährlich großer Beliebtheit, dokumentiert sie doch die Geschichte des Volksfestes und das pralle Leben auf dem Wasen und schaut hinter die Kulissen und porträtiert Schausteller und Wirte.

Stuttgart und München

Das ewige Messen der größten Volksfeste

Wir wissen es nicht genau, aber die Vermutung liegt schon sehr nahe, dass sich König Wilhelm I. bei der Einführung des Landwirtschaftlichen Festes und Cannstatter Volksfestes von seinem Nachbarkönigreich Bayern inspirieren ließ. Nach dem Zusammenbruch der alten Ordnung und der politischen Neuordnung Europas in der Zeit zwischen dem Frieden von Luneville 1801 und dem Wiener Kongress 1815 befand sich Mitteleuropa im Zustand der Nationenbildung. Menschen aus unterschiedlichen Rechtsverhältnissen und Konfessionen wurden aufgrund von politischen Entscheidungen an den Konferenztischen durch die Zusammenfassung vieler kleiner Territorien plötzlich zu Einwohnern ein und desselben Landes: Württemberg. Zu ihrer Konsolidierung wollten sich die neuen Staaten am liebsten als „Nation" verstehen. Eine wichtige Maßnahme dazu war die Etablierung von Nationalfesten.[1]

Das erste Münchner Oktoberfest fand am 12. Oktober 1810 anlässlich der Eheschließung des Kronprinzen Ludwig mit der Prinzessin Therese von Sachsen-Hildburghausen auf der später nach ihr benannten Theresienwiese statt. Wegen des Erfolgs wurde das Oktoberfest im Jahr darauf wiederholt. Es wurde angereichert durch weitere feste Elemente wie Tombola, Glückshafen und Vogelschießen, Schießwettbewerbe, Wettrennen und andere sportliche Wettbewerbe. Ausrichter war der „Landwirtschaftliche Verein". Dass das Münchner Oktoberfest zum Vorbild für ähnliche Veranstaltungen im ganzen süddeutschen Raum werden sollte, hing damit zusammen, dass das Königreich Bayern wie das neue Königreich Württemberg in der Integration verschiedener Landesteile vor ganz ähnlichen Herausforderungen stand. Zudem war die Kombination von Landwirtschaftsfest und Volksvergnügen die ideale Antwort – getreu dem Motto „Brot und Spiele" – auf die Krisenjahre davor. Das Ziel des „Landwirtschaftlichen Vereins" in München war laut Satzung die „Bewährung und möglichste Emporbringung der Landwirtschaft". Die besten Tiere wurden prämiert und wenig später auch Erfindungen präsentiert und ausgezeichnet. Das Ziel des Münchner Oktoberfestes, die bayerische „Nation" zu einen, ihre Leistungskraft zur Schau zu stellen und die Bevölkerung mit ihrer Dynastie zu verbinden, erwies sich als ideale Kombination: Das Fest lenkte nicht nur von der Krise ab, sondern eignete sich auch hervorragend zur Propagierung von Reformen in Landwirtschaft und Industrie.[2]

Brot und Spiele

Während bisher das Volk bei monarchischen Festen eher als Statist und Staffage gewirkt hatte, so waren nun die beiden Volksfeste in München und Stuttgart tatsächliche Feste des Volkes, bei denen die Freude und der Nutzen für die Menschen im Vordergrund standen. Als Beleg dafür mag dienen, dass Wilhelm von Anfang an ein landwirtschaftliches Fest mit einem Volksfest samt Schifferstechen und Pferderennen geplant hat. Der Erfolg gab ihm recht. Schon das erste Fest 1818 wurde ein Volksfest mit rund 30.000 Besuchern. Eine zeitgenössische Beschreibung aus der Mitte des 19. Jahrhunderts sagt, dass „an Großartigkeit in Deutschland nur das Münchner Oktoberfest zur Seite gestellt werden kann".[3]

König Wilhelm I. war bemüht, den Nationalgeist der Neu- und Altwürttemberger zu befeuern. Auch hierzu sollte

Mit falschen Federn geschmückt: Die Bildmotive zeigen eindeutig das Münchner Oktoberfest, leicht zu erkennen an der Silhouette der Bavaria-Statue am oberen Bildrand und der Dachauer Tracht im Vordergrund. Postkarte um 1910.

das Fest dienen. *„Wie wichtig es, neben der Beförderung des National-Wohlstandes, zugleich für die Beförderung des Nationalgeistes, des Gemeinsinns und der Vaterlandsliebe seyn muß, ist leicht einzusehen, und nicht umsonst haben schon die alten Griechen und Römer in dergleichen Festen und Volksspielen einen wirksamen Hebel des Volksgeistes gesucht“*,[4] kommentiert der Chronist Johann Daniel Georg Memminger.

Insgesamt wurde eine Festszenografie entwickelt, die sich sehr eng an das Vorbild des Münchner Oktoberfestes anlehnte.[5] Dem von König Wilhelm mit der Gestaltung der Hoftribüne beauftragten Hofbaumeister Giovanni Salucci (1769–1845) standen dafür Programmhefte, Presseberichte, Gutachten und anderes Informationsmaterial zur Verfügung, das das Residenz-Polizeiministerium zusammengetragen hatte.

In einem Schreiben vom Verkehrs-und Wirtschaftsförderungsamt am 13. März 1952 heißt es: *„Seit den Dreißiger Jahren wurde das Cannstatter Volksfest eine wirkliche Konkurrenz für das Münchner Oktoberfest. Wenn es gelingt, allmählich das Cannstatter Volksfest wieder zu dem zu machen, was es vor dem Kriege war, so wird mancher Schausteller das Cannstatter Volksfest bevorzugen.“*[6]

Auch in der Presse wurde das ewige Messen kräftig ausgetragen. So schreibt die Allgemeine Zeitung 1957, dass die Volksfestveranstalter *„mit schlecht verhehltem Stolze berich-*

Auch auf dieser Postkarte vom „Cannstatter Volksfest“ ist die Münchner Wiesn und am oberen Bildrand die Bavaria zu erkennen.

ten, dass die internationalen Schausteller diesmal mit ihren besonderen Delikatessen nach Stuttgart gekommen [sind], und nicht etwa zum Münchner Oktoberfest, dessen Konkurrenz seit jeher als drohender Schatten über dem Cannstatter Volksfest hängt.“[7]

Der populäre Stuttgarter Verkehrsdirektor Peer-Uli Faerber hatte in den 1970er-Jahren durchaus ehrgeizige Pläne: *„Wir wollen dem Oktoberfest-Image Konkurrenz machen. Dem Volksfest internationale Anerkennung zu verschaffen, ist unser Ziel.“* Einer der ersten Schritte auf diesem Weg ist die zeitliche Anpassung der Festdauer auf 16 Tage gewesen. Im Kampf um den Status des größten Volksfestes verkündete man damals irrwitzige Besucherzahlen. Von über 6 Millionen war die Rede. Heute werden die Besucherzahlen nach wie vor geschätzt, allerdings auf realistischer Basis, sodass von etwas über 4 Millionen Besuchern pro Jahr ausgegangen werden kann. Dennoch gibt es eine besonders erwähnenswerte Episode, die die beiden Feste verbindet. Wegen der Olympischen Spiele 1972 wurde das Oktoberfest um eine Woche verschoben. So fielen die Eröffnungsfeiern beider großen Feste auf dasselbe Datum. Verkehrsdirektor Peer-Uli Faerber hatte die Idee, beide Feste per Funkverbindung zeitgleich zu eröffnen. Die Schwierigkeit bestand jedoch in der Gestaltung der beiden Eröffnungszeremonien. Während in München der Oberbürgermeister lediglich das Fass ansticht, gibt es auf dem Cannstatter Wasen eine umfangreiche Eröffnungsfeier mit Reden. Trotz dieses grundsätzlichen Unterschieds gelang es, beide Feste per Funkverbindung gemeinsam zu eröffnen, und die beiden Oberbürgermeister lieferten sich einen kurzen Schlagabtausch, welches Fest das bessere sei.[8]

1988 stellen die Badischen Neuesten Nachrichten fest, dass das Cannstatter Volksfest von seiner Struktur her wesentlich ausgeglichener sei als das Oktoberfest. In München würden auf fast 70 % des Festgeländes die „Biertempel“ dominieren, wohingegen auf etwa der gleichen prozentualen Fläche in Stuttgart die Schausteller ihren Platz hätten.[9]

Wie Hase und Igel

Die Stuttgarter Nachrichten berichten 1993: „*Jedes Jahr das gleiche garstige Spiel. Immer wenn der Igel voll stolz seine Stacheln aufstellen will, wird er gegen den Strich gebürstet, denn der Hase ist schon längst mit Vorsprung durchs Ziel. Wie in der Fabel, so in der Realität. Beim Wettstreit zwischen Stuttgarter Wasen und Münchner Wiesn schneiden immer nur die Bayern fabelhaft ab. Sie haben das größere Fest, die längere Tradition, den höheren Bekanntheitsgrad, mehr Gäste und – in Zeiten wirtschaftlicher Sorgen bei den Konsumenten nicht unwichtig – niedrigere Bierpreise. Während für den Volksfestfreund der Herzschlag der Patrona Bavariae den Takt vorgibt, verharrt Cannstatt in wehleidiger Nabelschau. Am Neckar wird man nicht müde, den Minderwertigkeitskomplex zu pflegen. München leuchtet weiß-blau – und Stuttgart ärgert sich schwarz. Längst nehmen die Akteure am Wasen beim Stichwort Wies'n fast von selbst Demutshaltung ein. (…) Warum lässt sich Stuttgart eigentlich jedes Jahr aufs Neue mit der perversen Lust des ewigen Verlierers auf dieses Hase-Igel-Rennen ein? Warum schielt man krampfhaft nach München und besinnt sich nicht auf eigene Stärken? Hier ist man nicht besser und nicht schlechter, nur kleiner, aber vermutlich gerade deshalb gemütlicher. (…) Das Cannstatter Volksfest soll und kann bleiben, was es immer war: das größte Fest der Schwaben.*“[10]

Der Kommentar traf den Nagel auf den Kopf. Die Volksfestmacher, Wirte und der Volksfestverein sorgen seither dafür, dass das Cannstatter Volksfest einen eigenen, gemütlichen, schwäbischen und authentischen Charakter bekommt. Diese Bemühungen sind vor allem in den letzten Jahren von großem Erfolg gekrönt, denn die Übernachtungszahlen sprechen für sich.

Cannstatter Trachtenträger mit dem historischen Fruchtsäulenfestwagen beim großen Schützen- und Trachtenzug zum Münchner Oktoberfest 2016 (oben und unten)

Die Pracht der Tracht

Von der historischen Bauernkleidung zum Party-Dirndl

Diese Echterdinger Trachtenträger ließen sich um 1880 auf dem Cannstatter Volksfest ablichten.

Dass die ländliche Bevölkerung Württembergs schon zum ersten landwirtschaftlichen Fest 1818 in ihrer üblichen regional geprägten Landestracht erschien, scheint schlüssig. Bauern trugen damals nichts anderes. Zeitgenössische Bilder zeigen auch in den ersten Jahren des Festes eine deutliche Dominanz bäuerlicher Trachten und militärischer Uniformen. Auf dem Weg zum Nationalstaat und zu einem württembergischen Nationalbewusstsein entdeckt man hier wie auch in den alpinen Ländern die sogenannte „Volkstracht" und gibt ihr eine identitätsstiftende Bedeutung.

Die historische Tracht ist über Jahrhunderte gewachsen, dominiert von Kleiderverordnungen der württembergischen Herzöge und von Moden, die zeitversetzt in Teilen von der Tracht aufgenommen wurde. Nach der Abschaffung der Kleiderverordnungen Ende des 18. Jahrhunderts und der zeitgleichen Entwicklung des maschinengetriebenen Webstuhls, mit dem in großem Stil günstige Stoffe hergestellt werden konnten, begann der Niedergang der historischen Tracht, der sich über das ganze 19. Jahrhundert hinzog und in den ländlichen Gegenden unterschiedlich schnell vonstatten ging. Es endete jedenfalls damit, dass die Bauern die Tracht ablegten und sich bürgerlich nach der Mode kleideten. Ende des 19. Jahrhunderts besann man sich teilweise aber auch auf die alten Trachten und trug sie als Festkleid oder in neu gegründeten Trachtenvereinen. Sieht man die wenigen Bilder, die aus der ersten Hälfte des 19. Jahrhunderts überliefert sind, so kann man neben Uniformen und städtischer Kleidung die regionalen Trachten Württembergs erkennen. Die Bauern gingen in Tracht auf das Landwirtschaftliche Hauptfest (z. B. Abb. S. 21, 35, 39, 51, 119).

1860 liest man in einer Beschreibung des Volksfestes Folgendes über die Tracht: *„Gibt es auch nicht eigentlich eine Nationaltracht in Württemberg, so hat doch jede Gegend ihre eigentümlichen Abweichungen in der Kleidung, wie der Schwarzwälder, der Älpler, der Steinlacher, der Baarer. Am größten ist die Verschiedenheit in Neuwürttemberg. Selbst der Anzug der Protestanten und Katholiken ist nicht gleich. Hauptgegenstände der Tracht des württembergischen Landmanns sind bei den Männern ein dreieckiger Hut über dem glatt gekämmten Haar, wohl hier und da noch ein Kamm darin, ein Kittel mit*

Auch wenn diese Postkarte satirisch zu verstehen ist, so sieht man die traditionellen Trachten Württembergs. Vor allem die Betzinger Tracht wird immer wieder im Zusammenhang mit dem Cannstatter Volksfest und dem LWH abgebildet.

blinkenden Metallknöpfen, Schnallenschuhe, bei den Weibern Mieder, kurze Röcke, rote oder weiße Strümpfe, hohe Hacken und lang herabhängende, mit Bändern durchflochtene Zöpfe."

Zum Volksfest 1893 fand der Ausklang – wie schon oft – im Kursaal statt. Auf Einladung von König Wilhelm II., der erstmals das Volksfest eröffnete, wurden die Abordnungen der einzelnen landwirtschaftlichen Bezirksvereine zu einem festlichen Bankett geladen. Dabei wurde Wert darauf gelegt, *„dass den Abordnungen ihre Fahnen oder sonstige Embleme, welche sie bei festlichen Anlässen zu gebrauchen pflegen, mitgegeben werden"*. Außerdem sollte auf des Königs Wunsch „sofern noch in einer Gegend eine eigentümliche Tracht vorherrscht, auch noch eine Vertretung dieser Tracht durch männliche oder weibliche Personen anzuschließen" sein. Wilhelm II. hat großen Wert darauf gelegt, dass immer Mädchen in Betzinger Tracht am Hofe arbeiteten, denn seine Amme war Betzingerin gewesen.

Der Anfang des 20. Jahrhunderts um den Stuttgarter Fremdenverkehr sehr verdiente Rechnungsrat Gustav Ströhmfeld berichtet 1924: *„Die Trachtenschau war eine begrüßenswerte Neuerung. Die Trachten kamen allerdings nicht mehr wie 1818 am Leibe ihrer ländlichen Träger, sondern mussten unter Mitwirkung des Landesamtes für Denkmalpflege aus ihrer Ruhe in Kästen und Truhen aufgestöbert und*

1889 ließen sich die Echterdinger Trachtenträger beim Landwirtschaftlichen Hauptfest aus Anlass des 25-jährigen Regierungsjubiläums von König Karl ablichten, aus dessen Anlass ein Festzug auf dem Wasen stattfand.

Die Steinlachtaler Tracht wurde hier vom Künstler verwendet, um 1894 für das Cannstatter Volksfest zu werben.

freundlichst gebeten werden, nach Stuttgart zum Volksfest zu kommen."[1]

Die Untertürkheimer Zeitung schreibt 1924 nach dem ersten Nachkriegsvolksfest: *„In Stuttgart kennzeichnet sich der Haupttag dadurch, dass die Züge in großen Scharen Landbewohner hereinbrachten. Fast alle einlaufenden Züge, darunter Sonderzüge, waren überfüllt. Mit Gesang und Musik, zogen die Trachtenvereine durch die Königstraße zum Wasen."* Die Stadtverwaltung stiftete einen Ehrenpreis für die beim Festzug vertretenen Trachten. Die Württembergische Landwirtschaftskammer forderte die landwirtschaftlichen Bezirksvereine dringend auf, sich an der Trachtenschau zu beteiligen. In dem Schreiben an die Bezirksvereine heißt es: *„Es ist eine leidige Tatsache, dass nur der wohlhabende Bauer die Tracht beibehält. Der Grund liegt nicht allein, nicht einmal wesentlich in der teureren Anschaffung, sondern vor allem in dem Mangel an Selbstbewusstsein und Bauernstolz. Die Trachtenfeste da und dort auf den Dörfern sind leider meist mit allerlei Maskeraden verbunden. Es erscheinen Leute in den bäuerlichen Trachten, die weder ihrer Abstammung noch ihrem Beruf noch ihrer geistigen und seelischen Veranlagung nach etwas mit dem Bauerntum zu tun haben. So wirkt die ganze Sache als eine Verzerrung des bäuerlichen Wesens und ist vom Standpunkt des Bauern und des Bauernfreundes aus gesehen durchaus unwürdig. Derartige Entgleisungen und Unwürdigkeit darf es auf dem landwirtschaftlichen Hauptfest nicht geben."* Nun zeigte man bei der Trachtenschau, die mehrfach aufgeführt wurde, die noch letzten Reste der vorhandenen, aber aussterbenden Trachtentradition, die spätestens mit den Zweiten Weltkrieg vollends verschwand.

Dem Ruf der Kammer folgten jedoch Trachtenträger aus vielen württembergischen Gegenden: aus Neresheim und Filderbauern aus Bernhausen, aus Echterdingen und aus Möhringen samt Krautwagen. Die Ortsvereine aus Altheim, Asselfingen, Jungingen und Heidenstetten führten einen Hochzeitszug samt Kindstaufe auf. Beutelsbach steuerte eine Musikkapelle „in gelben Lederhosen" bei. Zwischen den Kriegen und danach bediente man sich bewusst der Tracht als Werbemittel für das Volksfest.

Bei allen Volksfestumzügen gab es natürlich eine ganze Reihe von Trachtenträgern. Aber auf dem Wasen? Fehlanzeige. Übrigens auch auf dem Münchner Oktoberfest. Lediglich beim großen Trachten- und Schützenzug sah man alte Trachten. Der Trend auf dem Oktoberfest wie auf dem Cannstatter Volksfest Tracht zu tragen, entspringt

„Schultheiß Murthum mit seinen Echterdingern auf dem ersten, unter König Wilhelm II. abgehaltenen Landwirtschaftlichen Hauptfest in Cannstatt, 1893", in der historischen Echterdinger Tracht, wie sie bis in die 1970er-Jahre getragen wurde.

dem Zeitgeist der späten 1990er-Jahre. Wer vorher Tracht trug, war entweder Bedienungspersonal oder wurde als reaktionär angesehen. Mittlerweile ist die Trachtenmode, und um nichts anderes handelt es sich, ein Mega-Trend und ein großer Wirtschaftsfaktor geworden. Trachtenläden schossen wie Pilze aus dem Boden und kaum ein Volksfestfreund und eine Volksfestfreundin geht ohne Dirndl und Lederhose zum Feiern auf den Wasen. Doch auch hier teilt sich die Besucherschar. Die einen tragen die billigsten, in Pakistan hergestellten, chromgegerbten Ziegenlederhosen oder Dirndl aus dem Discounter – die anderen kleiden sich in teure Designer-Dirndl. Die einen feiern im Mittelschiff und die anderen in den feinen Logen der zu Partytempeln umgebauten Festzelte. So gibt es auf dem Volksfest durchaus eine Zwei-Klassen-Gesellschaft.

Das Dirndl ist auch Ausdruck emanzipierter Erotik geworden. Ursprünglich war es das Arbeitskleid junger Mägde (bayr. Dirnen) auf den alpenländischen Bauernhöfen. Über dem Hemd wurde das eigentliche Trägerkleid getragen, alles aus einfachen Baumwoll- oder Leinenstoffen. Dazu die Schürze, die ebenfalls aus Leinen oder Baumwolle oder einem Stück Bettzeug geschneidert war. Spätestens seit der Operette „Das weiße Rössl" 1930 wurde das Dirndl ausgerechnet im alpenfernen Berlin zum Renner. Das Gewand kam schwer in Mode. Angesagt war das Dirndl – am liebsten aus dem Münchner Trachtenhaus Wallach, das zwei jüdische Brüder um 1900 gegründet haben. So wurden die beiden mit ihren Stoffdrucken aus eigener Fabrikation zu den Begründern der Trachtenmode als gehobener Konfektionsware, die vom Bürgertum so gerne in der alpinen Sommerfrische getragen wurde – ein Massenphänomen urbaner Landlust. Dieser Trend wiederholt sich gerade. Die Nationalsozialisten griffen das Thema auf, werteten die Tracht auf und vereinnahmten sie ideologisch.[2] In der „Mittelstelle Deutsche Tracht"

Diese Postkarte von 1936 ist ganz im völkischen „Blut-und-Boden"-Duktus der Nazis gestaltet. Historische Trachten aus dem ganzen Land wurden darauf drapiert. So kann sich das nie zugetragen haben.

der Reichsfrauenorganisation entwarf die „Reichsbeauftragte für Trachtenarbeit", Gertrud Pesendorfer, in den 1930er-Jahren das neue germanische Kleid. Dabei orientierte sie sich aber nicht an den historischen, zum Teil schweren Trachten mit ausladendem Kopfschmuck und den stets hochgeschlossenen Miedern. Stilbildend wurde stattdessen eine reduzierte Tracht, die Pesendorfer aus dem Arbeitskleid entwickelte. Sie reduzierte, „entkatholisierte" und sexualisierte ihr Modell, indem sie ein kragenloses, dafür tief dekolletiertes Dirndl mit hoher Taille, geschnürtem oder geknöpftem engen Mieder schuf, welches für eine stramme Haltung sorgte, und mit einem kurzärmeligen Blüschen die nackten Oberarme sehen ließ. Das war die Geburtsstunde des Dirndls. Vor dem inneren Auge des Lesers mag das Bild einer Eva Braun erscheinen. Das Dirndl wurde Festkleid des BDM und der NS-Frauenschaft (NSF). Das Wasen- und Wiesn-Dirndl als Mode für alle und kollektives Bekenntnis zur folkloristischen Spaßkultur, das heute für echte Tradition gehalten wird, entstand im Dritten Reich.

In Cannstatt nahm der Trachtentrend zu Beginn der 2000er-Jahre mit einer Aktion des Hofbräu-Festwirtes Hans-Peter Grandl seinen Anfang. Er propagierte, dass man auch dann noch in sein Festzelt komme, wenn es wegen Überfüllung geschlossen wurde, wenn man nur Tracht trage. Damit hat er einen Trend ausgelöst, der bis heute ungebrochen ist. Nur – mit echter Tracht hat das

Mit der Tracht wird auf dem Plakat 1937 geworben.

Wenn es dem Geschäft diente, haben sich auch die Schausteller auf dem Wasen in ein Trachtengewand geworfen, wie hier 1950.

nichts zu tun. Das ist Trachtenmode, die nicht gewachsen, sondern von Designern gestaltet ist. Vielfach griff die Stuttgarter Journaille das Thema auf und titelte „Bazitrachten auf dem Volksfest“ und dergleichen mehr. Erst im Oktober 2017 schreiben die Stuttgarter Nachrichten: *„Die Diskussion über ‚typisch bayrische Tracht‘ auf dem Cannstatter Wasen entbrennt immer wieder aufs Neue.“* Doch es handelt sich bei dem, was auf dem Volksfest heute getragen wird, keinesfalls um bayerische Trachten. Es ist designte Trachtenmode, die sich zwar bestimmter traditioneller Stilmittel bedient, aber von bayerischer oder schwäbischer Tracht sehr weit entfernt ist.

Und dennoch, trotz aller Unkenrufe verbreitet sich das Tragen dieser Mode auch außerhalb des Volksfestes. Bei allen möglichen Festen wird „Tracht“ getragen, ob es die Schäferläufe sind oder die vielen Oktoberfeste, die landauf landab gefeiert werden. Warum, mag man sich fragen. Die Antwort ist einfach: gemeinsame Kleidung, gemeinsame Rituale, das verbindet die Feiernden – auf dem Volksfest, im Stadion oder bei der Fasnet. Die Welt ist kleiner geworden; per Internet sind wir mit der ganzen Welt verbunden, erfahren zeitgleich alles Unschöne. Was dabei verloren geht, ist die Erdung, die Authentizität, das Gefühl von Heimat. Das bekommt man beim gemeinsamen Feiern mit dem gemeinsamen Element der Kleidung – in diesem Fall der Tracht.

Dirndlträgerin auf dem Volksfest in den 1960er-Jahren

Sicherheit, Soziales, Seelsorge und Schule

Cannstatter Volksfest-Besonderheiten

Einige wenige, kaum beachtete Besonderheiten hat das Cannstatter Volksfest aufzuweisen, das es von anderen Festen im Kleinen unterscheidet. Die Gründung der Samariterstiftung, die Heimweghilfe, die Arbeitsvermittlung und die Wasenwache, die Gottesdienste und den Wasendoktor beispielsweise. Und dann wäre da noch die Sache mit den Zahlen …

Komische Zeiten: 200. Geburtstag, 174. Volksfest, 100. LWH

2018 feiert man den 200. Geburtstag, aber erst die 174. Ausgabe des Cannstatter Volksfestes und das 100. Landwirtschaftliche Hauptfest (LWH). Dafür gibt es freilich Gründe. So fiel das Fest in Not- und Kriegszeiten immer wieder aus. Das erste Mal 1847, als eine große Teuerung das Fest verhinderte. Erstaunlicherweise konnte es aber 1848 in politisch unruhigen Zeiten stattfinden, obwohl eine politische Aktion, der sogenannte „Rau'sche Volkstag", geplant war, der als „Zwetschgenfeldzug" endete, weil die Revolutionäre angesichts der militärischen Übermacht des Staates nicht weiter kamen als bis Balingen und ihren Misserfolg anschließend in Zwetschgenschnaps ertränkten. Wegen Missernte und Überschwemmungen fiel das Fest 1851 erneut aus, dann 1866 wegen des Deutschen Krieges und 1870 unterblieb es wegen des Deutsch-Französischen Krieges. Die Cholera zwang das Festkomitee 1873 und 1892 zur Absage. 1896 entfiel das Volksfest wegen der Wanderausstellung in der Deutschen Landwirtschaft und der mit der Eröffnung der Umgehungsbahn Untertürkheim–Kornwestheim und der mit der Einweihung der Taubenheimkaserne verbundenen Feiern. Das waren wenigstens nur einzelne Ausfälle, wogegen die beiden Weltkriege des 20. Jahrhunderts von 1914 bis 1918 und den anschließenden schwierigen wirtschaftlichen Jahren bis 1923 (Revolution und Inflation) und 1938 bis 1945 mit ihren weitreichenden Folgen jeweils zehnjährige Unterbrechungen verursachten. Umso opulenter und fröhlicher wurde dann das erste Fest nach dem Ersten Weltkrieg 1924 mit Fischerstechen und Trachtenumzug gefeiert. 1925 fiel das Fest zugunsten der Ausstellung der „Deutschen landwirtschaftlichen Gesellschaft" aus. 1933 gab es ein Erntedankfest auf dem Stuttgarter Marktplatz; anschließend vier Festzüge nach Cannstatt zur Großkundgebung in der Adolf-Hitler-Kampfbahn. Zwar wird schon 1947 und 1948 in kleinem Rahmen gefeiert, aber das erste richtige Nachkriegsvolksfest war erst 1949. Und so zählt man 2018 den 200. Geburtstag, das 174. Volksfest und das 100. Landwirtschaftliche Hauptfest.

Samariterstiftung

Kriegsinvaliden aus dem Deutsch-Französischen Krieg, die am Eingang des Volksfestes bettelten, führten zur Gründung der Samariterstiftung 1885. In einer zeitgenössischen Schilderung heißt es: *„Aber die Parole bleibt: Cannstatt zu! (…) Alle Gattungen des wandernden Volkes begegnet man auf den durchweichten Landstraßen, dem Krüppel mit der unvermeidlichen Drehorgel (…) Nachdem den Krüppeln und Blinden, die mit rührenden Orgeltönen an dein mitleidiges Herz appellieren, von den vorahnend eingesteckten Kupfermünzen reichlich gespendet, schickst du dich an, die vielgestaltigen Festfreuden zu genießen"*[1] In den Stif-

Steindruckstock für Hausiererausweise beim Volksfest, Sammlung Wager

tungsannalen der Samariterstiftung im Landeskirchlichen Archiv wird genau diese Szenerie geschildert: *„Doch selbst 1881 war die Not des Volkes noch groß. Auf beiden Seiten des Wegs zwischen Berg und Cannstatt hatten sich Bettler und Versehrte aufgestellt und suchten durch markerschütternde, eintönige Musik ihrer Drehorgeln die Aufmerksamkeit und das Mitleid der Vorübergehenden zu erregen."* Der Lebensmittelkaufmann Johann Georg Vöhringer kannte Stadtpfarrer Lauxmann von der Stuttgarter Stiftskirche, der von einer Frau wusste, die *„am letzten Abend des Volksfestes in ein freundlich zur Verfügung gestelltes Lokal in Berg einlud. Hier wurde ein einfaches Nachtessen zubereitet, zugleich in allerlei Gesängen und Ansprachen geistige und geistliche Erquickung und Stärkung dargeboten."*[2] Diese Cannstatterin, deren Namen leider nicht überliefert wurde, sowie Vöhringer und weitere 14 Stuttgarter gründeten 1885 den Verein zur Versorgung krüppelhafter und gebrechlicher Menschen. Vöhringer wurde Vorstand, Lauxmann geistiger Mittelpunkt. 1902 erkannte Wilhelm II. den Verein als „Samariterstiftung" an. Die rund 2600 Mitarbeiter der Samariterstiftung begleiten und betreuen heute Menschen im Alter, Menschen mit Behinderungen und Menschen mit psychischen Erkrankungen in mehr als 60 Häusern.

Heimweghilfe

Einmalig wie die Fruchtsäule ist die Heimweghilfe. Seit über 50 Jahren sorgen ehrenamtliche Helfer des Vereins dafür, dass festfreudige Wasenbesucher ihren Führerschein behalten. Und so funktioniert es: Der Wasenbummler kommt mit seinem Auto zum Volksfest und ein Fahrer der Heimweghilfe bringt ihn nach einem feuchtfröhlichen Abend im eigenen Auto nach Hause. Der Vorteil: Das Auto steht anderntags wieder zur Verfügung. Lediglich die Taxikosten für den Rücktransport des Fahrers muss der Zecher entrichten.

Der Führerschein ist schon bei 0,3 Promille, also nach einer halben Maß, gefährdet. 1965 hatten Dekra-Präsident Rolf Moll und der Verkehrsrichter Klaus Mickschick die Idee zur bundesweit einmaligen Heimweghilfe. Einmalig deshalb, weil keine Versicherung mehr bereit ist, in anderen Städten der Republik eine Haftung zu übernehmen. Die Allianz-Police wird jährlich fortgeschrieben. Heute würde das keine Versicherung mehr machen. Der Vorteil dieser Police ist, dass der Fahrzeughalter im Falle eines Unfalls seinen Schadensfreiheitsrabatt nicht verliert. In über fünfzig Jahren gab es allerdings bisher nur drei Unfälle, und das bei insgesamt rund 10.000 Fahrten. Es gibt sogar Kunden, die die Heimweghilfe regelmäßig in Anspruch nehmen. Viele Geschäftsleute haben täglich Einladungen zum Volksfest zu absolvieren, müssen aber am nächsten Morgen auf ihr Auto zurückgreifen können.

Die Mitglieder der Heimweghilfe wissen manche Anekdote zu erzählen, wie zum Beispiel die: Vor etlichen Jahren kam ein stark angetrunkener Kunde zur Heimweghilfe und verlangte nach einem Fahrer mit Führerschein Klasse zwei. Dieser staunte nicht schlecht, als er, beim Auto angekommen, einen voll beladenen 40-Tonner vorfand. Auch in diesem Fall brachte der ehrenamtliche Helfer Fahrzeug und Fahrer sicher nach Hause.

Auch eine Volksfestbesonderheit auf dem Krämermarkt: Kondome und Bibeln direkt beieinander

Bibeln und Kondome – die bunte Welt des Krämermarkts

Er fristet am Rand des großen Festplatzes fast ein Schattendasein, gehört aber von Anbeginn an zum Cannstatter Volksfest – der Krämermarkt. Dort gibt es Kurioses und Skurriles ebenso wie Praktisches und Alltägliches, direkt nebeneinander. Hier gibt es nichts, was es nicht gibt. Da gibt es Handyzubehör, Schmuck, Gewürze, Tee, Kräuter, Hüte, Holz- und Haushaltswaren, Töpfe, Pfannen, Mittel gegen Schweißfüße und Hühneraugen, Glaskunst, Spezialreiniger, Hosenträger, Bürsten, Kräuterbonbon, Pferdesalbe, Bibeln und Kondome – das ist nur eine kleine Auswahl des Angebotes der rund 60 Marktkaufleute.

Ein guter Werbeverkäufer sollte „dem Teufel Weihwasser verkaufen" können. Doch diesen Schlag Marktbeschicker gibt es kaum noch. Wesentliche Bestandteile des Cannstatter Festes waren das eigentliche Volksfest, die Fruchtsäule, das landwirtschaftliche Hauptfest, die Viehmärkte und der Krämermarkt. Der Krämermarkt konnte sich in der 200-jährigen Geschichte behaupten, allerdings findet er heute nur noch in abgespeckter Version statt. Während sich die Bürger aus Stadt und Land früher mit allerhand in Hof und Haus nützlichen Gegenständen versorgen konnten, fristet der Krämermarkt heute eher ein Schattendasein. Früher gab es jeweils einen Krämer-, einen Fass-, einen Kübeles-, und einen Geschirrmarkt. Da heute aber weder Fässer noch Kübel gebraucht werden und Geschirr anderswo erwerbbar ist, hat sich das Angebot auf einen reinen Krämermarkt reduziert. Der Name „Kübelesmarkt" besteht aber im Cannstatter Brauchtumsverein weiter, der 1924 einen Ball im Kursaal unter dem Motto „Kübelesmarkt" veranstaltete. Daraus entstand eine Fasnetzunft mit Trachtengruppe und

Schaustellerpfarrer Johannes Bräuchle beim Schaustellergottesdienst im Weinzelt Cannstatter Oberamt

Blasmusik – die jahrelang die Eröffnung des Volksfestes begleitete. Aus dem Kübelesmarkt heraus entstand 1994 der Cannstatter Volksfestverein.

Sicherheit

Sicherheit wird auf dem Volksfest großgeschrieben, suchen doch Jahr für Jahr Millionen Besucher das Festgelände auf dem Cannstatter Wasen auf. Veranstalter, Polizei, Feuerwehr, DRK und Jugendamt sorgen dafür, dass die „Benutzerordnung" eingehalten wird, die das Amt für öffentliche Ordnung zusammen mit der Polizei erstellt hat. Darin sind Aufenthalt, Verhalten und Jugendschutz näher festgelegt. Sorgten in den Anfangsjahren des Volksfestes die Bürgerwehren von Cannstatt und Stuttgart für Ordnung, so ist es heute die Polizei, die unterstützt von Security-Diensten in den Festzelten die Sicherheit gewährleistet. Eine eigene Wasenwache mit Küche und Ausnüchterungszelle ist an das Gebäude des Veranstalters angegliedert. Dort sind auch die Heimweghilfe und das DRK untergebracht. Schon Anfang des 20. Jahrhunderts gab es eine Wasenwache.

In 30 Metern Höhe verfolgt die Feuerwehr das Geschehen auf dem Wasen. In einer Kanzel der Feuerwache in der Mercedesstraße sitzen täglich zwischen 10 und 24 Uhr, freitags und samstags bis 1 Uhr im Vier-Stunden-Schichtbetrieb Feuerwehrmänner, ausgerüstet mit Fernglas, Lageplan und Notizblock. Dampfende und rauchende Schaustellergeschäfte machen ihnen die Arbeit nicht gerade leicht.

Das Jugendamt unterstützt Polizei und DRK auf dem Volksfest. Auch das Jugendamt ist mit Mitarbeitern von

Wasendoktor Rolf Kübler beim Volksfestumzug 2012

Allgemeinem Sozialdienst, Erziehungshilfe, Mobiler Jugendarbeit und Drogenberatung dauernd vor Ort.

Im Auftrag des Herrn – die Wasen-Gottesdienste

Schausteller sind meist gläubige Menschen. Eigene Schausteller-Seelsorger beider Konfessionen kümmern sich um die von Festplatz zu Festplatz Reisenden. Eine schöne Tradition ist der Schausteller-Gottesdienst, der alljährlich als ökumenischer Gottesdienst im Festzelt der Familie Zaiß gefeiert wird. Ein weiterer Gottesdienst ist der schwäbische Mundartgottesdienst, der immer am ersten Volksfestsonntag vor dem Festzug stattfindet. Ein Gottesdienst in der eigenen, schwäbischen Mundart trifft tiefer, berührt inniger, ist näher an den Menschen dran. Deshalb hat Pfarrer Manfred Mergel erstmals 2008 und seither jedes Jahr einen schwäbischen Mundartgottesdienst im Schwaben Bräu-Festzelt abgehalten, der sich wachsender Beliebtheit erfreut. Auch beim Traditionsmorgen gibt es vor dem Programm eine kleine ökumenische Andacht, die an die Wurzeln des Festes als Erntedankfest erinnert.

Der Wasendoktor

Dauernd auf dem Volksfest präsent ist der Wasendoktor Rolf Kübler – einmalig in Deutschland. Er kümmert sich um die kleinen und großen Wehwehchen der Schausteller, flitzt den ganzen Tag über den Wasen und ist leicht erkennbar an seinem Hut, seiner Arzttasche und dem Knopf im Ohr, mit dem er dauernd Zugriff auf sei Handy hat. Auch von seiner Praxis im Stuttgarter Osten, die er mittlerweile seinem Sohn übergeben hat, ist es nicht weit auf den Wasen. Neben dem Volksfest betreut er auch das Frühlingsfest, Sommerfest und den Stuttgarter Weihnachtsmarkt. Einen Praxisraum gibt es auf dem Wasen nicht. Der Wasendoktor besucht die Schausteller in ihren Betrieben. Untersuchungen finden in den Wohnwagen hinter den Geschäften statt. Eine Schaustellerin lobte ihn: „Der Doktor Kübler ist für uns so etwas wie eine männliche Mutter Theresa.“[3]

Die Wasenschule

„Die Welt ist unser Feld“ lautet der Leitspruch der Schausteller. Sie sind meist das ganze Jahr unterwegs und reisen von Festplatz zu Festplatz. Und mit ihnen ihre schulpflichtigen Kinder, denn nicht alle Schausteller schicken ihre Kinder ins Internat. Und so müssen die Kinder alle paar Wochen die Schule wechseln. Aber es gibt auch Lehrkräfte, die die Kinder direkt auf dem Volksfest betreuen. Ein Raum im Verwaltungsgebäude, in dem sonst Schulungen für die Feuerwehr stattfinden, wird zur Volksfestzeit zum Klassenzimmer. Und so wird von acht bis zwölf Uhr intensiv gearbeitet – und zwar alle Altersstufen in einem Raum.

Gemeinsames Lernen aller Altersstufen in der Wasenschule

200 Jahre Volksfestfreude – eine Chronologie

Vieles hat sich in zweihundert Jahren beim Landwirtschaftlichen Hauptfest (LHW) und beim Cannstatter Volksfest verändert, manches hat sich aber auch erhalten. Die bedeutendsten Ereignisse und Entwicklungen sind in dieser Chronologie aufgeführt.

Zu Beginn des 19. Jahrhunderts stand der landwirtschaftliche Aspekt ganz im Zentrum des Festes. Das Volksfest mit all seinen Belustigungen war lediglich das Rahmenprogramm des Landwirtschaftlichen Festes. Diese ursprüngliche Konstellation veränderte sich und das Volksfest mit seinen Schaustellern, Wirten und Krämerständen drängte sich mehr und mehr in den Vordergrund und machte das landwirtschaftliche Hauptfest nach dem Ersten Weltkrieg zunehmend zum Beiwerk. Bis heute allerdings wirkt das Landwirtschaftliche Fest nachhaltig auf die württembergische Landwirtschaft, gab bedeutende Anstöße und war entscheidend am Wandel der Agrartechnik beteiligt. Obwohl das „Landwirthschaftsfest zu Kannstadt“ den Ursprung des Festes bezeichnet, drängte sich das Drumherum, das Volksfests mit seinen Buden und Schaustellern, immer mehr in den Vordergrund. Dennoch wurde das Landwirtschaftliche Fest weiterentwickelt und es gab neben den Viehprämierungen auch Preise für Obst- und Gemüseerzeugung und die schon beim ersten Fest vermisste Ausstellung landwirtschaftlicher und gewerblicher Erzeugnisse und Pferdeschauen. Später wurden auch neueste Maschinen und Chemieerzeugnisse, die aus der Industrialisierung hervorgingen, ausgestellt und prämiert.

König Wilhelm I. stiftete 1818 nicht nur Geldpreise, sondern auch Erinnerungsmedaillien für die prämierten Tiere und landwirtschaftlichen Erzeugnisse sowie die Sieger der Pferderennen.

In den ersten zehn Jahren des Festes gab es nur wenige Veränderungen. Es wurde Wert darauf gelegt, dass sich das Fest etabliert und zu einer festen Institution im Königreich Württemberg werden würde. Dennoch wurde nach dem zweiten Fest **1819** aufgrund gesundheitlicher Schäden bei

Die Königsloge auf dem Landwirtschaftlichen Fest 1825

Wer keinen Platz auf den Tribünen fand, musste sich halt mit einem Astloch als Durchguck zufrieden geben.

Zweimal Kaspar: die Moritat von Kaspar Hauser (oben), Kasperletheater (unten)

den Akteuren das so allseits beliebte Schifferstechen eingestellt. Am 9.1.1819 stirbt Königin Katharina überraschend im Alter von erst 31 Jahren. Die Trauer im Land war groß.

Schlechte Verbindung nach Stuttgart

1828 wird von Seiltänzern, Kunstreitern und vom Vogelschießen berichtet. Die Beliebtheit des Festes erforderte, da immer weitere Besucherkreise in den Bann gezogen wurden, erste bauliche Maßnahmen zur Bewältigung des Besucherstroms. **1831** wurde auf Staatskosten eine Behelfsbrücke in Höhe des heutigen Wilhelmatheaters erbaut. Über deren marode Bauweise wurde aber bereits 1832 geklagt. 1838 gab es eine steinerne Brücke, die Wilhelmsbrücke. Erst 1893, mit Einweihung der König-Karls-Brücke, wurde eine stabile Verbindung zwischen der Residenzstadt Stuttgart und der Oberamtsstadt Cannstatt installiert.

1834 organisierten die Cannstatter Zünfte einen Aufzug zum Wasen. Immer wieder war die Oberamtsstadt Cannstatt bei der Ausführung des Festes gefragt. So wurden die Märkte jeweils von der Stadt organisiert, das Fest selber aber vom Landwirtschaftlichen Zentralverein.

1836 gab es ein Rennen durch die Stadt Cannstatt. Wie das genau ausgesehen hat, ist nicht mehr nachzuvollziehen.

Das vermutlich erste Festzelt stellte der Cannstatter Ochsenwirt Kübler im Jahr **1837** auf. Neben Wein schenkte er auch Ulmer Lagerbier aus.

10.000 Württemberger aus allen Oberämtern, aus Handwerk und Gewerbe sowie aus der geistlichen Obrigkeit und der königlichen Verwaltung gestalteten den großen „Festzug der Württemberger", der anlässlich des 25-jährigen Regierungsjubiläums von König Wilhelm I. an seinem Geburtstag, dem 27. September 1841, in Stuttgart stattfand. Teile davon paradierten tags darauf über das Rennoval auf dem Cannstatter Volksfest. Kolorierte Lithografie.

1838 wurde der vom königlichen Hofbaumeister Nikolaus von Thouret entworfene Cannstatter Kursaal eingeweiht. Fortan fanden zur Volksfestzeit Ausstellungen von landwirtschaftlichen Erzeugnissen und Geräten sowie Obstausstellungen im Kursaal statt. Und auch zu großen Banketten waren die Vertreter der landwirtschaftlichen Vereine vom König in den Kursaal eingeladen.

War der Aufbau des Festes in den ersten zwanzig Jahren wild und nicht organisiert, wurden **1839** erstmals „gleichmäßige Buden" gefordert. Zum großen Teil wurde das **1840** auch verwirklicht.

Erinnerungsmedaille an das Regierungsjubiläum König Wilhelms I.

1841 feierte König Wilhelm I. sein 25-jähriges Regierungsjubiläum. Zu diesem Anlass wurde ein großer Festzug veranstaltet, der fälschlicherweise oft als der erste Volksfestumzug bezeichnet wird. Dieser fand in Stuttgart statt und fiel lediglich mit dem Volksfest zusammen, das der Stiftung folgend am Tag nach dem Geburtstag des Königs gefeiert werden sollte. Allerdings sind etliche Gruppen aus diesem Festzug am Tag darauf, dem eigentlichen Tag des Cannstatter Festes, auch über das Rennoval auf dem Wasen paradiert.

1842 gab es während des landwirtschaftlichen Festes eine Tagung der deutschen Land- und Forstwirte.

1844 stand zwar immer noch das landwirtschaftliche Fest im Mittelpunkt, aber die Volksbelustigung im und Sehenswürdigkeiten auf dem Festplatz nahmen zu. Während des Festes war Stuttgart wie ausgestorben. Ernst Dertinger[1] berichtet in seiner blumigen Beschreibung des Festes von Puppenkomödien mit Hanswurst, musikalischen Jahrmarktvirtuosen, Taschenspielern und Deklamatoren, vom Baumklettern, von Seiltänzern, vom Hahnentanz, Sacklaufen, Schifferstechen, von Menagerien, Jongleuren, Kunstreitern, Riesen und Zwergen, Panoramen und Dio-

Menagerien, die Zurschaustellung von exotischen Tieren, Kunstreiter und zirzensische Darbietungen beherrschten das Schaustellertreiben im 19. Jahrhundert. Postkarte o. J.

Ein besonders bei Jungen beliebtes Vergnügen war 1845 das Baumklettern, bei dem am Ende ein Preis vom Kranz gezupft werden durfte. Radierung.

ramen, Schattenspielen und Puppentheatern, Karussells, Guckkästen, Feuerfressern, Affenkomödien, Drechslerbuden und Bilderbögen. Dertinger berichtet weiter: *„Außer diesen Volksvergnügen findet alljährlich noch eine Art Nachfeier des Volksfestes statt. Am folgenden Tage nämlich feiern die Schützen aus Nähe und Ferne den Geburtstag ihres königlichen Beschützers durch ein festliches Sternschießen, und der Wettrennen-Verein, welcher Mitglieder aus allen Ständen zählt, gibt ein großes (Pferde-)Rennen in verschiedenen Klassen, an dessen Schluss sodann ein edles, im Lande gezüchtetes Pferd durch eine Lotterie ausgespielt wird."* Der Chronist unterlässt eine detaillierte Beschreibung, weil er diese Nachfeier nicht zum eigentlichen Fest zählte.

Wirte öffnen länger

Wer eine Konzession durch das Cannstatter Stadtschultheißenamt bekam, konnte seine Zelte so lange aufschlagen, wie er wollte. So waren es in der gesamten

200-jährigen Geschichte des Festes meist die Wirte, die eine Verlängerung des ursprünglich eintägigen Festes erreichen wollten. Sie hatten und haben allerdings auch erheblich mehr Aufbauarbeit zu leisten als Schausteller oder Tierhalter. So belegt eine Zeitungsanzeige aus dem Jahr **1845** im Schwäbischen Merkur, dass der Cannstatter Ochsenwirt Kübler sein Zelt bereits am 21. September öffne, *„sofern gutes Wetter sei"*.[2]

1846 drohten die Wogen der Begeisterung überzuschwappen. Das Volksfest war wie nie zuvor von einer ungeheuren Menschenmenge besucht. In drei Tagen wurden 6560 Maß Bier ausgeschenkt. Die neu vermählte Kronprinzessin Olga lockte durch ihr erstmaliges Erscheinen in der Öffentlichkeit eine große Anzahl Neugieriger herbei. Dazu trug auch die neu eröffnete Eisenbahnstrecke bei: Zwischen Cannstatt und Esslingen verkehrten an diesem Tag acht Züge. Die Besucherzahlen wurden in den folgenden Jahren durch den Eisenbahnbau deutlich erhöht.

1847 verhinderte die Teuerung das Fest, nicht aber die politische Unruhe des Jahres **1848**, sodass das Cannstatter Volksfest ganz im Zeichen der allgemeinen revolutionären Umtriebe stand.

Begeistert und aufgewühlt durch die badische Revolution eines Friedrich Hecker und eines Gustav Struve, wollte der Gaildorfer Glasfabrikant Gottlieb Rau auf dem von ihm sogenannten „Cannstatter Volkstag" am 28. September den württembergischen König zur Abdankung zwingen und die Republik ausrufen, *„um dem Volke sein uraltes Recht, seine Souveränität wiederzugeben und das unerträgliche Joch abzuschütteln"*, wie Rau im Namen des Volks-Ausschusses bei einer Kundgebung in Rottweil bekannt gab. *„Dass sich das Gerücht verbreitet hatte, dass ein früherer Glasfabrikant Rau, der sich aus mancherlei nicht sehr lobenswerten Gründen der Partei der unzufriedenen Unruhestifter angeschlossen hatte, mit einer ansehnlichen, bewaffneten Schar seiner Gesinnungsgenossen gegen Cannstatt ziehen werde, um auf dem Volksfeste Skandal zu erregen und Gewalttat zu verüben, so war die hiesige Stadt mit ihrer ganzen Umgebung durch Infanterie, Artillerie und Reiterei besetzt worden, um jede Störung der Ordnung und Sicherheit sofort auf das nachträgliche entgegenzutreten. Zum Glück war das Einschreiten der bewaffneten Macht nicht nötig geworden."*[3] Die Stuttgarter und Cannstatter Bürgerwehren wurden in Alarmbereitschaft gesetzt und auf den umliegenden Bergen beidseits des Neckars wurden Kanonen aufgestellt. Im benachbarten Berg stand ein ganzes Reiterregiment Gewehr bei Fuß und auf dem Burgholzhof war Artillerie stationiert. Kurzum, der Festplatz bot ein kriegerisches Bild. Man befürchtete ein Attentat auf den König. Rau wollte einen Sternmarsch von Rottweil aus organisieren. Angesichts dieser deutlich sichtbaren uniformierten Übermacht und auch wegen des aufkommenden starken Regens und der ausbleibenden Unterstützung aus anderen Landesteilen zogen es die rund 1000 Demonstranten vor, schon in Balingen umzukehren.[4] Weil viele Revolutionäre ihren Frust in Schnaps ertränkten, nannte man den gescheiterten Umsturzversuch „Zwetschgenfeldzug". 60 Jahre später sollte dann das Ende der Monarchie dennoch vollzogen werden. Bis dahin aber blieb das Königshaus Württemberg mit dem Volksfest und dem Landwirtschaftlichen Hauptfest eng verbunden.

Auf dem Schwäbischen Turntag am 1. Mai 1848 in Esslingen wird diskutiert, *„das bestehende Volksfest in Cannstatt durch Hinzuziehung der volksthümlichen Kräfte der Sang-, Turn- und Schützenvereine zu einem wirklichen Volksfeste zu machen"*.[5] Und so gab es ein großes Turn- und Liederfest. Wegen der freiheitlichen Reden verzichteten die Offiziere aber fortan auf ihr Pferderennen.

1849 folgte am Tag nach dem Volksfest das große Landesschießen des Württembergischen Schützenvereins, das mit einem Festzug begonnen wurde.[6] Die Ulmer Zeitung erinnert an die politischen Unruhen des Jahres 1848: *„Das diesjährige Volksfest verspricht ein sehr glänzendes zu werden, es schließt sich ein großartiges Landesschießen, ein Preissängerfest und Turnversammlungen daran, sodass es jetzt erst seine wahre Bedeutung erhält. Im verflossenen Jahre*

Der Stuttgarter Bilderbogen von 1850 vermittelt eindrucksvoll und in gefälligen Reimen das Treiben auf dem Cannstatter Volksfest.

Stuttgarter Bilderbogen.

Das Volksfest zu CANNSTATT nebst Jahrmarkts Scenen.

O Mama! o Papa! der Hanswurst ist da
Schon hör ich von weitem sein lustig „ha! ha!"
O, lass uns eilen, es geht jetzt schon los
Da ist seiner Grossmutter ihr Schnupftabacksdos'!

All's herein spaziert!
Als herein um's Geld!
Hier wird producirt
Eine Reis' um die Welt

Um sechs Kreutzer können Sie
Eine Reis' von Jahren
Machen schnell u. ohne Müh'! –
Jetzt wird abgefahren!

In Cannstatt auf dem Wasen
Hält man ein Fest alle Jahr,
Da ist ein Singen u. ein Blasen,
Ein Jubeln der fröhlichen Schaar.

Da ist die Festes Säule
Mit Früchten reich behängt.
Um stattliche Küh u. Gäule
Das Volk sich staunend drängt.

Auf den Tribünen sitzen
Viel Damen herum u. Herrn.
Vom nahen Zelte blitzen
Brillantene Ordenstern.
Es fliegen die Renner,
Es klatschen die Hände.
Ein „Hurrah" dem Sieger,
Und goldene Spende.

Es quicket die Pfeife, es rasselt die Tromm',
Mein Büblein u. Mägdlein! zum Bärentanz kom'! –
Es tanzet der Bär mit bedächtigem Schritt.
Es hüpfen u. springen die Aefflein auch mit.
Der Baer trägt den Maulkorb, drum geh'du nur hin
Und leg ihm den Kreutzer aufs Teller von Zinn.

Vorbei ist das Rennen, jetzt geht es zum Essen
Dabei wird begreiflich der Trank nicht vergessen.
Und dass auch das Ohr und das Auge sich freut
Vertreibt dir der Geiger u. Künstler die Zeit.

Schnurranten hier singen sich heiser den Hals
Die Thaten zu bringen des grässlichen Fall's
Die „Morithat" zeigt ein Bild sonnenklar
Zu Berge dir steigt vor Schrecken das Haar

Verlag u. Eigenthum
von F. G. Schulz in Stuttgart.

N° 23

Obst- und Traubenausstellung im Cannstatter Kursaal, Radierung 1857

waren republikanische Volksversammlungen damit verbunden, weshalb man den ganzen Platz mit Kanonen und Militär umstellt hatte. Diesmal erhält es wohl ein freundlicheres Aussehen." Auch ein Kinderfest mit Preisspringen wurde 1849 durchgeführt.

1850 präsentierte man eine Ausstellung für Hopfenanbau und Gemüse, während **1851** wegen eines Missjahres und Überschwemmungen des Wasens das Fest ausfallen musste. Das Wasser stieg so stark, dass Zelte und Buden einfach weggespült wurden.

200 Obstsorten im Kursaal

1852 fand eine Obstausstellung im Kursaal statt, *„zu welcher aus allen Teilen des Landes das schönste von den Erträgen der Obstbaumzucht geliefert wurde. Von einem einzigen Gutsbesitzer waren oft gegen 200 Obstsorten zu sehen".*[7]

Obwohl das Haupt-Fest **1853** offiziell immer noch nur einen Tag dauert, hat man insgesamt neun Tage, nämlich vom 22. bis zum 30. September, gefeiert.

1856 fand die Schaustellung der Gewerbeerzeugnisse des Landes statt. Durch eine Verkettung geschickt gelagerter Wochentage feierte man auch in diesem Jahr insgesamt neun Tage, nämlich vom 22. bis 30. September. Das ist die längste Festdauer der Frühzeit. 1856 gab es gar eine „Fortschrittsausstellung". Der König ließ es sich nicht nehmen, die Ausstellung zu besuchen, bevor sie für die Bevölkerung geöffnet wurde. 156 Aussteller waren vertreten.[8]

Kaiser-Treffen 1857

1857 war ein besonderes Volksfestjahr, das sogar eine gewisse weltpolitische Bedeutung hatte. König Wilhelm I. von Württemberg lud die nach dem Krimkrieg, der im Jahr davor zu Ende gegangen war, gegnerischen Monarchen Kaiser Napoleon III. und Zar Alexander, seinen Schwager, zu einer Friedenskonferenz nach Stuttgart ein. So wurde der Cannstatter Wasen zum internationalen politischen Parkett: *„Dass diese Herrscher nicht hierher kamen um unser Volksfest zu verschönern, weiß die ganze Welt"*, heißt es in einer zeitgenössischen Schilderung. Sinn und Zweck des Kaisertreffens war eine Vereinbarung, um die stehenden Heere nach dem Krimkrieg in Europa zu vermindern: *„Möge diese Besprechung bewirken, dass sich darin das Heil Europas begründet habe."* Zar Alexander nahm mit großem Gefolge Quartier in der Villa Berg. Kaiser Napoleon III. wohnte im Neuen Schloss. Der Cannstatter Kursaal, das Neunersche Bad oder die Wilhelma waren Orte der Festlichkeiten. *„Absoluter Höhepunkt aber war des Königs Geburtstag am 27. September"*, schrieb das Amts- und Intelligenzblatt für das Oberamt Cannstatt, *„50.000 bis 60.000 Menschen harrten auf dem Cannstatter Wasen einem bis dahin noch nie erlebten Schauspiel entgegen. Dann: schmetternde Fanfarenstöße. Langsam im Schritt ritten die Majestäten, König Wilhelm I. in der Mitte, durch die unüberschaubare*

Das Cannstatter Volksfest 1857 im Zentrum der Weltpolitik: v. l. Kaiser Napoleon III., König Wilhelm I. und Zar Alexander

Menge, gefolgt von den Prinzen und den vielen Generälen, Diplomaten und Offizieren in den mannigfachsten Uniformen. Auf diese folgten die Kaiserin von Russland mit der Kronprinzessin, unsere verehrte Königin Pauline, die Königin von Holland und die anderen Prinzessinnen-Töchter, die Großfürstin und die Königin von Griechenland in einer langen Reihe von Hofwagen.“ Zeitungsschreiber aus „halb Europa“ hatten sich eingefunden. *„Dieser denkwürdige Tag wird einzig dastehen in der Geschichte des Volksfestes. Das Wetter war ungewöhnlich schön. Trotz der ungeheuren Menschenmenge, die in einer Staubwolke wogte, ist auf dem Festplatz nicht der mindeste Skandal, nicht die geringste Unordnung, nicht ein einziger Unfall, kein Diebstahl und keine Verhaftung vorgekommen. Gewiss ein Beispiel ohne gleichen bei einer zähflüssigen Gesellschaft, die sich auf 50.000–60.000 Köpfe bezifferte. Der französische Kaiser sprach seinen Beifall und seine Freude über die Haltung unseres Volkes, namentlich auf dem Wasen, mehrmals aus und verlieh dem Oberbeamten von Cannstatt, Regierungsrat von Kegeln, für die musterhafte Ordnung, die des Kaisers Bewunderung erregte, das Ritterkreuz der Ehrenlegion.“*[9]

Wilhelm I. ritt wie immer auf einem arabischen Schimmel, rechts neben ihm Napoleon III. von Frankreich auf einem prächtigen Fuchs, links neben ihm Zar Alexander II. von Russland. Alle Prinzen des königlichen Hauses folgten zu Pferde. Danach kamen die Wagen der Königin, der Zarin, der Königin von Holland und der Königin von Griechenland. Etwa 200 Generäle, Diplomaten und Würdenträger in glänzenden Uniformen schlossen sich an. Die Stuttgarter Stadtgarde zu Pferd begleitete die Hoheiten. Als „Zwei-Kaiser-Treffen“ schrieb sich dieses Ereignis in die Geschichtsbücher ein. Es gab eine große Obst- und Traubenausstellung und erstmals auch eine Geflügelausstellung, die nicht nur die Königin von Holland im Rahmen des Kaisertreffens besuchte, sondern auch König Wilhelm.

Erstmals schaffen Budengassen Ordnung auf dem Wasen

1858, vierzig Jahre nach seiner Gründung, hatte sich die Besucherzahl des Volksfestes verdoppelt. Man zählte rund 60.000 Besucher. *„Das Volksfest 1860 wurde am Freitag, den 28. September, unter dem Zuströmen einer ungeheuren Menschenmenge gefeiert. Der Volksfestplatz war in ein Lager umgewandelt worden: Die in früherer Zeit fast reglos aufgestellten Buden waren zum ersten Mal in drei große Hauptstraßen zusammengereiht, welche durch zahlreiche Nebenstraßen verbunden, mit denen regelmäßige Vierecke bildeten. Diese neue Einrichtung erwies sich als ebenso lobenswert wie praktisch, insofern Sie den von Jahr zu Jahr gewaltiger werdenden Menschenmassen gestattete, sich möglichst auszudehnen und frei zu bewegen. Das früher übliche, sehr beliebte Offizierswettrennen, das seit zwölf Jahren nicht mehr abgehalten worden war, ist in diesem Jahr erstmals wieder erneuert worden. Es hat sich nämlich unter dem Patronat seiner Hoheit des Prinzen Hermann von Sachsen-Weimar ein Rennverein unter den Offizieren gebildet, welche durch den Beitritt zahlreicher Teilnehmer rasch zu frischem, kräftigem Leben emporblühte“*, so der Chronist.[10]

Als Beiprogramm zum Volksfest gab es erstmals eine große Ausstellung landwirtschaftlicher Geräte im Kursaal: *„Seit dem Bestehen des Volksfestes traf man zwar jedes Jahr auf demselben eine Schaustellung landwirtschaftlicher Gerätschaften. Nicht nur fand man da selbst stets die Maschinen, welche zur Bewerbung um den Jahrespreis angekommen waren, sondern es hatte auch das Landwirtschaftliche Institut Hohenheim immer die neueren Geräte auf den Platz gebracht, deren weitere Verbreitung wünschenswert erschien. Aber immer hatten nur einzelne Männer aus der großen Zahl der Gewerbsgenossen ihre Geräte mitgebracht; immer waren vorzugsweise nur die einzelnen Maschinen zu sehen, welche das Bedürfnis der Zeit und die Fortschritte in der Mechanik neu hervorgerufen hatte. Um über diesen Fortschritt eine anschauliche Übersicht zu gewinnen und um die tüchtigen Leistungen in der Fabrikation land- und hauswirtschaftlicher Geräte zur allgemeinen Kenntnis zu bringen, hatte die landwirtschaftliche Zentralstelle aus Anlass des heurigen Volksfestes eine Geräteausstellung veranstaltet, zu deren Beschickung sämtliche württembergische Fabrikanten eingeladen worden waren. Dank der freundlichen Teilnahme der Herren Lanz und Comp. in Mannheim, welche in neuerer Zeit die Einführung englischer Ackergeräte in den Kreis ihrer kaufmännischen Beschäftigung hereingezogen haben, fand man daneben noch eine reichhaltige Sammlung von Geräten und Apparaten aller Art aus den besten englischen Fabriken zur*

Gedenkurkunde für die Abgesandten der landwirtschaftlichen Vereine zu König Wilhelms I. 81. Geburtstag, 1861

Vergleichung aufgestellt. Welch' mächtiger Fortschritt in der Entwicklung unserer landwirtschaftlichen Verhältnisse stellte sich vor Augen, wenn man die ausgestellten Geräte mit denen des Jahres 1818 verglich!"[11] Das holländische Königspaar besucht das Fest.

Immer wieder probierte man natürlich auch Neues auf dem Volksfest. So wurde das Landesturnfest für Schwaben **1860** in Cannstatt sozusagen als Fortsetzung des Volksfestes über drei Tage abgehalten und dessen Infrastruktur genutzt. Bereitwillig nahmen die freundlichen Cannstatter die zahlreich ankommenden fremden Turner ins Quartier und versorgten sie während des Turnfestes. Der Chronist schreibt jedoch: *„Die Verbindung von Turnfesten mit dem Landesvolksfeste wurde im allgemeinen nicht für sehr passend und empfehlenswert gefunden."*

König Wilhelm, der „unermüdliche Beförderer der Landwirtschaft"

1861 erschien die erste humoristische Volksfest-Zeitung als „Organ für das bummelnde Publikum". Sie ist eine satirische Zeitung, die beispielsweise die angepriesenen „10.000 Portionen Sauerkraut" des Wirtes Teichmann mit einer fiktiven Anzeige glossiert, die für „Myriaden Portionen" wirbt. Das Volksfest des Jahres 1861 galt zugleich auch der Feier des 80. Geburtstages von Württembergs Herrscher, *„dem Vater seiner Untertanen und Beförderer des Volkswohlstandes"*.[12] Zunächst schien das Fest im anhaltenden Landregen zu versinken, aber am Morgen des 28. September *„heiterte sich der Himmel auf und ungeheuchelte Freude zog dadurch in aller Herzen ein"*. Die ganze Stadt war festlich geschmückt und reich beflaggt. Abordnungen aller landwirtschaftlichen Bezirksvereine des Landes waren mit ihren Festfahnen erschienen und reihten sich in einen feierlichen Umzug, der vom Cannstatter Rathaus aus – angeführt durch eine Anzahl *„hiesiger Jungfrauen in*

König Wilhelm begutachtet die prämierten Tiere 1861, Lithografie

weißen Kleidern mit breiten schwarz-roten Schärpen und Efeukränzen im Haar“ und unter Vorantritt und Leitung von Festordnern, auf den Festplatz Cannstatter Wasen zog. Nach den Vorführungen zog ein feierlicher Zug aller Abgeordneten der landwirtschaftlichen Bezirksvereine zum Kursaal, um „an einem einfachen, aber kräftigen und wohl bereiteten Mahle teilzunehmen“. Rund 700 Teilnehmer ließen den greisen Monarchen hochleben. Die meisten europäischen Fürstenhäuser schickten Abgesandte zur Geburtstagsfeier des Königs. Sogar Königin Isabella II. von Spanien fand sich ein.

1862 war das Volksfest noch besuchter als das des Vorjahres. Die Eisenbahnverwaltung übernahm die unentgeltliche Beförderung von Tieren, die daher auch aus ferner gelegenen Landesteilen zur Bewertung und Auszeichnung anreisten. Selbst im hohen Alter von 81 Jahren ritt König Wilhelm hoch zu Ross auf den Festplatz und wurde stürmisch begrüßt. Wie üblich wurden die prämierten Tiere vorgeführt und anschließend fanden das Wagenrennen und das Pferderennen statt. Auch am darauffolgenden Festtag, als das traditionelle Offiziersrennen abgehalten wurde, ließ es sich der betagte Herrscher nicht nehmen, an dem vom ihm gestifteten Fest teilzunehmen.

„Das Volksfest **1863** *wurde üblicherweise gefeiert. Die Ausstellung der Tiere, die mit Preisen bedacht worden waren, sowie der verschiedenen Maschinen und Gerätschaften war eine andere als in den früheren Jahren. Um 11 Uhr traf seine Majestät König Wilhelm auf dem Festplatze ein, wo er mit umso lebhafterem Jubel empfangen wurde, als man immer noch ungewiss war, ob man den erst von einer Krankheit genesenen Landesvater am heutigen Tage erscheinen sehen werde. Nachdem der König mit großem Interesse nicht nur die ausgestellten Tiere, Maschinen, sondern auch die verschiedenen zur Ausstellung gebrachten landwirtschaftlichen Produkte einer eingehenden Besichtigung unterworfen hatte, kehrte er sofort wieder nach Stuttgart zurück, worauf die mit Preisen bedachten Tiere vorgeführt und an deren Eigentümer die ihnen zugedachten Belohnungen durch die Minister des Inneren, Freiherrn von Linden, übergeben wurden.“*[13] Den Abschluss des Festes des Jahres 1863 bildete ein halbstündiges Feuerwerk, das auf dem rechten Neckarufer abgebrannt wurde. Der König ließ den Park des Rosensteins für sein Volk extra öffnen. Auf der Straße zwischen Cannstatt und Berg sowie auf dem rechten Neckarufer hatte sich eine ungeheure Menge von Menschen versammelt: *„Gegen eine halbe Stunde fesselte das prächtige Schauspiel, dessen gelungensten Partien unstreitig der in Brilliantfeuer glänzende Namenszug des geliebten Königs und die Raketenfontäne war, mit der das abschloss, das Auge der Zuschauer. Bei der sichtbaren Abnahme der Kräfte seiner königlichen Majestät wollte es vielen Leuten dünken, als ob dieses prachtvolle Feuerwerk gleichsam das letzte Abendrot am Lebenshorizont des allverehrten Königs sei und gewissermaßen den letzten freundlichen Gruß bilde, mit dem ein geliebter Fürst von seinem treuen Volke Abschied nehme. Leider sollte kurze Zeit darauf diese Ahnung zur Wahrheit werden.“* In der Tat sollte dieses Volksfest das letzte seines Gründers werden. König Wilhelm I. starb am 25. Juni 1864 auf Schloss Rosenstein.

Prominenteste Besucher des 46. Volksfestes **1864** waren der neu inthronisierte König Karl und Königin Olga. Wie in der Schwäbischen Chronik zu lesen ist, traf der König um 11 Uhr zu Pferde in Begleitung der Prinzen Friedrich von Württemberg und Hermann von Sachsen-Weimar auf dem Wasen ein. Die Königin folgte im sechsspännigen offenen Wagen. Zuerst besichtigte das Herrscherpaar die Früchte-, Produkte- und Modellausstellung der landwirtschaftlichen Zentralstelle, dann die hinter der königlichen Tribüne aufgestellten Landmaschinen und -geräte sowie schließlich die mit Preisen ausgezeichneten Zuchttiere. Anschließend fand ein Wagenrennen statt, das ein Cannstatter als Sieger beendete. Er legte die Strecke von 3500 Fuß (ein Fuß = 28,6 cm) in 5 Minuten und 18 Sekunden zurück. Diesem Rennen schloss sich erstmals ein Wettlauf der Turner an, der über 1200 Fuß „mit zweimaligem Umkehren“ ging. Hier siegte ebenfalls ein Cannstatter mit der auch heute noch gewiss sehr beachtlichen Zeit von 58 Sekunden. Die Reihe der Wettbewerbe schloss mit einem Jockeyrennen, das einen Stuttgarter als Sieger sah. König Karl, der den Rennen und Wettläufen von seiner Tribüne aus zugesehen hatte, nahm dann die Preisverteilung an die Besitzer der preisgekrönten Zuchttiere vor. Während er selbst den Züchtern die 65 Ehrenmedaillen überreichte, händigte Innenminister von Gessler die Geldprämien aus. Zu der Zuchtviehausstellung waren insgesamt 262 Tiere aufgetrieben worden, darunter auch vier des „ausgezeichneten Rosensteiner Schlag", die der König selbst hatte ausstellen lassen. Hervorragend beschickt war die Landmaschinenschau, über die die Schwäbische Chronik einen detaillierten Bericht gab. Es waren nicht nur zahlreiche deutsche, sondern auch englische, französische und amerikanische Geräte und Maschinen zu sehen. Besonders wies der Berichterstatter auf eine von der Hohenheimer Ackergeräthefabrik nach englischem Muster erbaute „fahrbare kombinierte Dampfdreschmaschine" hin, welche die *„Operationen des Dreschens, Putzens und Sortierens in einem einzigen Arbeitsgang zusammen verrichtet"*. Obwohl diese Maschine von mindestens gleicher Qualität wie die englische war, kostete sie doch mit 1450 Gulden um 150 Gulden weniger als das britische Modell. Auch noch viele andere landwirtschaftliche Geräte, die die Ausstellung enthielt, waren in Hohenheim konstruiert worden.[14] Rund 10.000 Besucher sahen diese Ausstellung.

Der Festplatz 1864, Radierung

König Karl hoch zu Ross beim Volksfest,
nach einem Ölgemälde um 1877

1865 wurde das Volksfest in der üblichen Weise gefeiert. Neu war lediglich ein Wettlauf der Turner, der von einem Bäckergesellen aus Cannstatt gewonnen wurde. König Karl und Königin Olga besuchten erst das Offizierswettrennen am zweiten Tag des Festes. 172 Aussteller hatten 262 Tiere zur Prämierung vorgeführt. Jeder Sieger erhielt einen Geldpreis und dazu noch aus der Hand des Königs ein Denkzeichen aus Bronze. Unter den auf dem Volksfestplatz ausgestellten landwirtschaftlichen Geräten und Maschinen wurden gezeigt: ein Hohenheimer Schraubenflug, ein Grignanpflug, ein Rübenerntepflug, eine ovale eiserne Egge, eine Ringwalze zur Bearbeitung der Wintersaaten in den Kleeäckern, eine rheinische Schrotmühle, eine Buttermaschine mit Diagonalachse und ein Sackheber aus England.

1866 fiel das Volksfest wegen des Deutschen Krieges aus.

1867 wurde das Volksfest wieder vom schönen Wetter begünstigt und in Gegenwart des königlichen Hofes *„und einer ungeheuren Menschenmenge in hergebrachter Weise und schönster Ordnung gefeiert."* Die Eisenbahn brachte Besucher und Tiere zum Volksfest. 308 Extrazüge und die täglichen 52 regulären Züge beförderten rund 120.000 Menschen nach Cannstatt, viermal soviele wie beim ersten Fest.

50-jähriges Jubiläum

1868 wurde das 50-Jährige Volksfestjubiläum hauptsächlich mit einem Festbankett im Kursaal gefeiert, denn das Fest selbst hatte sehr stark unter der Ungunst des Wetters gelitten. Aus Dankbarkeit und auf Anregung des Oberamtmanns von Kegeln wurde ein Komitee zur Errichtung eines in Cannstatt aufzustellenden Denkmals von König Wilhelm gegründet. Dieses Denkmal steht heute vor dem Cannstatter Kursaal. Im 19. Jahrhundert bürgerte es sich ein, diverse Festivitäten rund um das Cannstatter Volksfest zu legen. *„Am Sonntag, den 26. September* ***1869****, wurde in Cannstatt die 50-jährige Gedächtnisfeier des Bestehens der württembergischen Landesverfassung begangen."* Beim Pferderennen gab es zwei Unfälle, bei dem ein Reiter schwer

Anfahrt des Königspaars 1870 (oben). Erinnerungsblatt an die Silberhochzeit von König Karl und Königin Olga 1871 (rechts)

verletzt wurde und ein besonders edles Pferd so verletzt, dass es getötet werden musste.[15]

1870 fiel das Volksfest wegen des Deutsch-Französischen Krieges aus.

1871 wurde das 50. Volksfest in Verbindung mit der Silberhochzeit des Königspaars gefeiert. In der ganzen Stadt waren Häuser und Straßen geschmückt und beflaggt, und das Königspaar wurde durch 100 weiß gekleidete, mit schwarz-roten Schärpen und grünen Kränzen ge-

Die gleiche Szene aus zwei Perspektiven: Cannstatter Jungfrauen begrüßen das Königspaar 1871 zum 50. Volksfest.

1871
HEIL KARL
50 LANDWIRTHSCHAFTLICHE

Auch 1871 schmückt die Wirtembergia die Fruchtsäule, die auf dem Ausstellungsgebäude und der Ehrentribüne thront.

schmückte Jungfrauen, den Behörden und Bürgern ganz ungewöhnlich herzlich empfangen. Zugleich feierte man auch das 25-jährige Ehejubiläum von König Karl und Königin Olga. Ein landwirtschaftlicher Festzug fand allgemeine Anerkennung:[16] *„Ihre Majestät, die Königin fuhr mit einem prachtvollen Sechsergespann von Trakehner-Rappen ein. Zu ihrer Seite die Großherzogin Vera, kaiserliche Hoheit. Sie wurde mit 1000 stimmigem Hoch empfangen. Gleich darauf ritt seine Majestät der König unter den weithin sich fortpflanzenden Hochrufen der Festteilnehmer und den Klängen der Königshymne auf einem wunderschönen Rappen heran, eskortiert von der Stuttgarter berittenen Stadtgarde. Seine Majestät war begleitet von einer außerordentlich glänzenden Suite, in der man die königlichen Prinzen Wilhelm und August von Württemberg, den Herzog Wilhelm von Württemberg und Prinz Hermann zu Sachsen-Weimar bemerkte."*[17]

Ein beliebtes Streitthema in den 1870er-Jahren hatte einen anrüchigen Charakter. Cannstatt, längst mondänes Bad geworden, kämpfte mit seinem landwirtschaftlichen Charakter und der nicht vorhandenen Kanalisation. Per Anordnung vom 20. September **1872** wird dafür gesorgt, dass es in Cannstatt übers Volksfest nicht zum Himmel stinkt: *„Aufforderung! Es ergeht hiermit aus gesundheitspolizeilichen Rücksichten an sämtliche Häuser-Besitzer und landwirtschaftstreibenden Einwohner die dringende Aufforde-*

rung, Kloaken, Mistjauchen und Winkel unfehlbar im Laufe der nächsten Tage und vor Beginn des Volksfestes zu leeren und zu reinigen, widrigenfalls jeder Säumige, wenn er dieser Aufforderung nicht nachkommen würde, was durch eine Nachvisitation konstatiert werden wird, missliebige Maßregeln zu erwarten hätte."

1873 verhinderte die Cholera das Fest.

Kaiser Wilhelm zu Besuch

Das Volksfest des Jahres **1876** bekam wieder blaublütigen Besuch. Kaiser Wilhelm I. von Preußen und Kaiserin Augusta, Kronprinz Friedrich Wilhelm sowie der Großherzog und der Erbgroßherzog von Baden besuchten Stuttgart. In Begleitung seiner Gäste ritt König Karl zum Cannstatter Wasen und wohnte dort dem ganzen Verlauf des landwirtschaftlichen Hauptfestes bei.

1877 fand zusammen mit dem Volksfest die Ausstellung der „Centralstelle des Landwirthschaftlichen Vereins" im Großen Kursaal statt. Auch **1879** gab es eine große Gartenausstellung und **1880** eine Obstbauausstellung.

Noch einmal **1881** nahm der greise 84-jährige Kaiser Wilhelm I. die Strapazen einer langen Reise auf sich, um neben dem 100. Geburtstag seines Namensvetters, König

Eine frühe Fotografie des Fruchtsäulengebäudes von 1874. Unten diente es als Ausstellungsraum, links und rechts war es Ehrentribüne.

Festmedaille 1885

Wilhelm I. von Württemberg, die weit über die nationalen Grenzen hinaus beachtete Landesgewerbe-Ausstellung, die im Umfeld des Volksfestes stattfand, zu besuchen.

König Karl beschließt zweijährigen Turnus

Das Zeremoniell der landwirtschaftlichen Feste und die weitere Ausgelassenheit der Volksfeste sind für das neue Königspaar Karl und Olga vermutlich mehr belastende Tradition als inneres Bedürfnis volksnaher landesväterlicher Fürsorge gewesen.[18] Während das Cannstatter Volksfest und das Landwirtschaftliche Hauptfest für König Wilhelm I. zeitlebens „Chefsache" waren, bedeuteten sie

Beim Besuch von Kaiser Wilhelm I. 1885 begleitete die Stuttgarter Stadtgarde zu Pferd ihn und das württembergische Königspaar zum Cannstatter Volksfest. Hier fährt die Entourage über die Wilhelmsbrücke.

für seinen Sohn und Nachfolger König Karl mehr Last als Lust. Umso weniger schätzte er das Bad in der Menge. **1882** beschloss König Karl, das Cannstatter Volksfest nur noch in einem Zwei-Jahres-Rhythmus abzuhalten. Die Liebe seines Vaters zu diesem Fest der Württemberger konnte Karl nicht teilen. Überhaupt weilte er viel lieber im fernen Italien oder am Bodensee als in seiner Residenzstadt Stuttgart. Die Stadt Cannstatt entschloss sich daraufhin wohl aus Furcht, dies könne der Anfang vom Ende sein, in den Lücken sogenannte „kleine Volksfeste" – d.h. ohne Landwirtschaftliches Hauptfest – zu veranstalten. Das Rahmenprogramm dieser königslosen Zwischenfeste war beachtlich. So ließ man das Fischerstechen wieder aufleben; Regatten und Uferbeleuchtung sowie ein Feuerwerk am Neckar und im Kurpark brachten zusätzliche Abwechslung.

Wieder ein Fischer- und Schifferstechen

1883 gab es ein großes Schifferstechen mit Beleuchtung des Neckarufers. Ein Fahrradkorso von Stuttgart aus wurde erstmals und vermutlich auch das einzige Mal durchgeführt. Tradition und Moderne sind zwei Begriffe, die das Wesen des Cannstatter Volksfestes nachhaltig beschreiben. So bot man beispielsweise schon 1883 der fortschrittsgläubigen Jugend ein „Velociped-Rennen", also ein Fahrradrennen in verschiedenen Klassen.

Gottlieb Daimlers Miniatur-Straßenbahn verkehrte während des Volksfestes vom Kursaal zum Wilhelmsplatz 1887.

1884 resümierte der getreue Cannstatter Chronist und Herausgeber der Cannstatter Zeitung, C.H.Beck, *„die Festlichkeiten nahmen einen überaus glänzenden Verlauf"*, und stellte abschließend befriedigt fest, dass die Zahl der herbeigeeilten Besucher die der gewöhnlichen Feste sogar noch übertroffen habe.

1885 verzeichnete die Stadt Cannstatt 7249 Mark Einnahmen, denen 5220 Mark Ausgaben gegenüberstanden.

1887 feierte man drei Tage. Es gab wieder ein Fischerstechen.

1888 waren die Pferderennen und die Landesobstausstellung die herausragenden Veranstaltungen des Festes.

Zur Jahrhundertwende wurden Zehntausende von Postkarten produziert und über das Volksfestpostamt verschickt.

Diese Postkarte von 1900 zeigt vieles, was sehr typisch für das Volksfest war: Werbung für Sauerkraut, Warnung vor Taschendieben, die dickste Frau der Welt, die Fruchtsäule, schwäbische Trachten, Pfauenfedern zum Necken der Damen, Tiere und eine Rauferei.

König Wilhelm II. führt den jährlichen Turnus wieder ein

1889 wurde erneut auf die Offiziersrennen verzichtet. Obwohl König Karl bereits als alt und gebrechlich galt, wurde das Volksfest, obwohl es kein offizielles war, *„mit Rücksicht auf das 25-jährige Regierungs-Jubiläum besonders glanzvoll gefeiert“*. Der Regent konnte selbst nicht mehr daran teilnehmen. Sein Neffe, Kronprinz Wilhelm, der nachmalige König Wilhelm II., übernahm bis zum Tod seines Onkels die Repräsentationsaufgaben.

1891 stirbt König Karl. Sein Nachfolger und Neffe Wilhelm II. bestimmte schon ein halbes Jahr nach dessen Tod, dass das Fest künftig wieder alljährlich in „offizieller Weise“ abgehalten werden solle. Diese Entscheidung wurde von den Cannstattern, aber auch im Ländle mit Jubel begrüßt. Sogleich fiel jedoch ein Wermutstropfen in den Bierkrug, denn wegen der in Hamburg ausgebrochenen Cholera musste das Volksfest **1892** leider ersatzlos ausfallen.

Die Einweihung der neuen Neckarbrücke, der König-Karls-Brücke, *„der modernsten Brücke Deutschlands“*, im

Jahr **1893** und die Eröffnung der elektrischen Straßenbahn im Jahre **1895** sorgten für einen außergewöhnlich starken Besuch des Cannstatter Volksfestes.

1896 fiel das Volksfest wegen der im Juni gezeigten „Wanderausstellung der deutschen Landwirtschaft“ und wegen der Einweihung des König-Wilhelms-Viadukts und der Taubenheim-Kaserne aus.

1902 gab es kein Landwirtschaftsfest. Erstmals gab es allerdings eine Ballonfahrt, die bis ins Gäu führte. Noch heute gehört der Ballonstart zum Rahmenprogramm des Volksfestes – allerdings nur bei schönem Wetter.

1903 wurde eine Sonderausstellung „Landwirtschaftliches Bauwesen“ und die Militärbrieftaubenausstellung mit Wettflug veranstaltet.[19]

1896 fiel das Volksfest wegen der 10. Deutschen Landwirtschaftlichen Ausstellung aus.

Landwirtschaftliche Denkmünze, die aus Anlass des 25. Regierungsjubiläums König Karls herausgegeben wurde.

1897 richtete Gottlieb Daimler einen Bootslinienverkehr zwischen dem Seilerwasen und dem Festplatz ein. Postkarte, Chromolithografie.

Die Anzahl der Postkartenmotive ist um die Jahrhundertwende sehr vielfältig. Sie zeigen, wie sich das Fest wandelte.

Lang ersehnt von vielen Tausenden

1905 fand der Zusammenschluss der beiden Städte Cannstatt und Stuttgart statt. Im Rahmen der Verhandlungen wurde die Elektrifizierung des Cannstatter Volksfestes vereinbart und anschließend realisiert. Wegen der Landwirtschaftsausstellung in München findet kein staatlicherseits organisiertes Landwirtschaftsfest statt. Die Stadt Stuttgart beschließt erstmals, in ihrer Verantwortung das Fest durchzuführen. In der Presse wird bereits von einem „Stuttgarter Volksfest“ gesprochen. Auch Luftballons mit dem Aufdruck „Stuttgarter Volksfest“ soll es gegeben haben. Aber auch hier, wie bei allen anderen späteren Versuchen, das Cannstatter Volksfest in ein „Stuttgarter Volksfest“ umzuwidmen, blieb es beim Ansinnen. Der Schwäbische Merkur bemerkt am 25. September 1905: *„So ist es also wiederum da, das Volksfest, lang ersehnt von unzähligen Tausenden, die sich eitel Freude und Genuss von ihm versprechen. Und wieder lockt die lustige Zeltstadt am Neckar mit tausenden Herrlichkeiten. Und doch ist es diesmal ein anderes als sonst. Der Wandel der Zeit ist auch an der Schwaben ureigenstem Fest nicht ohne Spuren vorübergegangen. Aus dem Cannstatter Volksfest ist nun auch ein Stuttgarter Volksfest geworden. Wer es nicht weiß oder wer es nicht glauben will, dem zeigen es unzweifelhaft die unzähligen Schutzleute in der Stuttgarter Uniform, die nun erstmals ihr neues Amt da unten auf dem Wasen ausüben, erzählen es auch die allenthalben auf den kleinen farbigen Luftballons angebrachten Aufschriften, die alle auch von einem ‚Stuttgarter Volksfest‘ berichten. Doch wenn vielleicht dadurch auch Cannstatts Name einigermaßen in den Hintergrund getreten ist, so möge doch das Fest trotzdem in seinen Grundzügen das* *alte lieb gewordene bleiben und es möge auch ferner, wie all die Jahre hindurch, einen Beweis dafür erbringen, dass Stuttgart und Cannstatt zusammengehören."*

Laut Gemeinderatsprotokoll standen 61.000 Mark Gesamteinnahmen Ausgaben in Höhe von rund 35.000 Mark gegenüber. Schon damals war das Cannstatter Volksfest für die Stadt also ein lukratives Geschäft. Zu den Ausgaben kommen aber noch die einmaligen Elektrifizierungskosten in Höhe von rund 8000 Mark hinzu, die aber auf mehrere Jahre anzurechnen sind. Im Protokoll heißt es weiterhin, *„aber nicht nur die Stadtkasse werde durch die Abhaltung eines Volksfestes begünstigt, sondern, wie aus der vorliegenden Abrechnung zu ersehen sei, hätten sonst auch alle möglichen Gewerbetreibenden etc. Arbeit in unserem Dienst gefunden, die Vorteile die das Nahrungsmittelgewerbe von der Abhaltung eines Volksfestes habe, wird nicht besonders erwähnt zu werden brauchen."* Den Gemeinderäten war daran gelegen, dass das Volksfest nicht nur als reines Trinkfest abgehalten werden sollte, sondern auch, wie früher, gemeinnützige Veranstaltungen damit verbunden sein sollten. Gemeint waren beispielsweise Pferderennen in drei Gewichtsklassen, für die sich auch das königliche Kriegsministerium interessierte. Die Sperrstunde wird

Das tannenbegrünte Eingangstor 1906

Das Eingangstor mit Bildnis des Königspaars 1910

Ein wunderbares Bildkaleidoskop des Festgeschehens: Menschenmassen, Affentheater, Karussell, Kettenflieger, Buden ..., um 1900

mit dem Hinweis, dass das Münchner Oktoberfest sogar bis 10 Uhr abends geöffnet sei, von 20 auf 21 Uhr verlegt. Einer der Höhepunkte war das Wettrennen der Arbeitspferde, bei der die Stuttgarter Brauereien die ersten Preise einheimsten.

Eine Million Besucher

Obwohl wegen einer landwirtschaftlichen Ausstellung in München **1905** kein Landwirtschaftliches Hauptfest stattfand, musste das Fest wohl rund eine Million Besucher gehabt haben, denn allein die Straßenbahn hat in den vier Tagen rund 435.000 Volksfestbesucher befördert.[20] Tags zuvor berichtet die Presse, dass die eigens eingerichtete Poststelle auf dem Wasen rund 70.000 Postkarten entgegennahm, damals so modern wie heute E-Mail, SMS oder WhatsApp. Beim Militärbrieftaubenwettbewerb wurden 7000 Brieftauben in den Cannstatter Himmel gelassen. Eine war ausgestattet mit einer Huldigungsbotschaft Königs Wilhelms II. an den deutschen Kaiser Wilhelm in Berlin. Weitere Depeschen gingen an den Prinzregenten Luitpold in München und an den Großherzog von Baden. Die nur noch zweijährliche Abhaltung des landwirtschaftlichen Hauptfestes wird im Gemeinderat diskutiert.

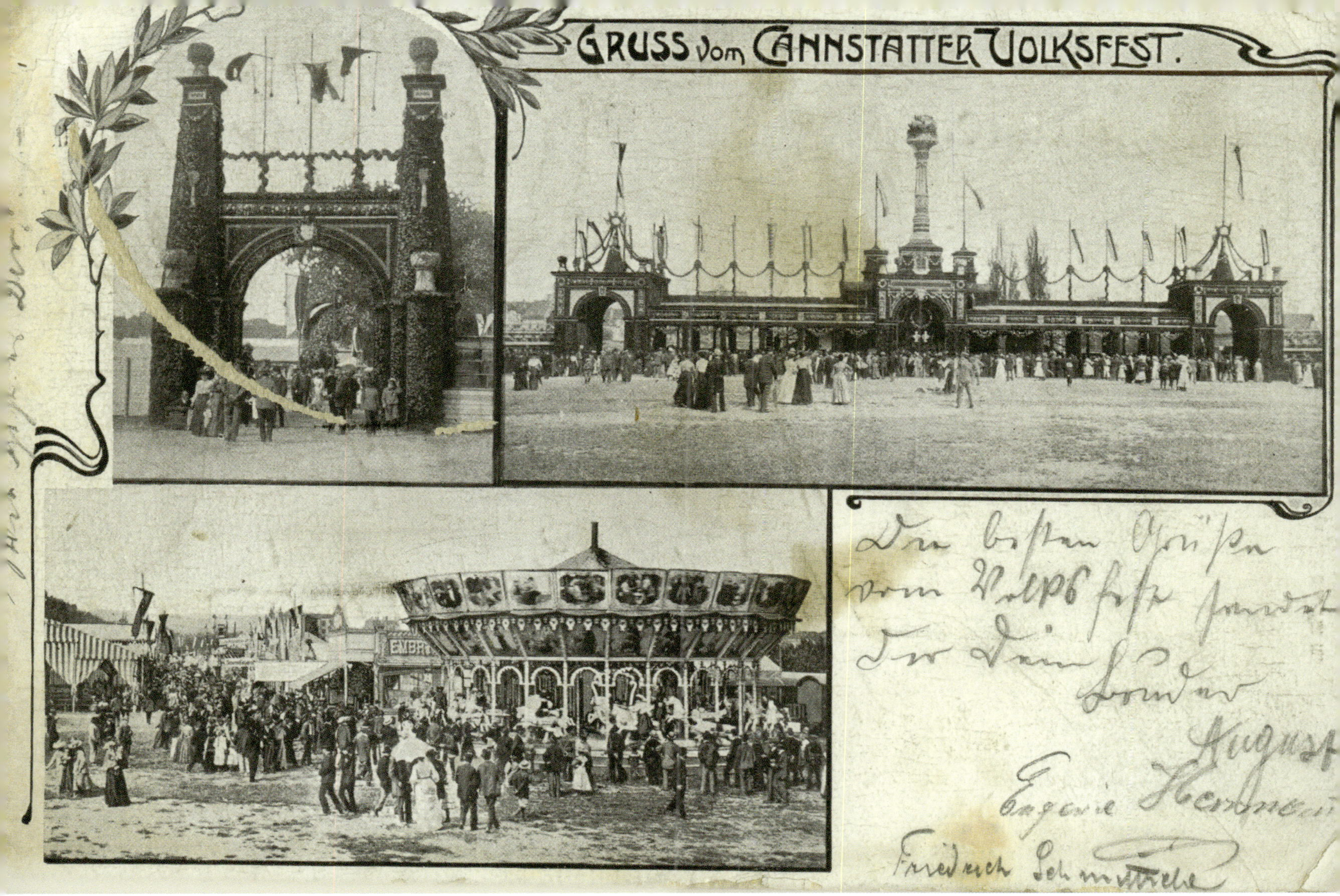

Wunderschöne Postkarte um 1910 mit Eingangtor, Fruchtsäule und Pferdekarussell

Die Schwäbische Tagwacht berichtet am 25. September 1905: *„An Schießbuden und Schiffsschaukeln, Rutschbahnen und Karussells (von den primitiven bis zu den mit Raffinement ausgestatteten Riesenkarussells) fehlt es heuer wiederum nicht. (…) Die Berg- und Tal-, sowie die Grottenbahn, zahlreiche Fotografie- und sonstige Kunstbuden, die ‚erste Cannstatter Wurstbratspießerei' usw. schließen sich dem Gesamtbild an. Das Hundetheater erfreute sich schon vormittags lebhaften Zuspruchs (…) 11 Uhr! Unzählige, mehr oder minder gut besetzte und geschulte Musikkapellen, ergänzt durch Drehorgel, Ziehharmonika, Dudelsack, Sängerflöten, Pfeifen und Pfeifchen, Gitarre und Harfe verkünden den offiziellen Beginn des Volksfestes mit der glänzenden Wiedergabe eines*

Voll war es auf den Cannstatter Volksfest schon immer.

1910 sah es so auf dem Wasen aus: Die Poststelle rechts stellt viele Volksfestmotivkarten aus.

Potpourri, wie es reichhaltiger und ‚harmonischer' wohl auf dem ganzen Erdenrund nicht mehr gehört wird."

1906 wurden für die Rückbeil'sche Kapelle 270 Mark ausgegeben. Für den Verein „Fürsorge für Gasthof-Gehilfinnen und Kellnerinnen" wurde in der Nähe der Polizeiwach-Bude eine Unterkunftsbude erstellt und von der Veranstaltungskommission bezahlt. Der Antrag der Esslinger Weißbierbrauerei auf Zulassung wird von der Volksfestkommission abgelehnt und auf die öffentliche Platzversteigerung hingewiesen. Es wurde vier Tage gefeiert. Die Stadt Stuttgart konnte **1907** mehrere Flächen ankaufen und so das Festgelände deutlich vergrößern. Zwei neue Straße wurden auf dem Wasen angelegt. Als besondere Sehenswürdigkeit gab es zum ersten Mal eine Rutschbahn. Das offizielle Festprogramm erhielt durch Turn- und Sportübungen eine Erweiterung. Es gab kein Landwirtschaftliches Hauptfest, aber mehrere Pferderennen in verschiedenen Klassen.

Auch **1908** fiel das Landwirtschaftliche Hauptfest wegen der Ausstellung der Deutschen Landwirtschaftsgesellschaft aus. Es fand ein Automobilkorso mit 23 Teilnehmern auf der Reitbahn statt.

1909 findet das letzte Landwirtschaftliche Hauptfest vor dem Ersten Weltkrieg statt.

1911 gab es nach längerer Zeit wieder ein Bauernrennen und Galopprennen für schwere Gebrauchspferde. Es wird das letzte Pferderennen der Volksfestgeschichte sein. Ein Corso feiert „150 Jahre Fuhrwesen".

Landung des Zeppelin-Luftschiffs Z VI auf dem Wasen, 1910

Schauflüge der „Aviatiker" auf dem Wasen, 1911

1913 feierte man das letzte Volksfest vor dem Ersten Weltkrieg. Neben der Rutschbahn waren als besondere Attraktion noch die „schwebende Krinoline", das Luftrad, das Teufelsrad und nicht zuletzt die „amerikanischen Röhren" zu bestaunen. Die Hauptstraße wurde asphaltiert.

1918 wurde das Fest seiner wichtigsten Grundlage beraubt, des Königshauses. König Wilhelm II. verzichtete auf die Krone und ging nach Bebenhausen. Es wurde überlegt, das Volksfest als überkommendes Relikt aus der monarchischen Zeit ganz abzuschaffen. Aber es kam anders. Der in Cannstatt lebende schwäbische Schriftsteller August Lämmle sprach davon, dass die Menschen in schweren Zeiten ein Recht auf Feste der Freude hätten, und stellte in der Schwäbischen Heimat einen Volksfestplan mit der Bitte um Mitwirkung und Kritik auf. Er empfahl, die Ausstellung und die Preisverleihung wie bisher durchzuführen. Ebenso sollten die Märkte wieder ein Bestandteil des Wasens werden und statt des früheren Besuchs durch den Königshof sollte ein Festzug stattfinden. Für die Kinder durften Kasperletheater, Seiltänzer sowie eine Menagerie nicht fehlen und es sollten Karussells, Schießbuden sowie der Hau-den-Lukas auf dem Volksfest zu finden sein. Neben Bier- und Weinzelten müssten mindestens ebenso viele Tee- und Kaffeebuden da sein. Lämmle schlug aber auch soziale und kulturelle Veranstaltungspunkte vor, wie den Bau von Musterhäusern, die der Wohnungs- und Geldnot Abhilfe schaffen sollten, eine Neuaufstellung der

Dass man sich auf dem Cannstatter Volksfest schmutzige Schuhe holen konnte, war bei nassem Wetter obligatorisch.

Eine hölzerne Achterbahn und erstmals eine Wasserrutschbahn waren 1913 die Attraktionen auf dem Wasen.

Hygieneausstellung zur Belehrung sowie Aufführungen von Theater- und Musikstücken. *„Dieses gute schöne Volksfest zustande zu bringen ist eine Kunst. Die Stadtverwaltung allein kann es nicht. Auf die künstlerischen Vereine, die Vereine für Volksbildung, die Presse und die Volksfestkommission zusammen können es nicht. Das Fest wird gut und schön, wenn alle Veranstalter und Besucher des Festes im edlen Sinne zusammenwirken."*[21]

1924 wurde das erste Volksfest nach dem Ersten Weltkrieg gemeinsam mit dem LWH viertägig gefeiert. Es sollte ein großes Fest werden mit Fischerstechen, Trachtenschau, Reit- und Fahrturnieren und einem Volksfestpreisschießen der Unterländischen Zimmerschützenvereinigung. Der Trachtenzug bewegte sich durch die Anlagen zum Wasen. Allerdings erschütterte ein brutales Vorgehen der Polizei gegen heimkehrende Volksfestbesucher das ganze Land – es gab viele durch Polizeisäbelhiebe verletzte Menschen. Die Presse beschäftigte sich tagelang mit den Vorgängen. Für die zu erwartende Postkartenflut wird erneut eine eigene Volksfestpoststelle für sieben Tage errichtet. *„Nicht die Sucht zu Festen ist der Antrieb zur Wiedereinführung des Volksfestes gewesen, sondern lediglich der Gedanke, nach so langer Zeit die Landwirte wieder zu neuen Taten anzuspornen"*, heißt es.[22] Es gab aber nur eine kleine landwirtschaftliche Ausstellung mit Schaugarten der württembergischen Baumschulbesitzer. Die Schausteller klagten über hohe Pachtgebühr. Die Kosten des Festes betrugen 116.000 Mark.

Viehvorführung beim Landwirtschaftlichen Hauptfest Anfang 20. Jahrhundert

Wechselnde Veranstalter in zwei Jahrhunderten

Das erste Volksfest 1818 wurde von der „Centralstelle des Landwirtschaftlichen Vereins" als staatliche Oberbehörde veranstaltet und organisiert. Das blieb auch über 100 Jahre bis 1918 so. Allerdings war die Organisation des sogenannten Haupttages, also des 28. September, an dem auch das Königspaar das Fest besuchte und an dem die Hauptveranstaltungen stattfanden, der Zentralstelle vorbehalten, während das Stadtschultheißenamt Cannstatt für die Platzvergabe der Stände außerhalb des Rennbahnovals und für die Märkte zuständig war.

Im 19. Jahrhundert wurde das Fest in Jahren mit Landwirtschaftlichem Fest von der Zentralstelle organisiert, in Jahren ohne, von der Stadt Cannstatt.

1905, nach dem Zusammenschluss von Cannstatt und Stuttgart, trat erstmals die Stadt Stuttgart als Veranstalter des Cannstatter Volksfestes auf. Eine Volksfest-Kommission bestehend aus Gemeinderäten und Beamten übernahm die Organisation.

1924 umfasste die städtische Volksfest-Kommission, deren Vorsitz der Bürgermeister innehatte, diverse Gemeinderäte, Vertreter des Polizeipräsidiums, der Landwirtschaftskammer, der Berufsfeuerwehr, der Straßenbauinspektion und des Hochbauamtes.

In den 1950er-Jahren wurde das Volksfest vom Verkehrsförderungsamt organisiert. Das Landwirtschaftliche Hauptfest (LWH) hingegen wurde von der Stuttgarter Ausstellungs GmbH durchgeführt.

Ab 1990 wird das Volksfest vom neu geschaffenen Marktamt der Stadt Stuttgart organisiert, das 1994 in den städtischen Eigenbetrieb VMS (Versorgungsmärkte und Marktveranstaltungen in Stuttgart) überging.

Seit 2006 ist die in.Stuttgart Veranstaltungsgesellschaft, ein Eigenbetrieb der Stadt Stuttgart, für das Cannstatter Volksfest zuständig. Diese Aufgabe ging vom Marktamt der Stadt auf den städtischen Eigenbetrieb Märkte Stuttgart und dann auf die in.Stuttgart Veranstaltungsgesellschaft über.

Das nur alle vier Jahre stattfindende Landwirtschaftliche Hauptfest feiert 2018 sein 100. Jubiläum und wird heute vom Landesbauernverband Baden-Württemberg veranstaltet. In dessen Auftrag übernimmt die in.Stuttgart Veranstaltungsgesellschaft Organisation und Durchführung des Festes.

Der Veranstaltungsleiter Marcus Christen
bei der Platzplanung 2016

Luftakrobaten begeistern die Festbesucher

Das Cannstatter Volksfest von **1926** stand ganz im Zeichen der Luftfahrt. Rund 50.000 Zuschauer kamen auf den Wasen um Luftakrobatik mit Flugzeugen zu bestaunen, darunter auch einen missglückten Heißluftballonaufstieg. Höhepunkt der Schau bildeten Ernst Udet, ein berühmter Jagdflieger aus dem Ersten Weltkrieg, und ein Fräulein Dröbeljahr aus Leipzig, die Fallschirmsprünge zeigte.[23]

1927 ebbte die Luftfahrthysterie etwas ab und die Besuchermassen auf dem Cannstatter Wasen blieben aus. Die Stadtverwaltung beschloss, das Volksfest zu „veredeln“, und orientierte sich wieder einmal an München, denn ab sofort sollte es eine Volksfesteröffnung geben und auch ein richtiger Volksfestumzug dürfe nicht mehr fehlen. Mit

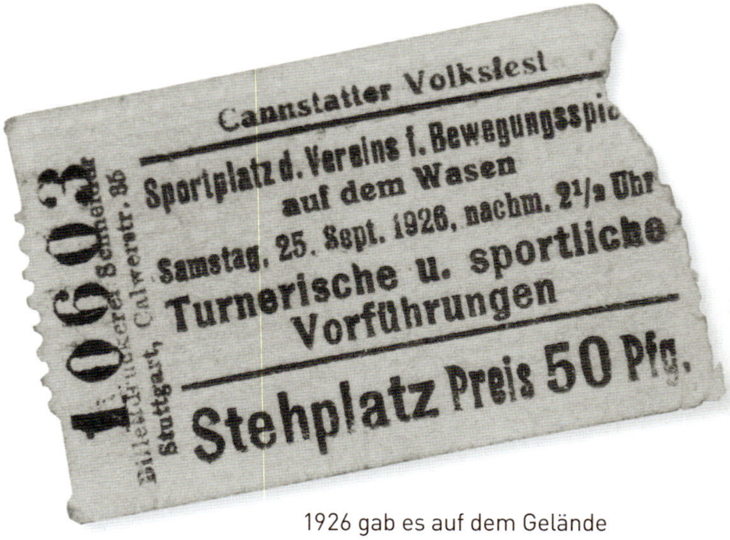

1926 gab es auf dem Gelände des VfB während des Volksfestes sportliche Vorführungen.

1929 luden traditionelle Schaustellergeschäfte, wie die Krinoline (Bildmitte), zur fröhlichen Fahrt ein. Postkarte, Chromolithografie.

Blick von Berg auf den Wasen mit dem Behelfssteg um 1925

dem Münchner Oktoberfest gleichzuziehen oder es gar zu überflügeln, das war und blieb weiterhin die Devise.

1930 erfolgte die Fertigstellung des Berger Steges.

1931 Die Wurstbratereien waren „ein Zeichen der Not". Es wurde ein Reitturnier durchgeführt und als besondere Attraktion gab es ein Riesenkrokodil, angeblich 500 Jahre alt, mit 30 lebenden Jungen.

Auch **1932** gab es besondere Attraktionen zu bestaunen: einen 8,5 Meter langen präparierten Wal, ein Kalb mit zwei Rücken und sechs Beinen, die Verwandlung eines lebenden Herrn in einen lebenden Gockel und eine „richtige Menschenfresserfamilie".

Die Nationalsozialisten übernehmen

Das 15. Deutsche Turnfest Stuttgart Ende Juli **1933** war sicherlich einer der Gründe, das Volksfest in diesem Jahr ausfallen zu lassen, zumal es eine der ersten Großveranstaltungen des Dritten Reiches war, an der unter anderem Adolf Hitler, Joseph Goebbels und Franz von Papen teilnahmen. Stattdessen wurde am 1. Oktober 1933 auf dem Stuttgarter Marktplatz der „Deutsche Erntedanktag" veranstaltet. Anschließend bewegten sich vier große Festzüge unter Beteiligung von 45 ortsansässigen Vereinen zum Cannstatter Wasen.

Das erste Volksfest der nationalsozialistischen Ära fand erst **1934** statt. Den Veranstaltern war wichtig, dass es nicht ein „Fest zwischen Achterbahn und Bierzelt" werden sollte. NS-Oberbürgermeister Karl Strölin wollte ein Fest *„mit Darbietungen, bei denen sich alle Schichten des Volkes immer enger zusammenschließen und so zum Ausdruck eines geeinten Volkes"* werden. Die Eröffnung des ersten Volksfestes nach der Machtübernahme fand durch Strölin im „Schützenzelt" statt. Das Volksfest wird erstmals auf zehn Tage ausgedehnt und das Rahmenprogramm steht

Der Zeppelin war auch bei den Fahrgeschäften präsent.

Alt und doch immer neu und schön – Kettenflieger

Das Plakat zum 100. Cannstatter Volksfest wurde bei einem Wettbewerb ermittelt und dem Künstler mit 100 RM honoriert.

ganz im Zeichen der kommenden Marschrichtung. Aus dem einfachen Auflassen der Brieftauben wird ein „Propaganda-Auflass“, und aus dem unbeschwerten Volksfestschießen „die Schule des Schießsports, durch die wieder alle Kreise der Bevölkerung gehen müssen“, wie der Oberbürgermeister in seiner Ansprache betont. „Denn dieser Sport ist besonders geeignet, Auge und Hand zu üben und zu stählen“.

Das Jahr **1935** ist das bedeutsamste der fünf im Dritten Reich stattgefundenen Volksfeste. Es galt, das 100. Volksfest zu feiern. Im Jubiläumsjahr gab es auch ein landwirtschaftliches Hauptfest, übrigens das einzige in der NS-Ära. Die Beflaggung sämtlicher Gebäude am Eröffnungswochenende wurde angeordnet, wobei nur noch die Hakenkreuzflagge gezeigt werden durfte, nicht mehr die schwarz-weiß-rote Flagge des Deutschen Reiches und die württembergischen schwarz-roten Farben. Im Neckar spritzte zwischen Berger Steg und König-Karls-Brücke eine imposante Fontäne empor. Es gab einen großen Reiterfestzug mit dem Aufmarsch der Schützen- und Wehrverbände. Vor der mit einem Hakenkreuz gekrönten Fruchtsäule wurde eine militärische Eröffnungszeremonie zelebriert. *„Neben der Fruchtsäule standen Abordnungen der Wehrmacht. Ebenso waren Offiziere aller Truppen und Garden, an der Spitze der kommandierende General, zugegen“*, berichtete die Untertürkheimer Zeitung knapp. Während Strölin insbesondere auf das Auslandsdeutschtum einging, widmete sich der Landesbauernführer Alfred Arnold den drei Grundsatzthemen „Erbhof und Gesittung“, „Erzeugungsschlacht“ und „die neue Marktordnung des Reichsnährstands“. Das Rahmenprogramm des

Zum 100. Volksfest wurde eine Wasserfontäne im Neckar installiert. Hier sieht man sie bei Nacht und bei Tag.

Volksfestes lässt heute den Atem stocken. So wurde auf der Festwiese gegenüber der heutigen Mercedes-Arena ein Manöver abgehalten und dadurch „bei diesem traditionellen Fest die enge Verbundenheit zwischen Bauer und Soldat" dokumentiert. Rund 150.000 Zuschauer verfolgten das Manöver, das am 28. September vor ihren Augen abrollte: *„Den großartigen Abschluss bildete ein Manövergefecht, ausgeführt von der Jagdstaffel der Fliegerstaffel Göppingen. Am Rande der Wiese war eine Industrieanlage aufgebaut, die von feindlichen Fliegern bedroht, von den Abwehrgeschützen der Flakabteilung geschützt werden musste. In zwei Etappen wurde dieses außerordentlich aufschlussreiche Angriffs- und Abwehrgefecht durchgeführt, wobei man im Zweifel war, was man mehr bewundern sollte: die außerordentliche Beweglichkeit der Geschütze, den raschen Aufbau des Zentralrichtgerätes oder die überraschende Angriffstaktik der feindlichen Flieger und ihre Reaktion."*[24]

1936 bildete eine originalgetreue Nachbildung der ersten Eisenbahn, die 1835 zwischen Nürnberg und Fürth verkehrte, den Mittelpunkt des Volksfestes. Wo sich heute der Parkplatz am oberen Wasenende befindet, wurde eine riesige Gleisanlage mitsamt dem historischen Bahnhöfle aufgebaut. Ein patriotischer Festzug wurde gestaltet. „Wackere Schwaben", Reichssturmfahne, „Staufer, Welfen, Zollern", Schwabenköpfe, Schwabenstreiche, Zeppelin, ein historischer Daimler-Wagen, Schwarzwälder Uhren, Hohner Handharmonika und dergleichen mehr konnte man genauso erleben wie die Markgröninger Schäfertanzgruppe oder die Haller Sieder. Zum fünften Mal fand ein Cannstatter Volksfestschießen statt, das in den Kategorien Kleinkaliberschießen und Zimmerstutzen ausgetragen wurde. Es gab ein Trabrennen und eine Reitjagd. Außerdem wurden etliche Flugvorführungen beim Groß-Flugtag, der auf der Festwiese stattfand, gezeigt.

1937 wurde die Schwabenhalle, eine riesige hölzerne Festhalle zwischen dem Berger Steg und der König-Karls-Brücke, als Veranstaltungsort eines öffentlichen Chor-

1936 wurde die erste Eisenbahn Deutschlands nachgebaut.

1935 „ziert" das Hakenkreuz die Fruchtsäule.

Das Schützenzelt 1935 diente dem „Wehrsport".

Die große Schwabenhalle wurde 1937 errichtet und eröffnet.

singens, an dem 10.000 Sänger aus der Region Stuttgart teilnahmen, aufgebaut. Der musikalische Genuss wurde aber durch die Volksfestler beeinträchtigt. Weitere Programmpunkte waren das wieder aufgenommene Pferderennen, ein Kriegspferdeappell und als Nachgang zu den Olympischen Spielen 1936 das Leichtathletik-Sportfest mit internationaler Spitzenbesetzung.

Das 103. Cannstatter Volksfest **1938** ist das letzte der NS-Zeit gewesen. Der Kriegsbeginn am 1. September 1939 hat jäh die Aufbauarbeiten des Volksfestes unterbrochen. Als stummer Zeuge aus einst fröhlichen Tagen hat die auf der Höhe des Berger Stegs bereits aufgebaute „Himalajabahn" alle Luftangriffe überstanden. Die Notzeit nach 1945 veranlasste aber die Bürger, sich dieses sicherlich nicht mehr funktionstüchtigen hölzernen Relikts anzunehmen, denn Brennholz war eine begehrte Kostbarkeit.[25]

Herbstwasen statt Volksfest

1947 lag Stuttgart nach dem Zweiten Weltkrieg noch in Schutt und Asche. Dennoch ließ man sich das Feiern nicht verderben. Das erste zaghaft durchgeführte Fest nach 9-jähriger Kriegspause wurde aber nicht Cannstatter Volksfest, sondern „Herbstwasen" genannt. Es war ein „Schmalspurfest". Viel war es nicht, was geboten wurde, denn es gab ja kaum etwas, aber immerhin. Es bedurfte damals einer Ausnahmegenehmigung der Militärregierung, denn Zusammenkünfte von mehr als fünf Personen waren genehmigungspflichtig. Ganz fröhlich und frei konnte man nicht feiern und sich einfach ein Göckele bestellen, denn es gab ja noch die Lebensmittelbewirtschaftung. Wollte man sich etwas Herzhaftes zu Gemüte führen, musste man gleich beim Bestellen die nötigen Lebensmittelkarten abgeben. Das höchste der Gefühle war ein mit einem Stückchen Bismarckhering belegtes Brötchen. Den Fisch gab's ausnahmsweise markenfrei. Die Unterlage aber, auf der er genüsslich verzehrt wurde, kostete – außer dem Geld – ein Brotmärkchen. 200 Gramm Brot gab's damals jede Woche für einen Erwachsenen und die dazugehörigen 100 Gramm Fleisch und 30 Gramm Butter waren Quantitäten, die heute gleich bei einem einzigen Vesper draufgehen.[26] Auf dem Schwarzmarkt zahlte man 320 Reichsmark für ein Kilo Butter. Dennoch feierte man 10 Tage.

Erstmals sticht Oberbürgermeister Dr. Arnulf Klett **1948** das erste Fass Volksfestbier in einer Eröffnungszeremonie an. Da aber auch dieses Fest vom Landesverband ambulanter Gewerbetreibender und nicht von der Stadt Stuttgart als Veranstalter organisiert wird, gelten die beiden Feste der Jahre 1947 und 1948 nicht als „echte" Cannstatter Volksfeste und werden nicht mitgezählt. Erst **1949** wird wieder das „richtige" Cannstatter Volksfest gefeiert. Zwei wichtige Persönlichkeiten halfen in dieser Zeit dem Volksfest auf die Beine und drückten ihren Stempel auf: der Stuttgarter Oberbürgermeister Dr. Arnulf Klett, auf den der Fassanstich und die kurzweiligen Eröffnungsreden zurückgehen – eine Aufgabe, die er bis zu seinem Tod 1974 mit Bravour erledigte – und Verkehrsdirektor Dr. Ulrich Seeliger. Seeliger habe mit seinem mutigen und engagierten Eintreten für das Volksfest entscheidend zu seinem Wiederaufblühen beigetragen, weiß Cannstatts Stadthistoriker Hans Otto Stoheker zu berichten. Die Stuttgarter Brauereien stellten bei diesem ersten Nachkriegsvolksfest gemeinsam ein großes Bierzelt mit 3000 Sitzplätzen auf. 1,65 Mark kostete der Liter Festbier 1949.

1949 feierte man noch etwas zurückhaltend.

1951 war der große Festzug eine besondere Attraktion. Die Stuttgarter Nachrichten schwärmten: *„Die 3 Kilometer lange Festzugsschlange birgt eine Fülle von Überraschungen, in denen Szenen aus heimatlichem, handwerklichem und bäuerlichem Brauchtum und humorvoll platziertem Gegenwartsgeschehen wie in einem Film an den Zuschauern vorübergleiten werden."* Auch das Fischerstechen ist einer der Höhepunkte dieses Nachkriegsvolksfestes.

Vorschrifter machen den Beschickern das Leben schwer

Eine der längsten Traditionen des Cannstatter Volksfestes ist sicherlich auch das Vorschriftenszenario der Landes- und Stadtbeamten. So schreibt die Volksfestordnung des Jahres 1951 zum Beispiel vor: *„Wischer, Wedel, Patscher, Pfauenfedern, Fasanenfedern, Konfetti, Papierwurfschlangen, Wurfspiele, Pfeifen und andere Gegenstände, deren Gebrauch die öffentliche Ordnung auf dem Volksfest zu stören geeignet ist, dürfen nicht auf den Festplatz gebracht werden."* 31 Paragrafen regeln bis ins Kleinste, was erlaubt und was verboten ist. Hunde müssen zum Beispiel zu Hause bleiben. Und schon damals spielte wohl die Lautstärke der Schausteller- und Wirtsbetriebe eine wichtige Rolle, denn in Paragraf 23 heißt es: *„Lautsprecher sind in ihrer Lautstärke so einzustellen, dass Verkehrsteilnehmer auf den Straßen außerhalb des Festplatzes und die Nachbarschaft nicht gestört, belästigt oder abgelehnt werden."* Die Cannstatter Zeitung macht sich lustig über die Vorschriften: *„Halt, jetzt wird's*

interessant! Gaukeln, zum Beispiel Wahrsagen, Kartenschlagen, angebliche Zauberei und Geisterbeschwörungen, Zeichen- und Traumdeuten, Hellsehen, Pendeln, Sterndeuten (einschließlich Verkauf von sogenannten Sonnenstandshoroskopen), ferner Geldprellereien und Betätigungen, bei denen es auf Bettel abgesehen ist sind verboten. Angst und Bange möchte einem werden, wenn man von diesen mittelalterlichen Gefahren liest, die einen da auf dem Wasen bedrohen könnten!" Aber es gibt auch gute Nachrichten, so die Cannstatter Zeitung weiter, denn: *„Das Fröhlich sein, Singen und Schunkeln, kurzum – die echte schwäbische Volksfest-Gaude, ist täglich von 9 bis 23 Uhr behördlich gestattet."*[27] Der Preis für das Festbier mit etwas höherem Alkoholgehalt betrug 1,20 DM pro Liter.

1950 bis **1959** war der Volksfestumzug mit Ausnahme 1956 ein regelmäßiger Bestandteil des Festes.

1953, nachdem etliche von den Amerikanern beanspruchte Flächen geräumt wurden, kann sich das Volksfest auf 13 ha ausbreiten. Erstmals nach den beiden Weltkriegen wird wieder eine 22 Meter hohe Fruchtsäule errichtet. Das geplante LWH scheitert an einer Bürgschaft des Staates. Das Volksfest verzeichnete 3 Millionen Besucher. Es wurden rund 15 Millionen DM umgesetzt, 1,3 Millionen Liter Bier getrunken sowie 60.000 Göckele, 500.000 Bratwürste und 800.000 rote Würste verzehrt. Die 350 Schausteller und Wirte erfreuten sich heute undenkbarer Umsatzzuwächse von 50 bis 100 Prozent. 120.000 Fahrzeuge parkten auf dem Wasen und rund eine Million Festbesucher nutzten die Anreise mit den Stuttgarter Straßenbahnen.[28] Ein großer Festzug von Industrie und Handwerk schlängelte sich vom Feuersee zum Wasen. Auch gab es ein Reit- und Springturnier.

Landwirtschaft zeigt Kraft und Vielseitigkeit

Das zwölftägige Volksfest **1954** eröffnete Oberbürgermeister Dr. Arnulf Klett. Zuvor hatten acht Waldhornbläser in Forstuniform den Jagdruf ertönen lassen. Zugelassen waren 50 Fahrgeschäfte sowie 30 Schau- und Belustigungsgeschäfte. Als Attraktionen wurden eine Loopingbahn und eine Stockwerksachterbahn, der „Fliegende Dolch!", angepriesen. Wer zu tief ins Glas geschaut hat – damals war von den vom „Rausche des Volksfestes Überwältigten" die Rede – konnte in einem vom Roten Kreuz bereitgestellten Zelt auf Stroh nächtigen. Oberhalb des Berger Steges wurde während der Veranstaltung das Fischerstechen vom Kübelesmarkt Bad Cannstatt und vom Schwimmverein Cannstatt durchgeführt. An der Fruchtsäule standen die Zelte der vier Stuttgarter Brauereien: Dinkelacker mit Festwirt Paul Greiner, Schwaben Bräu Leicht mit Festwirt Willi Grob, Stuttgarter Hofbräu mit Festwirt Göckelesmaier und Wulle mit Festwirt Karl Haag. Wohl keine Chance auf Zulassung hätte heute „Schneiders Liliputaner-Circus-Revue" mit ihrer „prächtig illuminierten Liliput-Stadt".

Das 80. Landwirtschaftliche Hauptfest fand 1954 nach 19-jähriger Unterbrechung auf dem Cannstatter Wasen statt. Veranstalter war die Arbeitsgemeinschaft der Badisch-Württembergischen Bauernverbände, die die Durchführung an die Stuttgarter Ausstellung GmbH vergeben hatte. Lehrvorführungen von Maschinen und Geräten, Melkvorführungen, Wettbewerbe der Landjugend, Leerschauen der Landfrauen und Kleiderschau sowie eine Tierschau standen auf dem Programm. Ministerpräsident Gebhard Müller: *„In der jungen Geschichte des Bundeslandes Baden-Württemberg zeigt seine Landwirtschaft zum ersten Mal bei dieser großen Schau die Kraft und die Vielseitigkeit ihrer Leistung."*

Das 110. Cannstatter Volksfest **1955** dauerte 12 Tage. Parallel mit dem Volksfest fand die „Landesausstellung" auf dem Killesberg statt. Ein Blumenkorso führte durch die Stadt zum Wasen. Das Fischerstechen fand am zweiten Volksfestsonntag statt und es gab zwei Feuerwerke auf dem Wasen.

Der Stuttgarter Spielkreis tanzte 1956 bei der Eröffnung des Festes vor der Fruchtsäule.

1956 führte man erstmals ein sogenanntes Schnellgericht ein, das vor Ort gegen Straftäter vorgehen kann. Als Grund dafür wurde angeführt, dass beim Volksfest 1955 „Rohlinge und Rowdys“ ein wahres Schreckensregiment geführt haben. Schlägereien und Überfälle auf harmlose Festbesucher waren an der Tagesordnung. Man fühlte sich nicht mehr sicher auf dem Wasen. 1956 gab es auch keinen Festzug. 2 Millionen Besucher schätzte man. Der größte Ansturm war mit 200.000 Besuchern bei der Bootsauffahrt. Als Erlös blieben rund 45.000 DM bei der Stadt hängen.

1957 feierte man zum 112. Mal das Cannstatter Volksfest, verbunden mit dem 81. Landwirtschaftlichen Hauptfest. Der große Festzug führte auf der üblichen Strecke vom Stuttgarter Schlossplatz auf den Cannstatter Wasen. 150 Gruppen und Festwagen beteiligten sich am etwa 3,5 km langen Festzug, der rund eineinhalb Stunden dauerte. 400 Schausteller und vier große Brauereizelte mit 4000 bis 5000 Plätzen und drei weitere kleinere Zelte standen den Festfreudigen zur Verfügung. Das Reit- und Fahrturnier fand im Reitstadion mit 18 verschiedenen Wettbewerben statt. Parkplätze für rund 6000 Autos wurden in der Umgebung des Haupt-

1956 zapfte OB Arnulf Klett das Fässle an.

Volksfesteröffnung 1957: Beim zünftigen Schluck vereint sind Sekretär George Iberle vom Volksfestverein aus Chicago, Minister a. D. Heinrich Stooß, Oberbürgermeister Dr. Arnulf Klett, Ministerpräsident Dr. Gebhard Müller und Landwirtschaftsminister Eugen Leibfried.

festes geschaffen. Die Einnahmen der Stadt betrugen 226.827 DM bei 194.242 DM Gesamtausgaben. Auch in diesem Jahr erwies sich das Cannstatter Volksfest für die Stadt als ein ordentliches Geschäft. Zu diesem Überschuss kommen noch die Einnahmen aus der Vergnügungsteuer und die Gebühren für gewerbepolizeiliche Erlaubnisse, ferner die Einnahmen der technischen Werke für Strom, Gas und Wasser sowie die Einnahmen der Stuttgarter Straßenbahnen. Das eingesetzte Schnellgericht zeigte Wirkung, denn die Ausschreitungen der Vorjahre wiederholten sich nicht mehr, das Schnellgericht hatte keinen Einsatz. Es gab zwar kein Fischerste-

Fotoschießen, der Hit der 1960er

Cortina Bob der Familie Kinzler 1959

Hoch die Krüge im Greiner-Zelt 1962

chen, aber an der Bootsauffahrt am 28. September wurde festgehalten. Eine Schweinsbratwurst mit Brot und Senf kostete 1 DM. Die einheitliche Sperrstunde wurde auf 23 Uhr festgesetzt. Zuvor hatten Schaustellerbetriebe und Schankbetriebe unterschiedliche Sperrstunden.

1958 wurde das 113. Cannstatter Volksfest gefeiert. Die Fruchtsäule wurde neu gestaltet. Die Stadtgarde zu Pferd stellte erstmals beim Festzug ihren neuen Fanfarenzug vor. Der Umzug war ein reiner Trachtenfestzug. Die „Sensation auf der Weltausstellung" wurde als Neuheit des Volksfestes angepriesen: „American Railway", die Einschienenbahn ganz aus Stahl. Gegenüber dem Festzelt Deeg in der Hauptstraße war der Verkehrskindergarten „Kinder-Land" postiert. Neuheit war auch das Hunde- und Affentheater in Straße A mit Peter, dem gestiefelten Kater, Cilly, dem rechnenden Pudel, und Jumbo, dem Menschenaffen. Zum damaligen Programm gehörte neben Fischerstechen und Feuerwerk auch eine Bootsausfahrt auf dem Neckar mit Uferbeleuchtung. Lampions auf den Booten sorgten für ein Farbenspiel im Wasser, in dem Windlichter zu Perlenschnüren aufgereiht wurden.

1959 fanden die Württembergischen Reitmeisterschaften statt. Oberbürgermeister Klett bei der Eröffnung: *„Das Volksfest ist der kategorische Imperativ der Freude. Hier ist der Nabel der Welt."*

Volksfestumzug 1958

Gemeinsames Plakat der Stuttgarter Brauereien aus 1960er-Jahren

Oberbürgermeister Arnulf Klett zelebriert den Fassanstich in den 1960ern.

Die Ehrengastkutsche mit Oberbürgermeister Arnulf Klett, Oberkübler Hans Kauderer und Ministerpräsident Kurt Georg Kiesinger und Gattin Marie-Luise 1965

Beim LWH **1960** standen im verstärkten Maße Fragen der Strukturverbesserungen und Marktanpassung im Vordergrund und nicht mehr die Nachwirkungen des Krieges auf die Agrarwirtschaft.

Immer wieder hat man mit den unterschiedlichsten Argumenten versucht, eine Ausdehnung des Festes zu erreichen. So wurde **1961** durch den ersten Vorsitzenden des Verbandes der Schausteller, Wilhelm Stamer, der mehrfach erhöhte Platzpreis und der geringere Umsatz gegenüber dem Vorjahr als Grund angegeben. Auch der Präsident des Schaustellerverbandes Stuttgart, der streitbare Festwirt Walter Weitmann, hat immer wieder in die gleiche Kerbe gehauen. Doch der Stuttgarter Gemeinderat schmetterte das Verlangen ab: *„Das Landwirtschaftliche Hauptfest und auch die Gastronomie lassen vorläufig nicht daran denken, auf 16 Tage zu verlängern.“* Erst **1972** will man die Verlängerung um vier Tage testen. *„Wenn sie bei den Schaustellern wirtschaftlich gut ankommt, soll sie beibehalten werden.“*[29] Fortan feierte man 16 Tage.

1962 wurde das neu gebaute Verwaltungsgebäude auf dem Wasen eingeweiht.

1963 war *„Der Bauernhof im Kraftfeld des Marktes der Europäischen Wirtschaftsgemeinschaft“* das Thema auf dem LWH. Die Schausteller und Wirte freuen sich über kräftige Umsatzzuwächse, die im Jahr 1964 sogar einen Rekord erreichen.

1964 Ehrengäste bei der Eröffnung der Ausstellung „1000-jährige Wengerter“ sind Innenminister a. D. Fritz Ulrich und Gottlieb Daimlers Tochter Emilie.

1965 Das LWH stand unter dem Thema *„Bildung und Ausbildung“*. Ein fortan dreijährlicher Rhythmus wurde festgelegt. Erstmals konnte die Heimweghilfe vorgestellt

Die Mini-Bob-Bahn 1964

1964 feierte man noch ohne Dirndl und Lederhosen, aber mit Steinkrügen, deren Befüllung immer wieder für Ärger sorgte.

Einer der härtesten Jobs: Festzeltkapelle 1970

1968 war der Platz auch sehr gut gefüllt.

Ein Blick aus dem Riesenrad über den Festplatz des Cannstatter Wasens 1970

werden. Sie wurde zunächst zögerlich angenommen, aber schon **1967** wurden 249 Heimfahrten getätigt.[30] Die zweite zentrale Eliteversteigerung für Bullen und Eber (aus 9 Fleckviehzuchtverbänden, 40 Bullen und aus 3 Schweinezuchtverbänden, 35 Jungeber) fand statt. Der Spitzenpreis für Bullen belief sich auf 35.600 DM.

1968, zum 150. Geburtstag feierte man auch das 85. Landwirtschaftliche Hauptfest. Das Volksfest dauerte 12 Tage. *„Die Landwirtschaft im Wandel der Zeiten"* war das Thema des LWH. In der Festschrift heißt es: *„Für die Eröffnungsfeierlichkeiten hat sich allmählich ein bestimmtes Zeremoniell entwickelt mit dem Einmarsch des Musikzuges des Vereins Kübelesmarkt Bad Cannstatt, mit festlich aufgeputzten Viererzügen der Stuttgarter Brauereien, die – wie man sagt – ihre schweren Pferde mit den Prunkgeschirren nur noch zu diesem Zweck halten, mit launigen Ansprachen des Oberbürgermeisters und des Oberküblers, mit Gesang- und Musikdarbietungen von Gruppen aus dem Lande, mit Bieranstich und Ehrenumtrunk am Fuße der Fruchtsäule."*[31] Erstmals wurden zuchtwertgeprüfte Bullen ausgestellt. Eine Landesversteigerung für Bullen und Eber fand statt sowie eine Pferdeversteigerung. Die Broschüre „Zuchtwertschätzung bei Bullen" wurde verlegt. Der Verein der Brauereien von Stuttgart e.V. beantragte im Sommer 1968 eine Vergrößerung seiner Bierzelte auf dem Wasen oder alternativ eine Verlängerung des Festes. Der Ältestenrat der Stadt Stuttgart stimmte einer Vergrößerung der Festzelte zu. Im glei-

Bierdeckel der Brauerei Wulle zum 150. Volksfestjubiläum 1968

chen Jahr sollte sich das noch als eine gute Entscheidung herausstellen, denn wegen starken Regens musste die Eröffnungsfeier in das Dinkelacker-Zelt verlegt werden.

1969 übernahm der neue Verkehrsdirektor Peer-Uli Faerber die Geschicke des Cannstatter Volksfestes. Eine erneute, von ihm initiierte Umbenennung in „Stuttgarter Volksfest" wurde nach heftigem Protest aus Cannstatt abgeschmettert. Wie übrigens alle späteren Versuche auch. Der erste Bürgermeister der Stadt Stuttgart, Michael Föll, stellte erst 2014 fest, dass es eine Umbenennung in „Stuttgarter Volksfest" niemals geben werde, denn auch die seit 2007 für das Volksfest zuständige in.Stuttgart Veranstaltungsgesellschaft dachte aus Gründen der internationalen Vermarktung, befeuert durch die Festwirte, über eine Umbenennung nach. Der Diskussion setzte Föll, der zugleich deren Aufsichtsratsvorsitzender und von den Schaustellern ernannter „Wasenbürgermeister" ist, ein Ende.

1971 lautete das Motto des LWH *„Unsere Umwelt – unser Lebensraum"*. Abermals gab es eine Landesversteigerung von Jungbullen und Ebern. Im Rahmenprogramm fand die Tagung der Europäischen Vereinigung der Fleckviehzüchter statt. Die Broschüre „Zuchtwertgeprüfte Bullen" wurde erstellt und die Aktion „Voller Bierkrug" durch die Verbraucherzentrale durchgeführt.

„Häberle und Pfleiderer", Oscar Heiler und Willy Reichert bei der Volksfesteröffnung 1970

Die schönste Zeit auf dem Wasen: die blaue Stunde der Dämmerung, hier mal ganz orange ..., Postkarte 1968

1972 wurden das Cannstatter Volksfest und das Münchner Oktoberfest, die wegen der Olympischen Spiele ausnahmsweise am gleichen Termin stattfinden, gemeinsam durch ein Funkgespräch der beiden Oberbürgermeister eröffnet. Es wurde 16 Tage gefeiert.

1974 fiel das Landwirtschaftliche Hauptfest aus.

1975 schnellte eine Sensationsmeldung durch die Presse: Die Ehrengäste bei der Volksfesteröffnung erhielten erstmals kein Freibier mehr und blieben daher fern. Statt der Ehrengäste bewirtete die Stadt 1000 alte und minderbemittelte Einwohner Stuttgarts.[32]

1976 wurde das Volksfest mit einer Nostalgieshow eröffnet, da befürchtet wurde, dass die Tradition des Festes verwässert würde und kaum einer mehr um die Wurzeln des Wasens wisse. Im Resümee der Eröffnung heißt es: *„In einer ‚kunterbunten Volksfestrunde' führte ein Moritatensänger durch das Abenteuer mit Feuer- und Schwertschluckern, Seiltänzern, einem Tanzbären, Musikclowns, dem Dr. Eisenbarth, einer zerlegten Jungfrau, Hypnotiseur, Wahrsager und vielen anderen Volksfestoriginalen. Die Veranstaltung gab einen fast lückenlosen Überblick über die Volksfestknüller der Jahrhundertwende. Die musikalischen Beiträge wurden von der Kapelle Kluten und dem Kinderchor der württembergischen Staatstheater vorgetragen. Die Eröffnung wurde allge-*

Rund zehn Jahre warb man mit diesem Plakatmotiv für das Cannstatter Volksfest.

Legendär waren die humorvollen Eröffnungsreden von Oberbürgermeister Manfred Rommel, hier 1975.

mein als sehr gelungen betrachtet und von der Presse als bisher beste bezeichnet."[33]

1977 verkündete der legendäre Stuttgarter Verkehrsdirektor Peer-Uli Faerber die im wahrsten Sinne fantastische Zahl von 5 Millionen Besuchern. Es war eine Schätzung, bei der wohl eher der Wunsch Vater des Gedankens war. Es wurde die Geräuschbelastung in den Festzelten und durch die Schausteller beklagt. Kein Zelt hätte die 90 dB überschritten und auch bei den Schaustellern sei niemand über 94 dB hinausgekommen. Das Motto des LWH hieß *„Grünes Baden-Württemberg: attraktiv – informativ – produktiv"*. Eine Eliteversteigerung für Fleckvieh, Braunvieh, Schwarzbunten, Kühe und Kalbinnen fand statt sowie die Tagung der Europäischen Vereinigung der Fleckviehzüchter.

Das Volksfest soll volkstümlich bleiben

Durch den Wegfall der Stuttgarter Brauerei Wulle schrumpfte das Brauerei-Quartett zum Trio. Darüber hinaus war eine Sanierung des Wasens unumgänglich. Die sanitären Versorgungsanlagen, die 1933 zum Turnfest angelegt wurden, befanden sich in einem desolaten Zustand. Deshalb wurde der gesamte Hauptplatz 1977 umgestaltet

Die Looping-Star-Achterbahn der Familie Kinzler hatte 1979 Premiere auf dem Cannstatter Volksfest.

KASSE

1985 stellte die Familie Kinzler mit dem Break Dancer eine Weltneuheit auf dem Cannstatter Volksfest vor. Das Fahrgeschäft steht in neuer Ausführung 2018 immer noch auf dem Platz.

und bekam ein völlig neues Gesicht. Nur noch drei Festzelte standen gegenüber der Fruchtsäule.

1980 war das LWH-Thema: *„Fortschritt auf dem Land wird hier stadtbekannt: Unsere Landwirtschaft: qualitäts-, umwelt- und energiebewusst“.* Erstmals standen auf dem Programm auch Schwerpunkttage: Schafe, Schweine, Rinder, Pferde und ein Reitturnier am zweiten Wochenende. Diese Schwerpunkttage wurden in ähnlicher Form weitergeführt. Zusätzlich fand die erste Bullenparade mit 73 KB (künstliche Besamung) Bullen statt sowie der zweite Schafschurwettbewerb in der Geschichte des Landwirtschaftlichen Hauptfestes.

1982 feierte man das 137. Cannstatter Volksfest und zählt laut Verkehrsamt 4,9 Millionen Besucher. Obwohl einige verregnete Tage dabei waren, war es das beste Ergebnis der letzten 12 Jahre.[34] Die familienfreundliche Atmosphäre habe dazu beigetragen, dass trotz rezessionsbedingt knapper Kassen viele Familien mehrfach den Wasen besucht haben. Dank der Begrenzung des Lärms sei es auch umweltfreundlicher geworden. Als oberster Grundsatz wird protokolliert: Das Volksfest soll volkstümlich bleiben. 207 Schaustellerbetriebe, 34 Bewirtschaftungen, 76 Verkaufsgeschäfte, 58 Marktstände und 30 fliegende Händler mit insgesamt 5057 Frontmetern sichern der Stadt eine Pachteinnahme von 1,3 Millionen DM. Erstmals gab es eine Wildwasserbahn, den „Fliegenden Teppich“, die Kinderachterbahn „Monza-Piste“ und ein Old English Pub zu erleben. Zur Eröffnungsveranstaltung, die der Süddeutsche Rundfunk in Funk und Fernsehen live übertrug, lud die Stadt über 1000 Sozialrentner ein. Da der Traditionsverein „Kübelesmarkt Bad Cannstatt“ nicht in die offizielle Eröffnungsfeier eingebunden war, gestaltete er am ersten Volksfestsonntag eine eigene „Cannstatter Volksfesteröffnung“ vor der Fruchtsäule.

Mit den Brauereien wurde vertraglich eine Lärmbegrenzung auf 80 dB vereinbart und überwacht. Im Jahr 1982 wurde der Wasen erneut saniert, was in Verbindung mit dem Wegfall der Brauerei Wulle und deren Zelt zu einer Neuordnung der Festzelte geführt hat. Die Festzelte standen früher zu zweit gegenüber. Nun wurden die drei Festzelte nebeneinander gegenüber der Fruchtsäule angeordnet. Der große, davor frei bleibende Platz eignete sich hervorragend für die Eröffnungsfeier im Freien. Erstmals wurden drei identische Zeltkonstruktionen mit neuartigen Trägerelementen aus Aluminium erstellt, sodass sich die Versorgungs- und Entsorgungsstellen für Wasser, Strom oder Gas künftig stets an der gleichen Stelle befinden, auch wenn die Reihenfolge der Festzelte sich turnusgemäß ändert. Wie in den beiden Vorjahren kam es auch 1982 zu Sturmböen bis Windstärke neun, verbunden mit heftigen Regenfällen. Bedingt durch die unzureichende Kanalisation in diesem Bereich stand der Platz um die Fruchtsäule unter Wasser. Das angrenzende Weinzelt Stamer wurde rund 40 cm hoch überflutet. Die Brauereien und Wirte sind durch die Verträge mit dem Ausrichter, dem Stuttgarter Verkehrsamt, dazu verpflichtet, in den großen Brauereizelten jeweils neun Ordnungskräfte bereitzuhalten. 1982 setzte Festwirt Walter Weitmann im Stuttgarter Hofbräu Zelt erstmals Ordner in einer polizeiähnlichen Uniform ein, was zu heftigen Diskussionen führte. Die Stuttgarter Zeitung titelte am 4. Oktober 1982: „Alkohol ist auf dem Wasen das Maß aller Dinge“. Diese Erkenntnis zieht sich allerdings durch die gesamte Volksfestgeschichte bis zum heutigen Tag.

Jubiläumsmedaille zum 170. Geburtstag

Das LWH **1983** stand unter dem Thema: *„Bäuerlicher Familienbetrieb – bewährt und zukunftsorientiert“*. Die zweite Bullenparade mit 65 Bullen von 7 Rassen wurde veranstaltet. Man feierte 75 Jahre Stutbuchzucht in Baden-Württemberg. Die Siegerlisten für die Wettbewerbe wurden erstmals mit EDV erstellt.

1986 wurde eine Kindersammelstelle des Jugendamtes eingerichtet. Erstmals wurde ein Festkrug als Merchandising-Artikel verkauft. Thema: *„Unser Land braucht seine Bauern“*. Die dritte Bullenparade mit 60 Bullen fand statt. 220.000 Besucher besuchten das Landwirtschaftliche Hauptfest.

1988 wurde die fertig gestellte Stadtbahnlinie zum Wasen eingeweiht. Eine weitere Neuheit boten die drei großen Brauereien, die erstmals Biergärten am Eingang der Zelte einrichten ließen. Neu war auch das Weinzelt „Cannstatter Oberamt“, in dem der stimmgewaltige Festwirt Dieter Zaiß seine Gäste bewirtete. Nach 20-jähriger Pause wurde erstmals wieder ein großer Festzug veranstaltet. In den vorangegangenen elf Jahren wurde eine grundlegende Sanierung des Festgeländes vorgenommen. Insgesamt 18,4 Millionen DM wurden in die Sanierung gesteckt. 15 km Elektroleitungen, 12 km Telefonleitungen wurden verlegt und 570 m² Toilettenanlagen erstellt.

Das LWH **1989** trat mit dem Leitthema *„Mit unseren Bauern in die Zukunft“* an. Es gab die vierte Bullenparade mit 60 Bullen, einen Tierbeurteilungswettbewerb, einen Tag der besten Pferde (mit 55 Tieren) und eine Broschüre „Tierzucht und tierische Erzeugung in Baden-Württemberg“.

Bedingt durch den Tag der Deutschen Einheit am 3. Oktober wurde **1990** die alte Tradition der Feuerwerke wieder aufgenommen, die sich seither erhalten hat, aber am letzten Volksfestsonntag zum Abschluss des Festes stattfindet. Um die Besucherstrukturen genau kennenzulernen, startete das veranstaltende Marktamt eine

Umfrage. 1991 ergab sich folgendes Ergebnis: Über 80 % der Besucher kamen aus Stuttgart und dem Umland und nur ein Prozent aus dem Ausland. Knapp 70 % der Befragten besuchten das Volksfest jedes Jahr und knapp 50 % waren mit einer Gruppe unterwegs. All diese Besucher gaben durchschnittlich 30 DM pro Person auf dem Wasen aus.[35]

1992 musste der Freudenschrei des Leiters des Marktamtes wohl weit über Stuttgart hinaus zu hören sein, denn endlich schaffte man es nach 1957, das Cannstatter Volksfest kostendeckend zu veranstalten. Bis dahin hatten die Feste stets mit einer Million DM Verlust für die Stadt geendet und musste bezuschusst werden.

Letzter Festzug von Stuttgart aus

1995 feierte man das 150. Cannstatter Volksfest 15 Tage lang und zählt rund 5,7 Millionen Gäste auf dem Wasen, das sind rund 10 % mehr als im Vorjahr. Das scheint auch im Rückblick eine imaginierte Zahl gewesen zu sein. Festwirt Walter Weitmann mokierte sich bereits damals an den grob geschätzten Besucherzahlen. Er forderte die Stadt auf, konkrete Zählungen vorzunehmen, damit keine „utopischen Zahlen“ mehr umherkursieren. Nach Aussagen Weitmanns wurden beim 150. Cannstatter Volksfest ca. 1,4 Millionen Liter Bier ausgeschenkt, was angeblich nicht zu einer Umsatzsteigerung der Festwirte geführt habe.[36]

Herrliche Gemüsepräsentationen beim Landwirtschaftlichen Hauptfest 2000

Das LWH stand unter dem Thema: *„Unsere Bauern – stark für Markt und Umwelt"*. Es gab einen Rindertag mit 16 Rassen verschiedener Nutzungsrichtungen sowie eine überarbeitete Auflage der Broschüre „Tierzucht und tierische Erzeugung in Baden-Württemberg". Es fand ein großer Festzug von Stuttgart auf den Wasen statt und es sollte auch der letzte auf dieser Strecke sein. Denn durch die Umgestaltung des Schwanenplatzes und den Neubau des Schwanentunnels war dem Festzug der direkte Weg von Stuttgart nach Bad Cannstatt verwehrt. Der Umweg über den topografisch ungünstigen Stuttgarter Osten erwies sich nicht als Zukunftsmodell. Der Volksfestverein will die künftigen Umzüge nur noch in Bad Cannstatt durchführen.

Unter dem Titel „... hereinspaziert ..." zeigte das Stadtmuseum Bad Cannstatt „Das Volksfest in der Werbung seit seiner Gründung 1818". Eine Kranzniederlegung zu Ehren König Wilhelms I. und Königin Katharina wurde durch den Cannstatter Volksfestverein, die Schaustellerverbände und den Landesbauernverband durchgeführt. Mit 244.000 Besuchern war es das LWH mit dem größten Besucherzuspruch.

Das LWH **1998** wartete mit dem Thema: *„Unsere Bauern – Leistung – Qualität – Sicherheit"* auf.

2003 stand das 96. Landwirtschaftliche Hauptfest Baden-Württemberg unter dem Motto *„Entdeck' den Bauern in dir"*.

2007 wurde die Volksfesteröffnung auf den Freitagabend und weg von der Fruchtsäule in das Festzelt verlegt.

FORUM
LWH
saisonal
+ regional
= genial
Gemüse aus Baden-Württemberg

Tradition und Innovation: Obst- und Gemüsepräsentation beim Landwirtschaftlichen Hauptfest 2010 (links) und Entwurf eines Eingangsportals zur Obstausstellungshalle 1888 (oben)

Prämierte Kühe beim LWH 2000

Seit 2013 sticht OB Fritz Kuhn das erste Fass an.

2005 wurde das Verwaltungsgebäude mit der Wasenwache abgerissen und neu erbaut. Der Einzug erfolgte 2006. 2008 wurde dann die gesamte in.Stuttgart Veranstaltungsgesellschaft in einem weiteren Neubau auf dem Wasen angesiedelt.

Das 97. Landwirtschaftliche Hauptfest Baden-Württemberg 2006 stand wieder unter dem Motto *„Entdeck' den Bauern in dir"*.

2007 wurde das Volksfest auf Drängen des SWR und zur Freude der Wirte um einen Tag auf 17 Tage verlängert. Ziel war es, die Eröffnungsveranstaltung live im Fernsehen, auf dem damaligen Sendeplatz des „Fröhlichen Feierabends", senden zu können. Mittlerweile hat sich der SWR aus der Live-Sendung verabschiedet. Was blieb, ist die Eröffnung des Festes am Freitag um 15 Uhr. Ebenfalls 2007 löste das trendige Almhüttendorf das in die Jahre gekommene „Französische Dorf" ab und erfreut sich seither großer Beliebtheit bei den Wasenbummlern.

Seit 200 Jahren ein fester Bestandteil: der Krämermarkt

Der Traditionsmorgen knüpft an die früheren Volksfesteröffnungen vor der Fruchtsäule an.

Der Traditionsmorgen ist neu

2008 startete die in.Stuttgart Veranstaltungsgesellschaft eine Trachtenoffensive und schuf gemeinsam mit dem Trachtenhersteller „Spieth & Wensky" eine „Württembergtracht". Letztlich war das nichts anderes als die gängige Trachtenmode, der man aber ein württembergisches Königswappen aufgestickt hatte. Lediglich bei den Farben hat man sich an der Betzinger Tracht orientiert.

Nachdem das Volksfest seit 2007 freitags jeweils in einem anderen Festzelt eröffnet wird, arrangierte man auf Drängen des Cannstatter Volksfestvereins einen sogenannten „Traditionsmorgen", der am ersten Volksfestsamstag vor der Fruchtsäule mit einem bunten traditionellen Programm aus Blasmusik und Volkstänzen stattfindet. Der erste Bürgermeister und Wasenbürgermeister, Michael Föll, bezeichnete den Traditionsmorgen als die *„einzige und wahre Cannstatter Volksfesteröffnung"*.

2010 fand das 98. Landwirtschaftliche Hauptfest Baden-Württemberg noch einmal unter dem Motto *„Entdeck' den Bauern in dir"*. Erstmalig gab es eine Landjugendparty. Aussteller für die Sonderausstellung „Erneuerbare Energien" wurden generiert. Neben dem Tierzelt gab es eine „Sonderschau Pferd".

Mit dem Motto „LANDWIRTSCHAFT *er*LEBEN!" eröffnete das 99. Landwirtschaftliche Hauptfest **2014**. Erstmalig wurde hier der Innovationsstall – ein Milchviehstall mit knapp 30 Kühen, ausgestattet mit modernster Technik – präsentiert. Zusätzlich gab es ein abwechslungsreiches Programm aus Pferdezucht und Pferdesport im Reitstadion anlässlich des 500-jährigen Bestehens des Haupt- und Landgestüts Marbach sowie eine Neugestaltung der Halle der Regionen.[37]

2017 verzeichnete die Stadt während der 17 Tage Volksfest die höchste Hotelauslastung. Alle Hotels des Region waren ausgebucht. Nie zuvor gab es so viele Trachtenläden in der Stadt.

2018 wurde das 200-jährige Bestehen des Cannstatter Volksfestes und das 100. Landwirtschaftliche Hauptfest mit einem „Historischen Volksfest" auf dem Stuttgarter Schlossplatz gefeiert. Schaustellersensationen aus zwei Jahrhunderten, eine Landwirtschaftsausstellung rund um die Jubiläumssäule, eine Ausstellung zur Geschichte des Volksfestes und ein historisches Festzelt mit originaler württembergischer Musik und Speisen und Getränken aus dem 19. Jahrhundert sorgten bei den Besuchern für ein authentisch-nostalgisches Volksfest-Flair. Der Cannstatter Volksfestverein gestaltete einen besonderen Festzug, bei dem etliche nachgebaute Festwagen aus dem „Festzug der Württemberger" von 1841 zu sehen sind.

Die Volksfestwirtinnen und -wirte mit ihren Partnern im Jahr 2018

Zahlen, Daten Fakten rund um das Cannstatter Volksfest im 200. Jahr des Bestehens 2018

Dauer Volksfest: 17 Tage
Dauer LWH: 10 Tage

Energieverbrauch: 1,76 Mio. Kilowattstunden (kWh) in zwei Wochen. Das entspricht dem durchschnittlichen Jahresverbrauch von rund 700 Zwei-Personen-Haushalten

Wasserverbrauch: 22.000 Kubikmeter

Festgelände: 25 ha

Ausstellungsgelände LWH: 34.000 m^2 Freigelände und 19.000 m^2 Hallenfläche

Schausteller und Wirte: rund 320 Betriebe

Aussteller LWH: rund 650 aus sechs Nationen
Tiere LWH: über 600

Frontmeter der Betriebe: 5000

Beschäftigte in-/direkt: 17.000 Personen

Beschäftigte pro Tag: 1500 Personen

Größtes Festzelt: nach Plätzen: Schwaben Bräu (6600 Plätze); nach Fläche: Hofbräu (5600 m^2)

Plätze in den Zelten: für 35.000 Gäste

Besucher: über 4 Millionen (Volksfest); über 200.000 (LWH)

Wertschöpfung in der Region: über 500 Millionen Euro

Herr über den Wasen: Michael Föll, Erster Bürgermeister der Stadt Stuttgart, Wasenbürgermeister und Aufsichtsratsvorsitzender der in.Stuttgart Veranstaltungsgesellschaft

BRUCH
TOP IN
TOP IN
TOPIN
Nuß&Co
gebrannte
andeln
Nuß&Co
Achtung!
Hier gibt's
heißen
XXL
Backfisch

Schwaben B

Anmerkungen

Not, Krieg und ein neuer König

1 Andrea Hartl, Oktoberfest und Cannstatter Volksfest – Vom Nationalfest zum Massenvergnügen, München 2010, S. 85.
2 Paul Sauer, Reformer auf dem Königsthron, Wilhelm I. von Württemberg, Stuttgart 1997, S. 156 f.

Das Jahr ohne Sommer

1 Thomas Schnabel, „Tambora und die Folgen im Königreich Württemberg", in Tambora – ein Vulkan verändert die Welt, Ubstadt-Weiher 2017, S. 28.
2 Schnabel, ebda.
3 Sabine Kaufmann, 1816. Das Jahr ohne Sommer, Geschichten einer süddeutschen Klimakatastrophe, Karlsruhe 2018, S. 186.
4 Herwart Kopp, Holzhauser Chronik: Das Ende der Hungerjahre 1816–17, in: Holzhausen, www.sulz-holzhausen.de
5 Paul Sauer, „König Wilhelm I. von Württemberg", in: Der Festzug der Württemberger von 1841, Ostfildern o. J., S. 21.
6 Christian August Schnerring: „Die Teuerungs- und Hungerjahre 1816 und 1817", in: Württembergische Jahrbücher für Statistik und Landeskunde, Jg. 1916, S. 51.
7 Schnabel, S. 40.
8 Zitiert nach: Schnabel, S. 44.
9 Waltraud Düwel-Hösselbarth, Ernteglück und Hungersnot – Klimageschichte in Baden-Württemberg, Darmstadt 2015, S. 149.
10 Wolfgang Behringer, Tambora und das Jahr ohne Sommer – Wie ein Vulkan die Welt in die Krise stürzte, München 2015, S. 76 f.
11 Düwel-Hösselbarth, ebda.
12 Daniel Krämer, Menschen grasten nun mit dem Vieh: Die letzte grosse Hungerkrise der Schweiz 1816/17, Basel 2015, S. 190.
13 Langenau. Eine zeitgenössische Darstellung von 1645 bis 1818, Langenau 1987, S. 102.
14 Zitiert nach: Paul Sauer, Geschichte der Stadt Stuttgart, Bd. 3, Stuttgart 1995, S. 18.
15 Kopp, ebda.

Ein Tag der Freude

1 Königl.-Württembergisches Staats- und Regierungs-Blatt Nr. 18, 31. 3. 1818.
2 Johann Daniel Georg Memminger, „Erstes landwirthschaftliches Volksfest in Württemberg", in: Württembergisches Jahrbuch 1819, S. 125.
3 Hartl, ebda.
4 Memminger, ebda. S. 113.
5 Memminger, ebda. S. 117 ff.

„… ein Kranz von Rosen um den Leib!"

1 Klaus Weber, Zur Geschichte – Das Landwirtschaftliche Hauptfest von 1818 im Wandel der Zeit, Download-PDF auf: www.lwh-stuttgart.de
2 Weber, ebda.
3 Das Volksfest zu Cannstadt, acht Erinnerungsblätter für Jedermann in Stahlstichen von Ernst Dertinger, Stuttgart und Cannstatt 1844, S. 9 f.
4 Weber, ebda.
5 Weber, ebda.
6 Stuttgarter Zeitung, 21. 9. 1957.
7 Weber, ebda.
8 www.lwh-stuttgart.de

Die Fruchtsäule

1 Zitiert nach: Hans Otto Stroheker und Günther Willmann, Cannstatter Volksfest – Das schwäbische Landesfest im Wandel der Zeiten, Stuttgart und Aalen, 1978, S. 41.
2 Hermann Vietzen, Bad Cannstatt einst + jetzt, 150 Jahre Volksfest 1818–1968, S. 69 f.
3 Stroheker/Willmann, S. 47.
4 Stuttgarter Nachrichten, 21. 8. 1986: In der Stadtgärtnerei wird der künftige Schmuck des Wasensymbols gezüchtet.

Der Cannstatter Wasen

1 Hermann Vietzen, Bad Cannstatt einst + heute, 150 Jahre Cannstatter Volksfest 1818–1968, Stuttgart 1968, S. 36.
2 Stroheker/Willmann, S. 146.
3 Stroheker/Willmann, S. 154.
4 Stroheker/Willmann, S. 156.

Höher, schneller, weiter

1 Dertinger, S. 13.
2 Stroheker/Willmann, S. 133
3 Stroheker/Willmann, S. 125.
4 Stroheker/Willmann, S. 125.
5 Stroheker/Willmann, S. 228.

Vorzüglicher Bierstoff

1 Dertinger, S. 12 f.
2 Stroheker/Willmann, S. 148.
3 Stuttgarter Wochenblatt, 27. 9. 1962.
4 Stuttgarter Nachrichten, 4. 10. 2017: 70.000 Liter Bier an Bord
5 www.goeckelesmaier.de
6 Josefine Maier, Das volle Leben – Meine Erinnerungen, Stuttgart 2014, S. 71 f.

Proben ihrer Kunst und Geschicklichkeit ...

1 Hans Heimann, Die Neckarschiffer, Heidelberg 1907, S. 270 ff.
2 Memminger, S. 117 ff.
3 300 Jahre Cannstatter Fischerstechen, Festschrift zum Jubiläum am 23. 7. 2017, Stuttgart, 2017, S. 13.
4 Beilage zum Neckarboten, 5. 9. 1883.
5 Württembergische Landes-Zeitung, 29. 9. 1887, S. 2.
6 Allgemeine Zeitung, 3. 10. 1955.

Leichter, ausdauernder Schlag flüchtiger Pferde

1 Dertinger, S. 11.
2 Zitiert nach: Stroheker/Willmann, S. 179
3 Daiber, Bd. 2, S. 155.
4 Stroheker/Willmann, S. 180.
5 Zitiert nach: Stroheker/Willmann, S. 181.
6 Zitiert nach: Hermann Vietzen, Bad Cannstatt einst + heute, 150 Jahre Cannstatter Volksfest 1818–1968, Stuttgart 1968, S. 54.

Trachten, Tiere, Uniformen

1 Beschreibung des Oberamts Cannstatt, Stuttgart 1895, S. 514.
2 Stroheker/Willmann, S. 109.
3 Schwäbische Kronik Nr. 228, 27. 9. 1871.
4 Zitiert nach: Stroheker/Willmann, S. 191.
5 Stroheker/Willmann, S. 194.
6 Stroheker/Willmann, S. 196.
7 Stroheker/Willmann, S. 197.

Der Cannstatter Volksfestverein

1 Vietzen, S. 76.

Stuttgart und München

1 Wolfgang Behringer, Tambora und das Jahr ohne Sommer, München 2015, S. 194 f.
2 Behringer, S. 196.

3 Heinrich Ebner, Album von Cannstatt und Umgebung, Stuttgart 1868, S. 11.
4 Memminger, S. 115.
5 Hartl, S. 90.
6 StadtAS Hauptaktei Gruppe 3, 17/1:884.
7 Allgemeine Zeitung, 19.8.1957.
8 Zitiert nach: Hartl, S. 110.
9 Badische Neueste Nachrichten, 10. 10. 1988: 5,3 Millionen Besucher. Rekordergebnis auf dem „Wasen".
10 Stuttgarter Nachrichten, 25. 9. 1993, Klaus Eichmüller: Wasenkomplex.

Die Pracht der Tracht

1 Zitiert nach: Stroheker/Willmann, S. 192.
2 Jüdische Allgemeine, 2. 10. 2017: Erfundene Tradition – Wie das Dirndl zuerst jüdisch und dann nationalsozialistisch wurde.

Sicherheit, Soziales, Seelsorge und Schule

1 Schwabenland Nr. 13, 1897, S. 195.
2 Sabine von Varendorf, „Feiern und helfen wie zu Gründungszeiten", in: Cannstatter Volksfestzeitung 10/2010, S. 32.
3 Monika Bönisch, „Der Wasarzt ist Gold wert" in: Cannstatter Volksfestzeitung 4/2004, S. 30.

200 Jahre Volksfestfreude – eine Chronologie

1 Dertinger, ebda.
2 Stroheker/Willmann, S. 140.
3 Beschreibung und Geschichte der Stadt Cannstatt von Rektor Daiber, 2 Bände, Cannstatt 1878, Bd. 1, S. 119.
4 Hans Otto Stroheker, Festschrift zum 150. Cannstatter Volksfest, Stuttgart, 1995, S. 17.
5 Zitiert nach: Regina Ille-Kopp, Württembergischer Schützenverband 1850–2000, Stuttgart 2000, S. 47.
6 Ille-Kopp, S. 54 f.
7 Daiber, Bd. 2, S. 129.
8 Schwäbische Kronik Nr. 229, 28. 9. 1858.
9 Daiber, Bd. 2, S. 143.
10 Daiber, Bd. 2, S. 155.
11 Daiber, Bd. 2, S. 155 f.
12 Daiber, Bd. 2, S. 163.
13 Daiber, Bd. 2, S. 178.
14 Amtsblatt der Stadt Stuttgart, 30. 9. 1965.
15 Daiber, Bd. 2, S. 249.
16 Daiber, Bd, 2, S. 278.
17 Stroheker/Willmann, S. 114 f.
18 Stroheker/Willmann, S. 108.
19 Protokoll der Abteilung des Gemeinderats (Stuttgart) für innere und ökonomische Verwaltung vom 22. 5. 1906.
20 Schwäbischer Merkur, 29. 9. 1905.
21 Hartl, S. 99.
22 Stroheker/Willmann, S. 168.
23 Hartl, S. 100.
24 Zitiert nach: Stroheker/Willmann, S. 237 f
25 Stroheker, S. 33 ff.
26 Stuttgarter Zeitung, 21. 9. 1957.
27 Cannstatter Zeitung, 21. 9. 1951.
28 Amtsblatt der Stadt Stuttgart, 15. 10. 1953.
29 Stroheker/Willmann, S. 143.
30 Hartl, S. 108.
31 Vietzen, S. 68.
32 Zitiert nach: Hartl, S. 112.
33 Zitiert nach: Hartl, S. 112.
34 Protokoll der Sitzung des Wirtschaftsausschusses des Gemeindesrats Stuttgart vom 21. 1. 1983.
35 Zitiert nach: Hartl, S. 115.
36 Stuttgarter Wochenblatt 12. 10. 1995.
37 http://www.lwh-stuttgart.de/Das-LWH/Historie.

Bildnachweis:

Privatpersonen:
Familie Ahrend, S. 63
Familie Birkeneder, S. 64
Familie Braun, S. 64
Barbara Zander, S. 101
Christian von Berg, S. 63, 74
Panajotis Delinasakis, S. 95
Familie Franck, S. 65
Robert Kauderer, S. 92/93
Stefan Kinzler, S. 65, 176/177, 179
Thomas Koch, S. 66
Familie Kritz, S. 66
Familie Kuray, S. 67
Familie Lehmann, S.67
Alexander Linke, S. 45, 49, 106, 107, 108, 128
Karl Maier (Göckelesmaier), S. 84, 85, 86, 87
Siegfried Oehler, S. 73
Edgar Rehberger, S. 129
Sabine Ries, S. 126, 127, 157, 181, 184
Familie Roloff, S. 68
Mark Roschmann, S. 60, 75
Christof Sage, S. 186
Familie Schiedt, S. 68
Familie Schneider, S. 61
Familie Schweizer, S. 69
Familie Stamer, S. 69
Wulf Wager, S. 43, 180, 182/183, 184, 185, 187
Familie Weber, S. 70
Adolf Weeber, S. 70
Familie Weeber, S. 71
Bert Weeber, S. 105, 123, 170, 172
Max-Rudi Weeber, S. 71, 72

Institutionen:
Brauerei Dinkelacker-Schwaben Bräu, S. 114
Sammlung Cannstatter Volksfestverein, S. 9, 21, 24/25, 30, 34, 36, 37, 40, 41, 42, 47, 43, 49, 51, 53, 55, 56, 57, 58, 59, 60, 61, 62, 72, 74 ,75, 76, 77, 78, 79, 80, 81, 82, 83, 90, 96, 97, 98, 100, 101, 102, 103, 108, 109, 110, 111, 112, 113, 115, 116, 119, 120, 122, 123, 131, 132, 133, 135, 137, 142, 143, 144, 145, 147, 148, 149, 150, 151, 152, 153, 154, 155, 156, 160, 161, 162, 163, 164, 165, 166 ,167, 170, 171, 174, 175
Stahlstich aus: Das Volksfest zu Cannstadt, acht Erinnerungsblätter für Jedermann in Stahlstichen, von Ernst Dertinger, Stuttgart und Cannstatt 1844, S. 22, 26–29
in.Stuttgart, S. 130, 132
in.Stuttgart/Thomas Niedermüller, S. 6/7, 184, 188, Rückseite Umschlag
Stahlstich von Walther Zweigle aus: Hugo Oberthal, Das Cannstatter Volksfest in: Vom Fels zum Meer. Spemann's Illustrierte Zeitschrift für das Deutsche Haus, 1893, S. 36, 40, 54, 55, 76, 97, 155
Haus Württemberg, S. 5
Landesarchiv Baden-Württemberg, S. 15
Museum für Brotkultur Ulm, S. 16, 17, 19
Staatsgalerie Stuttgart, Inv.Nr. GVL 101, S. 10
Stadtarchiv Stuttgart, S. 52, 130, 183
Stadtmuseum Bad Cannstatt, S. 98
Stadtmuseum Stuttgart, S. 11, 41
Stuttgarter Hofbräu, S. 169
Stuttgarter Nachrichten 23. September 1957, S. 166
Stuttgarter Wochenspiegel Nr. 20, 1958, S. 168
Trachtengruppe Kübelesmarkt Bad Cannstatt, S. 117
Sammlung Wager, S. 10, 20, 35, 38/39, 44, 46, 89, 91, 94, 95, 99, 103, 104, 106, 110, 118, 120, 121, 125, 136, 139, 141, 146, 147, 173, 175, 178
Wikipedia, S. 12, 13, 14

MAIERS KARLE
GÖCKELESBRATEREI
STUTTGARTER HOFBRÄU
WURSTBRATEREI

König Wilhelm I. und seine Frau Katharina hätten bestimmt gerne noch einmal mitgefeiert ... in Grandls Hofbräu Zelt!
200 Jahre Cannstatter Volksfest
Grandls Hofbräu Zelt
Jetzt Plätze sichern und vom unkomplizierten Zugang ins Festzelt profitieren!
Reservierungs-Hotline: 0711 550 90 90
Aktuell verfügbare Plätze auch unter www.grandl.com
Grandls Festbetriebe GmbH • Mercedesstraße 69 • 70372 Stuttgart • eMail: info@grandl.com

[zom jubi:'läom]
200 Jahre Cannstatter Volksfest und
10 Jahre Wilhelmer's SchwabenWelt.
Ein doppelter Grund zum Feiern. Feiern Sie mit!
wilhelmer's SCHWABEN W ELT
Das Schmuckstück des Wasens
Schwaben Bräu
Fließend schwäbisch.

Sonja Merz
DAS ZELT MIT HERZ
Sonja Merz
SchatziBar DAS ZELT MIT HERZ
Herzlich willkommen
1. Stuttgarter Festival der Blasmusik
Kasse
Besuchen Sie das Zelt mit Herz!
www.sonjamerzzelt.de
info@sonjamerzzelt.de
0711/68 68 111
Stuttgarter Hofbräu

FAMILIENBRAUEREI
DINKELACKER
CD
Ein Stück Wasengeschichte.
Die Tradition des Cannstatter Volksfestes ist etwas ganz Besonderes. Und diese ist auch mit dem Dinkelacker-Festzelt seit vielen Jahren eng verbunden. Denn hier sind Genuss und gute Stimmung zu Hause. Dessen sind sich auch die Brüder Klauss & Klauss, die Festwirte des Dinkelacker-Festzelts Klauss & Klauss, bewusst. Deswegen legen sich die beiden zusammen mit ihrem Team an jedem Wasentag aufs Neue ins Zeug und bieten ihren Gästen eine einzigartige Festzeltstimmung, gutes Essen, herrlich-frisches Dinkelacker Volksfestbier und somit ein Stück Wasengeschichte zum miterleben.
Denn Tradition verpflichtet.
Dinkelacker Festzelt
Klauss & Klauss

WASEN 2018
Fürstenberg
BIERKULTUR SEIT 1283
BRANDL'S
Fürstenberg
FESTZELT
WIR FEIERN 200 JAHRE CANNSTATTER VOLKSFEST!
GENIEßEN SIE DIE EINZIGARTIGE ATMOSPHÄRE IM GEMÜTLICHEN FÜRSTENBERGZELT BEI EINER FRISCH GEZAPFTEN MAß FÜRSTENBERG UND LECKEREN KULINARISCHEN SPEZIALITÄTEN.
www.fuerstenbergzelt.de
/fuerstenbergzelt

GESCHÜTZTE GEOGRAFISCHE ANGABE
Schwäbisch-Hällisches
Qualitätsschweinefleisch g.g.A.
Hällische
Landschweine
Schwäbisch-Hällisches Schweinefleisch von Hohenloher Bauern trägt das EU-Siegel „Geschütze geografische Angabe". Es stammt garantiert aus der Region und wird nach den verbindlichen Richtlinien erzeugt.
www.haellisch.eu
BÄUERLICHE
ERZEUGERGEMEINSCHAFT
SCHWÄBISCH HALL
Kampagne finanziert
mit Fördermitteln
der Europäischen Union
ENJOY
IT'S FROM
EUROPE

Impressum

Bibliografische Information der Deutschen Nationalbibliothek. Die Deutsche Nationalbibliothek verzeichnet diese Publikation in der Deutschen Nationalbibliografie; detaillierte bibliografische Daten sind im Internet über http://www.dnb.dnb.de abrufbar.

Konzeption, Redaktion und Texte: Wulf Wager
Gestaltung: Jörg Batschi, Alexander Linke, Wulf Wager
Titelgestaltung: Alexander Linke
Lektorat: Erwin Tivig, Dirk Zimmermann
Produktion & Gestaltung:
WAGER Kommunikation GmbH, Altenriet
Gesamtherstellung: www.longo.media

www.belser.de

FSC
www.fsc.org
MIX
Papier aus verantwortungsvollen Quellen
FSC® C023164

ISBN: 978-3-7630-2813-9

Dank

Mein besonderer Dank für die Auskünfte und Unterstützung bei diesem Buch gilt:

Cannstatter Volksfestverein
in.Stuttgart Veranstaltungsgesellschaft
Pro Alt-Cannstatt
Stadtarchiv Stuttgart
Christian von Berg
Robert Kauderer
Stefan Kinzler
Heidi Lustnauer
Nico Lustnauer
Familie Karl Maier
Olaf Schulze

Ein herzlicher Dank gilt auch jenen, die durch die Anzeigenschaltung, die Herausgabe dieses Buches unterstützten.

Posthum gilt mein Dank auch meinem langjährigen Küblerratskollegen, dem Cannstatter Historiker Hans Otto Ferdinand Stroheker für seine unermüdliche Forschungsarbeit zum Cannstatter Volksfest.